実践エスノメソドロジー入門

山崎敬一̶̶編

CD-ROM
付き

有斐閣
YUHIKAKU

はしがき

　この本は，エスノメソドロジーの基礎から実際の調査や研究の展開までを包括的に取り扱った，エスノメソドロジー研究を実践するための入門書である。エスノメソドロジーという言葉は，本書の第1章で詳述するように，人々が日常的な実践を行う際に用いる方法論を意味すると同時に，そうした人々の方法論（エスノ＝人々の，メソドロジー＝方法論）を研究する研究アプローチをも意味している。エスノメソドロジーは社会学の中で生まれたが，現在は社会学だけでなく，法律学，人類学，教育学，心理学，言語学，認知科学，教育工学，情報科学といった，さまざまな分野において利用されるようになっている。
　この本の読者として想定しているのは，まずは社会学理論や社会調査法を学ぶ学生や大学院生，研究者である。だが同時にこの本は，社会学だけでなく，上述のさまざまな分野の人々（学生，大学院生，研究者，専門家）に対する，エスノメソドロジー的研究の実践的な入門をも意図している。また，なぜ社会学的研究が，そうしたさまざまな分野と関係しているのかに関心をもつ一般読者への解説にもなるであろう。
　エスノメソドロジーは，社会学の新しい理論的潮流として生まれた。また，会話分析，相互行為分析，フィールドワーク等の社会的現実に接近するための新しい研究法を生み出し，質的社会学研究法の重要な道具となった。社会学を学ぶすべての人にとって，こうした研究法を学ぶことは，本書の第7章「調査実習としてのエスノメソドロジー」でも詳述するように，自分たちの生きる現実と社会学という学問の世界をつなぐ新たな架け橋となるに違いない。
　だが同時に，現在，エスノメソドロジーから生まれた研究法は，社会学の分野だけでなく，相互行為としての言葉や，身体的相互行為と道具や認識の関係や，テクノロジー環境での人間の相互行為に関心をもつ，さまざまな分野の人々の共通の道具となった。そして，現在エスノメソドロジーから生まれた研究法を用いたそれぞれの分野の研究者たちが，それぞれの分野で新しい研究成果を生み出している。
　このようにさまざまな分野の研究者たちが研究を支えているという意味で，エスノメソドロジーは，新しいハイブリッド・サイエンス（異種混成科学）である

といえるかもしれない．だがどの分野の研究でも，エスノメソドロジーから生まれた研究は，人々の相互行為に関心をもっているという意味で，社会学的な起源をもったものである．社会学以外の分野から，エスノメソドロジー的研究法に接近しようとしている人たちにとって，このことを認識することは重要であると思われる．

　編者もまた，社会学理論の研究からエスノメソドロジーを始めたにもかかわらず，車いす使用者と周りの人との相互行為の研究（山崎敬一・西阪仰編『語る身体・見る身体』ハーベスト社，1997年に収録）や，性別カテゴリーの研究（山崎敬一『美貌の陥穽——セクシュアリティのエスノメソドロジー』ハーベスト社，1994年）へと研究が移り，いつのまにか情報工学者との共同研究による人間どうしのコミュニケーションを媒介するモバイル・ロボット開発がメーンのテーマの1つになっている（本書第15章を参照）．だがロボットの開発のような一見社会学から遠く離れた研究を行う場合でも，エスノメソドロジー研究を行う場合には，共同研究者の間に人間の相互行為を理解するという共通の基盤が存在しているのである．

　この本は，3つの部に分かれている．

　第Ⅰ部の「基礎編」では，エスノメソドロジーの発見，成員カテゴリー化分析，会話分析と相互行為分析，論理文法分析，ワークの研究を紹介した．

　第Ⅱ部の「実践編」では，フィールドワーク，ビデオを用いた相互行為分析，会話分析，さらにそれぞれの方法を用いた社会調査についての実践的な研究の仕方を解説した．また付属のCD-ROMに音声データや映像データ，ビデオ分析ツール（CIAO）を入れ，トランスクリプトの書き方や分析法を実践的に学べるよう工夫した．

　第Ⅲ部の「展開編」では，電話，子ども，法現象，メディア分析，博物館研究，病院組織，コンピュータを通した学びの研究や，コンピュータ支援の協同作業研究，といったさまざまな分野に展開したエスノメソドロジー研究の，それぞれの分野での研究や研究の仕方を解説した．またそれぞれの章で具体的なデータ（いくつかの章では付属のCD-ROMにも，映像データを入れた）を取り入れることで，それぞれの分野での実践的な入門となることも意図した．また3つのテーマセッションを設けることで，さまざまな方向から新しくエスノメソドロジー的な研究に入る人たちの道しるべにしようとした．

　この本のそれぞれの部は独立に利用することも可能である．たとえば，基礎編

の3つの章は，社会学の潮流についての理論的教科書としても利用できるであろう（これについては，山崎敬一『社会理論としてのエスノメソドロジー』ハーベスト社，2004年も参照されたい）。また，実践編の4つの章は，社会調査法や社会調査実習の教科書としても利用できるだろう。また展開編の8つの章と3つのテーマセッションは，それぞれの分野の教科書や副読本としても利用できるであろう。

　ただし編者を含むそれぞれの章の執筆者は，この本が全体として読まれることを想定してこの本を作った。社会理論を学ぶ人でも，社会理論がどのような形で実践と結びつくのかを知ることは重要であろう。社会調査法（とくに質的社会調査法）や社会調査実習で使う場合でも，基礎編からそれぞれの方法がどのようにして生まれてきたのかを読み，実践編や付録のCD-ROMでそれぞれの方法の具体的な利用法を学び，展開編で自分の関心に関連した分野を読むことで，実際の社会調査を行うことができるであろう。また，言語学，人類学，法律学，認知科学，メディア研究，看護学，博物館学，教育工学，情報工学といった分野の学生や研究者も，社会学的な起源を基礎編で読み，具体的な研究法を実践編や付属のCD-ROMから学び，展開編のそれぞれの分野に関連した部分をテーマセッションも参考にしながら読むことで，自分の研究に生かすことができるだろう。

　最後に，本書の出版の労をとっていただいた池　一，松井智恵子のお2人に感謝したい。エスノメソドロジーという新しい分野のテキストを，社会学理論のテキストとしてではなくハイブリット・サイエンスの実践への入門として出すという，これまでなかった試みに，よくぞつきあってくださったと思う。

　　2004年4月

　　　　　　　　　　　　　　　　　　　　　　　　　　　　　　　　山崎敬一

執筆者紹介（執筆順，＊は編者）

浜 日出夫　第1章
　1954年生まれ。大阪大学大学院人間科学研究科博士後期課程中退。
　現在，慶應義塾大学文学部教授。

＊山崎 敬一　第2, 15章，CD-ROM
　1956年生まれ。早稲田大学大学院文学研究科博士後期課程単位取得退学。
　現在，埼玉大学教養学部教授。

水川 喜文　第3章1節，テーマセッション3
　1964年生まれ。慶應義塾大学大学院社会学研究科博士後期課程単位取得退学。
　現在，北星学園大学社会福祉学部助教授。

池谷 のぞみ　第3章2節，第4, 13章
　1965年生まれ。マンチェスター大学大学院社会学研究科後期課程修了。Ph. D.（マンチェスター大学）。
　現在，東洋大学社会学部メディアコミュニケーション学科助教授。

山崎 晶子　第5, 12, 15章
　1963年生まれ。東京都立大学大学院社会科学研究科社会学専攻修士課程修了。
　現在，公立はこだて未来大学システム情報学部専任講師。

菅 靖子　第5, 12章
　1968年生まれ。東京大学大学院総合文化研究科博士後期課程単位取得満期退学。Ph. D.（ロイヤル・カレッジ・オブ・アート）。
　現在，津田塾大学学芸学部助教授。

葛岡 英明　第5, 15章，CD-ROM
　1962年生まれ。東京大学大学院工学系研究科情報工学専攻博士課程修了。工学博士（東京大学）。
　現在，筑波大学機能工学系助教授。

田中 博子　第6章
　1951年生まれ。筑波大学大学院数学研究科博士後期課程単位取得退学。社会学博士（オックスフォード大学）。
　現在，エセックス大学社会学部講師。

樫田 美雄　第7章
　1961年生まれ。筑波大学大学院博士課程社会科学研究科中退。

現在，徳島大学総合科学部人間社会学科助教授。

岡田光弘（おかだ みつひろ）　テーマセッション1，第13章
1960年生まれ。筑波大学大学院体育科学研究科博士課程単位取得退学。
現在，国際基督教大学非常勤講師。

西阪 仰（にしざか あおぐ）　第8章
1957年生まれ。早稲田大学大学院文学研究科後期課程退学。文学博士（早稲田大学）。
現在，明治学院大学社会学部教授。

山田富秋（やまだ とみあき）　第9章
1955年生まれ。東北大学大学院文学研究科後期課程単位取得退学。文学博士（早稲田大学）。
現在，京都精華大学人文学部教授。

樫村志郎（かしむら しろう）　第10章
1954年生まれ。東京大学法学部卒業。
現在，神戸大学大学院法学研究科教授。

浦野 茂（うらの しげる）　テーマセッション2
1967年生まれ。慶應義塾大学大学院法学研究科後期博士課程修了。
現在，青森大学社会学部専任講師。

是永 論（これなが ろん）　第11章
1965年生まれ。東京大学大学院社会学研究科前期修士課程修了。
現在，立教大学社会学部助教授。

藤守義光（ふじもり よしみつ）　第13章
1964年生まれ。ボストン大学大学院社会学部博士課程中退。
現在，工学院大学共通課程非常勤講師。

加藤 浩（かとう ひろし）　第14章，CD-ROM
1959年生まれ。東京工業大学大学院社会理工学研究科博士課程修了。博士（工学。東京工業大学）。
現在，メディア教育開発センター助教授。

鈴木栄幸（すずき ひでゆき）　第14章
1963年生まれ。慶應義塾大学大学院社会学研究科修士課程修了。
現在，茨城大学人文学部助教授。

目　次

■第Ⅰ部　基　礎　編■

第1章　エスノメソドロジーの発見 ──────────── 2
1　人種差別へのまなざし ……………………………………………… 2
　　カラートラブル　2　　人種間および人種内殺人　3
2　違背実験 …………………………………………………………… 4
　　パーソンズのもとへ　4　　違背実験　4
3　エスノメソドロジーの発見 ………………………………………… 6
　　陪審員研究プロジェクト　6　　エスノサイエンスとエスノメソドロジー　8　　コーディング　9　　相互反映性と文脈依存性　10　　｛　｝→（　）　11　　エスノメソドロジーとは何か　13

第2章　エスノメソドロジーの方法（1）──────────── 15
1　成員カテゴリー分析 ……………………………………………… 15
　　ガーフィンケルとサックス　15　　誰も助けてくれる人はいない　16　　成員カテゴリー化装置　17　　R（関係対）　18　　本気と冗談　20　　特定のケース　20　　成員カテゴリー化装置の転換　22
2　集合としての成員カテゴリーと推論 …………………………… 22
　　子どもの語るお話の分析可能性　22　　経済性規則と一貫性規則　23　　「家族」装置と二重の組織化　24　　カテゴリーに結びついた行動　25
3　会話分析 ………………………………………………………… 26
　　会話の自然な流れ（シークエンス）　26　　会話の順番取りシステム　28　　順番取りシステムの仕組み　29　　聞くことの重要性　30　　話し手に何ができるか　31　　隣接対（対となった発話）　31　　会話分析の広がり　33
4　会話と身体的行為 ………………………………………………… 33
　　聞き手の行為　33　　参与の枠組と相互行為分析　34

第3章 エスノメソドロジーの方法（2） ── 36

1 論理文法分析 …………………………………………………… 36
  会話の論理──偶発性とアプリオリな構造 37　理解の達成とその誤謬 39　心の論理文法 40　論理文法と日常性 41

2 ワークの研究 …………………………………………………… 42
  自己組織的なものとしての人々の活動 42　人々の方法へのまなざし 43　見落とされてきたこと 45　方法の固有性 45　状況に埋め込まれていること 47　エスノメソドロジー的無関心 48　具現化された実践 48

▌第Ⅱ部　実　践　編▐

第4章 エスノメソドロジーとフィールドワーク ── 52

1 ドキュメンタリー・メソッド ………………………………… 52
2 フィールドワークの手法 ……………………………………… 53
3 分析の際の視点 ………………………………………………… 54
  エスノメソドロジー的無関心 54　「教わる」立場と評価 55
4 フィールドへの還元可能性 …………………………………… 56
  組織と情報システム設計 56　エスノメソドロジーの関心と適合した研究協力関係 57

第5章 調査の準備とビデオデータの分析法
    ── 博物館調査を例として ────────── 60

1 調査の準備 ……………………………………………………… 60
  調査プランの作成──下調べ（下見）61　折衝に赴く 62　撮影機材の準備 64
2 撮影当日の留意点 ……………………………………………… 65
  撮影準備 65　撮影時の注意 66　撮影終了後 66
3 ビデオデータの分析 …………………………………………… 67
  ビデオ画像のコンピュータへの取込み 67　論文の作成 68　口頭発表に向けて 69
4 おわりに ………………………………………………………… 70

第6章　会話分析の方法と会話データの記述法 ——— 71

1. 会話分析の方法 ……………………………………………… 71
   会話分析の基本となる方法論的前提　71　　会話分析の作業過程　72
2. トランスクリプトの書き方と記号の説明 …………………… 74
   音を表す記号　75　　シークエンスの順序を示す記号　78　　筆記者の記述など　80
3. 音声ソフトとプロソディの分析 ……………………………… 80
   音声編集ソフトによるトランスクリプトの作成　80　　音声分析ソフトによる音の大きさ，長さ，ピッチ，テンポなどの測定　81
4. おわりに ………………………………………………………… 83

第7章　調査実習としてのエスノメソドロジー ——— 85

1. ビデオ分析はおもしろい——学生による研究実践の紹介 …… 85
2. 社会研究の前提としての社会 ………………………………… 89
   社会研究の前提としての社会の存在とエスノメソドロジーによるその発見　89　　エスノメソドロジーの学習的意義と調査　90　　小括——社会研究とエスノメソドロジー　91
3. エスノメソドロジーによる調査実習の実際 ………………… 92
   息を吸うことの社会研究　92　　相互行為秩序の場面的達成　95
4. まとめにかえて——ここからどこへいくか，今後の学習のために ……… 97

▌第Ⅲ部　展　開　編 ▌

テーマセッション1　制度と会話
　　　　　　——エスノメソドロジー研究による会話分析 ——— 100

1. はじめに ………………………………………………………… 100
2. 制度と会話を研究するための前提 …………………………… 101
   エスノメソドロジー研究による制度の特定化（1）——帰納に先んずるものの再発見　101　　エスノメソドロジー研究による制度の特定化（2）——見えないものを見る手立て　103
3. 制度と会話についての諸研究 ………………………………… 106
   来歴——エスノグラフィーからエスノメソドロジーによる会話分析へ

　　　　　事例——制度場面での評価の不在とバリエーション　106　　　107
　　　　　119番通報と死の告知——積み重ねられる話や語り　110
　4　まとめと展望 ……………………………………………………………… 111

第 8 章　電話の会話分析——日本語の電話の開始 ——————— 113

　1　受け手の最初の応答 …………………………………………………… 114
　　　　「もしもし」　116　　「○○です」　119　　「はい」　120　　素材の配列
　　　　の組織　121
　2　相互認識連鎖 …………………………………………………………… 121
　　　　順番2　122　　順番3　124
　3　おわりに ………………………………………………………………… 127

第 9 章　子どもの分析——大人が子どもを理解するということ ——— 130

　1　はじめに——保護される子ども ……………………………………… 130
　　　　子どもという政治的カテゴリー　130　　子どものコンピタンス　131
　2　社会的構築物としての「子ども」…………………………………… 132
　　　　社会史における子ども　132　　社会的構築物としての子ども　132
　3　子どもの所有権主張の分析 …………………………………………… 134
　　　　子どもという成員カテゴリー化装置　134　　所有権をめぐる子どもの
　　　　争い　135　　参与の枠組とけんか　135　　実際の相互行為から　136
　　　　まとめ　141

第 10 章　法現象の分析 ——————————————————— 143

　1　行為の規律あるやり方 ………………………………………………… 143
　　　　規範性　143　　エスノメソドロジーのアプローチ　144
　2　規範性の解明可能性 …………………………………………………… 144
　　　　偽カウンセリング実験　145　　証拠に基づく理解の方法　145　　法
　　　　律家の仕事　146　　法の人格中立性　147
　3　「ルールを見出す」作業 ……………………………………………… 149
　　　　ルールの発見はいかにして可能か　149　　エールリヒの法理論　150
　4　規範の発見と維持——その具体例を通じて ………………………… 151
　　　　「ルールの撮影」実験　151　　「ルール」発見の様相　152　　証拠に
　　　　基づく「ルール」の発見　153　　法のエスノメソドロジーを実践する

ために 156

テーマセッション2　実践の中の視覚
　　　――身体的行為と見ることの分析―――― 158
1　はじめに ……………………………………………………… 158
2　カテゴリー化の問題と視覚――都市を生きる視覚 ……… 159
3　写真という実践 ……………………………………………… 161
4　自然を可視化する実践 ……………………………………… 163
5　おわりに――多様性としての視覚の実践 ………………… 165

第11章　メディア分析 ――――――――――――――― 169
1　従来のメディア研究における広告 ………………………… 169
　　効果論的アプローチ　169　　記号論的アプローチ　170
2　社会的実践としての広告 …………………………………… 171
　　日常において「広告」を理解すること　171　　社会的実践による達成
　　としての「広告」　172　　広告に埋め込まれた実践　174
3　「広告」として理解するということ――あるCMを事例として ……… 175
　　「成員カテゴリー化装置」による実践　175　　フッティングという実
　　践　178
4　おわりに――言説バランスの実践的な維持 ……………… 179

第12章　博物館研究 ――――――――――――――― 181
1　「量的」研究から「質的」研究へ ………………………… 181
2　エスノメソドロジーを用いた博物館研究 ………………… 183
　　研究動向　183　　テーマ設定　184　　エスノメソドロジー的理論関
　　心のあり方――評価，予期，共有空間，参与の枠組，シークエンスの
　　開始と終了　185
3　データ分析の一例 …………………………………………… 186
　　「エレキテル」　187　　共有空間の形成過程　188　　鑑賞の終結　189
　　議論　190
4　博物館研究の意義 …………………………………………… 191

第13章　病院組織のフィールドワーク ———— 192
1　はじめに ………………………………………………………… 192
2　会話分析に基づいた医師‐患者間の相互行為研究 …………… 193
3　フィールドワークに基づいた医療活動の研究 ………………… 194
4　救急医療はいかに社会的に組織化されているか ……………… 196
　　ケースのモニタリングをする　197　　トレーニングをする　199
5　医療場面の実践を記述すること ………………………………… 200

テーマセッション3　認知科学・情報科学とエスノメソドロジー
———— 204
1　エスノメソドロジー研究との接点 ……………………………… 204
2　プランと状況的行為 ……………………………………………… 205
　　アリーナの誕生　205　　情報概念の「再特定化」　206
3　コンピュータ支援による協同作業 ……………………………… 207
　　情報科学における視点のシフト　207　　フィールドワークの革新　207
4　エスノメソドロジーによるテクノロジー研究の意義 ………… 208

第14章　学校・教育工学・CSCL——コンピュータを通した協同の学び　211
1　はじめに ………………………………………………………… 211
2　従来の学習観と学習支援システム ……………………………… 212
　　行動主義的学習観——ドリル型CAI　212　　表象主義的学習観——
　　チュートリアル型CAI〜知的CAI　214　　構成主義的学習観——マ
　　イクロワールド型CAI　215
3　エスノメソドロジーと社会文化的学習論 ……………………… 216
　　知識と学習の関係論　216　　ローカルな社会的構築物としての学習
　　217　　コミュニティの相互的構成としての学習　219　　状況的学習
　　とエスノメソドロジーの関連　219
4　コンピュータによる協調学習支援（CSCL）…………………… 220
　　身体を用いたインタラクションのデザイン（アルゴブロック）　220
　　対戦ゲームによる社会的セッティングのデザイン（アルゴアリーナ）
　　224　　アイデンティティ発達の分析事例——「アルゴアリーナ」　225
5　おわりに ………………………………………………………… 228

第 15 章　コンピュータ支援の協同作業研究 ———————— 229
1 　はじめに ……………………………………………………… 229
2 　遠隔からの作業指示を支援するシステムの開発 …………… 230
3 　身体メタファ ………………………………………………… 231
4 　コミュニケーション・メディアとしてのロボット ………… 232
　　　GestureCam　232　　GestureLaser　234　　GestureMan　236
5 　おわりに ……………………………………………………… 238

エスノメソドロジーの日本語基本文献　　241
引用参考文献　　243
索　　引　　258
付録 CD-ROM について　　263

第Ⅰ部
基　礎　編

　「基礎編」では，エスノメソドロジーの発見，成員カテゴリー化分析，会話分析と相互行為分析，論理文法分析，ワークの研究を紹介する。エスノメソドロジーという言葉は，人々が日常的な実践を行う際に用いる方法論を意味すると同時に，そうした人々の方法論（エスノ＝人々の，方法論＝メソドロジー）を研究する研究アプローチを意味している。

　第1章では，研究対象と研究アプローチとに同じ名前をもつこの奇妙な学問の成立を，創始者ガーフィンケルの関心に焦点を当てながら跡づける。第2章では，サックスが始めた，成員カテゴリー分析と会話分析について解説する。第3章では，最近のエスノメソドロジー研究の焦点の1つになっている，論理文法分析とワークの分析について解説する。

第1章

エスノメソドロジーの発見

浜 日出夫

▶エスノメソドロジーは，1967年にハロルド・ガーフィンケルが『エスノメソドロジー研究』という名前の書物を出版したときに，社会学の歴史の表舞台に登場した。「エスノメソドロジー」という言葉は，ある研究対象，すなわち人々が日常的な実践を行う際に用いる方法論を意味すると同時に，その対象を研究する研究アプローチも意味している。すなわち，「エスノメソドロジー」という研究対象を研究する学問分野がまた「エスノメソドロジー」と呼ばれているのである。この章では，研究対象と研究アプローチとに同じ名前をもつ，この奇妙な学問の成立を，ガーフィンケルが学生時代から一貫して「トラブル」に対して向けてきた関心に焦点を当てながら跡づけていく。

I 人種差別へのまなざし

◇ カラートラブル

　エスノメソドロジーの発見への道のりは，1940年の春，アメリカ南部を走る長距離バスの中で起こった小さなトラブルから始まる。

　1940年3月23日の夕方，ワシントンDC発ダーラム（ノースカロライナ州）行のバスが，いつもどおりにバージニア州ピーターズバーグのバス停留所に滑りこむ。若い黒人のカップルが空いている前方の座席に移動したのを，運転手が見とがめる。まだ南部では白人と黒人を別々の学校で教育する隔離教育が行われ，駅の待合室やトイレ，公園や海水浴場も黒人用と白人用に分けられていた時代である。そして，バスも前部の座席が白人用，後部の座席が黒人用と決められていた。運転手は，黒人は後ろから順番に席を詰めて座らなければならないと定めたバー

ジニア州法に従って後ろの座席に戻るよう，2人に求めたが，ニューヨークから来たそのカップルのうち，女性のほうはそれを拒否する。運転手は警官を呼び，警官と運転手はかわるがわる2人に後ろに移動するように言うが，彼女は，アメリカ合衆国憲法が平等な権利を保障していることを主張して動かない。運転手と警官から見れば，黒人が起こすいつものトラブル（カラートラブル）であるが，彼女から見れば，トラブルを起こしているのは運転手と警官のほうなのである。約2時間の押し問答の末，結局2人は逮捕されて，バスから引きずり降ろされ，バスはまた何ごともなかったかのように走り始める。

このバスに，ノースカロライナ大学で社会学を専攻している1人の大学院生がたまたま乗り合わせていた。その学生はバスの車内で目撃したこの事件を「カラートラブル」（Garfinkel［1940＝1998］）という短編小説にまとめて発表した（浜［1998］）。この小説は高い評価を受け，翌年，グレアム・グリーン，ウィリアム・フォークナーといった大作家たちの作品とともに，『1941年ベスト短編小説集』に収められた。その学生が，のちにエスノメソドロジーの創始者となるハロルド・ガーフィンケルであった。ガーフィンケルは，この小説の中で，この出来事を，一方から見ると「自由な市民の権利と特権の否定」であるものが，他方から見ると「カラートラブル」と見える，「知覚の衝突」（Garfinkel［1940＝1998］，邦訳11頁）として描いた。

◆ 人種間および人種内殺人

ガーフィンケルは1917年10月29日，ニュージャージー州ニューアークで小さな家具ビジネスを営むユダヤ人家庭に生まれた。卒業後，家業を手伝う約束で，ニューアーク大学に入学し経営学と会計学を学んだが，やがてビジネスへの関心を失い，39年に卒業すると，社会学を学ぶためにノースカロライナ大学の大学院に進学した（Rawls［2002］）。そこでガーフィンケルが研究テーマとして選んだのは人種差別であった。

ガーフィンケルは州内の裁判所を回り，1930年から40年の間にノースカロライナ州で起こった821件の殺人事件の裁判記録を調査した。そして，それらを加害者と被害者の人種に従って，黒人が白人を殺したケース，白人が白人を殺したケース，黒人が黒人を殺したケース，白人が黒人を殺したケースに分け，起訴容疑，求刑，判決，量刑などを比較した。その結果，同じように人が殺されている

にもかかわらず，加害者と被害者の人種によって，殺人事件が法廷で異なった仕方で処理されていることを発見する。たとえば，同じように白人が殺されたケースでも，犯人が白人である場合には，83.6％が第1級殺人で起訴され，6.7％が第1級殺人の判決を受けているのに対して，黒人が犯人の場合には，94.0％が第1級殺人で起訴され，最終的に29.4％が第1級殺人の判決を受けている（Garfinkel [1949]）。ガーフィンケルは，この違いの原因を，白人で構成される法廷がそれぞれのケースに対して向けるまなざしの違いに求めた。ガーフィンケルはこの調査の結果を，修士論文「1930年から1940年の間にノースカロライナ州10郡で起こった人種間および人種内殺人」（Garfinkel [1942]）にまとめ，1942年，ノースカロライナ大学に提出した。

このような初期における人種差別に対する関心にはおそらくガーフィンケル自身の生い立ちも関係していたと考えられる。

2 違背実験

◇ パーソンズのもとへ

ノースカロライナ大学で修士課程を終えた後，ガーフィンケルは兵役につき，空軍に入った。といってもパイロットになったわけではなく，マイアミビーチにあるゴルフ場で，実際には存在しない戦車に向かって爆弾を投げつける対戦車戦の訓練を担当していたという（Rawls [2002]）。第2次世界大戦が終わり，1946年に除隊すると，パーソンズのもとでさらに社会学の研究を続けるためにハーバード大学の博士課程に入学した。ガーフィンケルは，1937年，パーソンズの『社会的行為の構造』が出版されるとすぐにそれを買い求め，パラパラと頁をめくりながら，新しい本の匂いを嗅いだ。それはガーフィンケルにとって「社会学との情事」（Rawls [2002], p. 13）であったという。この書物は「いかにして社会秩序は可能か」という秩序問題を主題としたものであった。この「情事」から芽生えた社会秩序の研究に対する関心は，それ以来，パーソンズとの"破局"ののちも，今日まで一貫して続いている。

◇ 違背実験

1952年，ガーフィンケルは博士論文「他者の知覚——社会秩序の研究」（Garfinkel［1952］）を完成させてハーバード大学に提出した。この博士論文のためにガーフィンケルは奇妙な実験を行った。

　ガーフィンケルは，ある医学校で行われた本物の面接試験の録音だと偽って，被験者の学生ににせの面接試験の録音を聴かせる。その録音の中の受験生は面接官に対してなれなれしい口をきき，面接中に煙草をふかしたりする。録音を聞いた学生は，その受験生を「礼儀知らず」として知覚する。そのあと，ガーフィンケルは，学生に，面接官はその受験生を「上品で礼儀正しい青年である。……十分推薦に足る」と評価したこと，そして「録音を聞いた他の6人の面接官も同じ意見」であり，「あなたは［実験に協力してくれた］26人目の学生だが，23人までは［面接官と］同じ意見」であったなどと伝える。自分が「礼儀知らず」として知覚した人物が，面接官や他の人たちによって「上品で礼儀正しい青年」として知覚されていることを知らされ，学生は混乱してしまう。このとき学生は人工的に作り出された「知覚の衝突」の中に投げ込まれている。ガーフィンケルは，この実験によって，12年前にバスの中で目撃した状況を再現しようとしているのである。

　ガーフィンケルはそれから学生にもう一度同じ録音を聴かせる。ある学生は，2度目に録音を聴いたあと，次のように感想を述べた。「彼はさっきよりも感じがいい人のように思えました。……彼は今回はさっきより愛想がいいように感じました。彼は明晰に話しをしていましたし，何でも筋道立てて話していました。さっきはそんなふうには感じられなかったのですけれど。たぶんさっきは1つのことに引っかかって，そればかり探そうとしてしまったのでしょうね。それが私の印象を形作ってしまったのです」（Garfinkel［1952］, p. 492）。この学生は今度は同じ録音の中に「上品で礼儀正しい青年」を見出すことができたのである。

　この実験からわかることは，「礼儀知らず」も「上品で礼儀正しい青年」も，録音の中の人物に客観的に備わっている性質ではないということである。同じ録音が1度目には「礼儀知らず」として知覚され，2度目には「上品で礼儀正しい青年」として知覚されたとすれば，「礼儀知らず」も「上品で礼儀正しい青年」も，録音を聴いた被験者の学生によって作り出された性質であると考えるほかない。この実験の背景にあったのは，対象を人間の意識によって構成されるものととらえる現象学の考え方であった。これは，ガーフィンケルが当時，親交を結んでいたシュッツやグールヴィッチから取り入れたものであった（浜［1992］）。

この実験は，のちにエスノメソドロジーの名前を一躍有名にした一連の「違背実験（期待破棄実験）」の原型となったものである。ガーフィンケルはその後もさまざまな実験を考案した。たとえば，ゲームの最中に勝手に相手のコマを動かして相手の反応を観察したり，自分の家で下宿人のように振る舞ってみたり，友人と会話しているときに当り前の言葉の意味を尋ねたり，また鼻がくっつくほど近づいて話したりといったものである（Garfinkel［1967c＝1989］）。それらの実験はいずれも人為的にトラブルを起こすことによって，対象を意味あるものとしている知覚や，相互行為を秩序あるものとしている実践を浮彫りにすることを目的として行われたものである。

3　エスノメソドロジーの発見

◇ 陪審員研究プロジェクト

「エスノメソドロジー」という言葉は，ガーフィンケルがこの言葉を作るまでは存在しなかった，ガーフィンケルによる造語である。ガーフィンケルは，この言葉の由来について，1968年に開かれたあるシンポジウムで次のように説明している。

ガーフィンケルは，博士論文を提出すると，1952年にオハイオ大学に就職した。54年にカリフォルニア大学ロサンジェルス校（UCLA）に移ることになったが，3月から8月まではすることがなく，友人に誘われて，当時シカゴ大学が行っていた陪審員研究プロジェクトに参加した。陪審員の審理を録音したテープを聴いているうちに，ガーフィンケルは「陪審員たちがある一定の知識を用いているという事実に興味をもった」（Garfinkel［1974＝1987］，邦訳12頁）。それは，「事実」と「空想」の区別，「実際に起こったこと」と「実際に起こったように見えるだけのこと」の区別，「単なる個人的な意見」と「正しく考えれば誰でもわかるはずのこと」の区別などに関する知識である。陪審員たちはこうした知識を自ら用い，またお互いに要求しあいながら，審理を進めていた。ガーフィンケルはそこに，「方法論（methodology）を実践している陪審員たち」（Garfinkel［1974＝1987］，邦訳14頁）を発見したのである。

ガーフィンケルが「エスノメソドロジー」という名前を思いついたのは，イェール大学が文化の比較研究のために作成した「人間関係地域ファイル（HRAF）」

に目を通していたときであったという (Garfinkel [1974=1987], 邦訳14頁)。ガーフィンケルはその中に「エスノボタニー」「エスノフィジオロジー」といった項目を見つけた。それらは「エスノサイエンス」と総称されているものの一部である。

「エスノサイエンス」とは「民族の科学」を意味する言葉であり (寺嶋 [2002])、それぞれの民族が植物や動物・気象など自然界の現象に関してもっている固有の知識を，近代自然科学 (サイエンス) になぞらえて呼んだものである。各民族はそのような知識を用いて自然を利用しつつ生活している。たとえば，エスノボタニー (民族植物学) は，それぞれの民族がもっている植物の分類に関する知識，また植物の利用方法についての知識の総体を意味している。

ガーフィンケルはこの「エスノサイエンス」からヒントを得て，陪審員たちが実践している「方法論」を，「ある社会の人々が実践している方法論」という意味で「エスノメソドロジー」と呼んだのである。それは，陪審員に限らず，ある社会のメンバーが，その社会の常識的な知識を用いて，ほかのメンバーにも何をしているかが見てわかるように何かをする，その仕方をさしている。

「エスノサイエンス」はそれぞれの民族がもっている知識をさすだけではない。それは同時に，それぞれの民族が有する知識を対象とする研究も意味している。すなわち，「エスノ・サイエンスは，それぞれの土地の人々が集積している，いろいろな分野についての知識の総体，もしくはそれについての分析的，記述的研究を意味する」(松井 [1987], 104頁) のである。ガーフィンケルもまた，さきほどの説明に続けて，「エスノメソドロジーとは，社会のメンバーがもつ，日常的な出来事やメンバー自身の組織だった営みに関する知識の体系的な研究」(Garfinkel [1974=1987], 邦訳17頁) であると述べている。ガーフィンケルはここでは明らかに，人々がもっている知識に関する研究の名称として「エスノメソドロジー」という言葉を用いている。「エスノメソドロジー」もまた，人々が実践している方法論を意味するだけではなく，同時にその方法論についての研究も意味しているのである。

このように見てくると，エスノメソドロジーとは，社会生活の領域で人々が用いている知識，およびそれを対象とする研究をさす，エスノサイエンスの一種であると思われるかもしれない。だが，両者の間にはじつは重大な相違が存在している。

◆ エスノサイエンスとエスノメソドロジー

　もう一度，エスノサイエンスに戻ろう。上で述べたように「エスノサイエンス」は2通りの意味をもっていることから，混乱を避けるために，たとえば，対象としてのエスノボタニーは「エスノボタニー（対象）」，研究としてのエスノボタニーは「エスノボタニー（研究）」と呼ぶことにする。同じように，対象としてのエスノメソドロジーは「エスノメソドロジー（対象）」，研究としてのエスノメソドロジーは「エスノメソドロジー（研究）」と呼ぶ。

　エスノボタニー（研究）は必ず，エスノボタニー（対象）における植物名（地方名）を，サイエンスとしての植物学における種名に対応させて同定するという作業を含んでいる。たとえば，コンゴのボバンダの社会でヤシ酒を作るために利用されている "di. bila" と呼ばれている植物は，ヤシ科の植物 "Raphia sp." であるとして同定される（塙［2002］，111頁）。すなわち，地方名の "di. bila" は学名の "Raphia sp." に「翻訳」されるのである。これによって，この植物についての植物学の研究成果を参照することができるようになるだけでなく，ボバンダの社会におけるこの植物についての知識を，他の社会における同じ植物についての知識と比較することができるようになる。エスノボタニー（研究）はつねにサイエンスとしての植物学と対照させながらエスノボタニー（対象）の記述を行うわけではないとしても，潜在的には必ずエスノボタニー（対象）をサイエンスとしての植物学に翻訳する作業を内包している。この意味で，同じ名前で呼ばれていても，エスノボタニー（研究）とエスノボタニー（対象）の関係は非対称的である。シュッツは日常生活の世界における常識的知識を「一次的構成物」，この常識的知識について科学者が構成する科学的な構成物を「二次的構成物」と呼んだ（Schutz［1962＝1983］）。これを用いて言えば，エスノボタニー（研究）は，一次的構成物であるエスノボタニー（対象）についての二次的構成物なのである。

　これに対して，エスノメソドロジー（研究）はエスノメソドロジー（対象）に対してこのような関係に立たない。つまり，エスノメソドロジー（研究）はエスノメソドロジー（対象）の二次的構成物という位置に立たないのである。なぜなら，エスノメソドロジー（研究）はエスノメソドロジー（対象）をサイエンスとしての社会学に翻訳するという作業を含まないからである。このことは，ガーフィンケルがそのような翻訳作業にトラブルがつきまとうことを見出したことと関係している。

◇ コーディング

　ガーフィンケルは UCLA に移った後，UCLA 医療センターの精神科外来クリニックで調査を行った。そのクリニックでは，外来を訪れた人について，まず受入れのためのインタビューを行い，その後，心理テスト，受入れ判定会議などを経て，治療を行うかどうかが決定されていた。ガーフィンケルは，どのような基準で，治療を行うかどうかの決定がなされているのかを，患者の属性，患者とクリニックの相互作用などから明らかにしようとしていた。そのためにガーフィンケルは UCLA の社会学専攻の大学院生 2 人をアルバイトに雇い，クリニックの診療記録から，必要な情報を取り出して，決められた用紙に記入する作業を行わせた。単純作業のように見えるが，学生たちはそこでさまざまなトラブルに出会ったのである (Garfinkel [1967b] [1967d])。

　この作業は「コーディング」と呼ばれている作業である。コーディングとは，「調査の集計段階において，調査対象者の回答あるいは資料の各標識をいくつかのカテゴリーに分類し，それらのカテゴリーに対して一定の符号（コード）を定めたうえで，個々の回答を符号化する作業」(尾嶋 [1993]，467 頁) のことである。コーディングにある困難さがつきまとうことは社会調査の専門家によっても指摘されている。「符号に直す作業の前提である『回答の分類』という作業は，ばあいによっては簡単ではない。ことに自由回答法による回答や，自由面接・非統制的観察による記録は，これを分類することが大変むずかしい」(安田 [1969]，13 頁)。この「むずかしさ」は何に由来するのであろうか。

　学生が出会ったトラブルには，コーディング作業そのものに由来するものと，クリニックの記録の性質に由来するものとがあった。まず前者から見ていこう。

　コーディングという作業は，常識的知識に基づく日常的な分類を科学的な分類に翻訳する作業の第一歩である。だが，日常的な分類と科学的な分類の間には，じつはギャップが存在している。質問紙の自由回答欄の記述や，インタビューで自由に話してもらったことや，クリニックの記録のような資料は，日常の言葉で自由に書かれたり，語られたりしている。他方，科学的分類で用いられるカテゴリーの数は必ず有限個である。コーディングを行う学生は，日常語で自由に書かれている記録を，指示に従って，あらかじめ決められた有限個のカテゴリーのどれかに当てはめなければならないのである。だが必ず，どちらに入れればよいか判断に迷うものや，どこにも当てはまらないようなものが出てくる。それでも学

生は何とかしてこのギャップを埋めなければならない。このトラブルを，学生は「エイヤッ！」とギャップを飛び越すことによって解決するのである。この「エイヤッ！」の部分を，ガーフィンケルは「アド・ホッキング（一時しのぎ）」と呼ぶ（Garfinkel［1967b］, p. 21）。それは「エトセトラ（指示の拡大解釈）」とか「これはパス」とか「もうやっちゃったんだからいいことにしよう」といった手続きからなる実践である。

　アド・ホッキングは社会調査において望ましくないものとされている。だが，コーディングからアド・ホッキングを完全に取り除くことは不可能である。なぜなら，どんなに細かく分類上の指示を与えても，日常的分類と科学的分類の間のギャップは完全には埋められないからである。そして，このギャップは結局「エイヤッ！」と飛び越すしかないものである。だから，コーディングは「むずかしい」のである。もしアド・ホッキングが完全に禁じられるなら，いつまでも日常的分類の側にとどまるしかない。ガーフィンケルによれば，アド・ホッキングはコーディングを構成する本質的な要素であり，アド・ホッキングがなければコーディングがもっと完全になるのにと不平を言うのは，壁がなければ何が天井を支えているのかもっとよく見えるのにと不平を言うようなものなのである（Garfinkel［1967b］, p. 22）。

◆ 相互反映性と文脈依存性

　学生が出会ったもう1つのトラブルはクリニックの記録自体に由来するものである。診療記録をコーディングすることがむずかしいだけではなく，そもそも診療記録そのものが，どれもこれも情報が抜けていたり，あいまいであったり，(学生から見れば）欠陥だらけであったのである。だが，これはクリニックのスタッフが不注意であったり，怠慢であったりしたことによるのではない。そもそも診療記録は社会学者の研究用に記録されているわけではないのである。診療記録は，当然のことながら，患者を治療するというクリニック本来の目的を達成するためにつけられているものである。それは単に治療活動を記録しているのではなく，それ自体，治療活動の一部なのである。それは，クリニックの通常の活動についての知識をもつメンバーが，この知識を用いて，ある特定の状況で，ある特定の目的のために記録したものであり，その状況においてはそれは十分に明確な意味を備えており，また同じ知識をもつメンバーが，別の状況で別の目的のため

に，この記録を読むとき，それはその状況と目的に応じてやはり十分正確に読み取ることができるのである。ところが，クリニックの目的とは異なる目的をもって，学生がその記録を，それらが書かれたり読まれたりする状況から切り離して，クリニックの活動を記述したものとして読もうとすると，それらはとたんにベールがかかったようにあいまいで不正確なものとなってしまうのである。

　「記録活動，その活動の産物，その産物の利用，これらは，それらが記述している当の社会秩序の不可分の構成要素である」（Garfinkel［1967d］, p. 192）。ある社会秩序について記述している記録が，それ自体，それが記述しているところの社会秩序の一部分であるという，記録と社会秩序の間のこの循環的な関係を，ガーフィンケルは「相互反映性（reflexivity）」と呼ぶ。また，それゆえに同じ記録であっても，記録が行われる状況やそれが利用される状況に応じて，その意味が変化することを，「文脈依存性（indexicality）」と呼んだ。相互反映性と文脈依存性は，クリニックにおける記録活動にのみ特有のものではない。常識的知識を用いて特定の状況において行われるあらゆる活動，すなわちエスノメソドロジー（対象）に本質的に備わっている性質である。

　◇ $\{\ \} \rightarrow (\ )$
　ガーフィンケルは，この調査から，コーディングはいいかげんなものであるとか，結局コーディングなんて不可能であるといった結論を導き出すのではない。学生はトラブルには出会ったけれども，それによってコーディングが不可能になったわけではない。トラブルにもかかわらず，コーディングはつねに可能なのである。

　ガーフィンケルはここで研究上の大きな分岐点に立っている。1つは，学生が行ったコーディングの結果を用いて，当初の計画どおり，クリニックにおける患者の選定活動に関する論文を書くことであった。もう1つは，コーディング以前の状態にさかのぼって，コーディングのための資料である診療記録がそもそもクリニックのメンバーによってどのようにしてつけられ，どのように用いられているのかを，「それ自身の権利において社会学的現象として記述する」（Garfinkel［1967d］, p. 191）ことである。そして，ガーフィンケルが選んだのはこの後者の道であった。

　ガーフィンケルはのちにこの分岐点を「$\{\ \} \rightarrow (\ )$」という奇妙な公式によ

第1章　エスノメソドロジーの発見　11

って表現した（Garfinkel & Wieder [1992]）。ガーフィンケルはこれを「翻訳定理」と呼ぶ。チックかっこ｛ ｝は，ある場面で起きている具体的な現象をさす。矢印→は，専門的な研究者による方法手続きの使用を，マルかっこ（ ）は，この方法手続きを使用した結果得られる，記号化された対象をさす。したがって，この公式は，専門的な研究者が，方法手続き→を用いて，具体的な現象｛ ｝を，記号化された対象（ ）に翻訳する作業を示している。

　従来の社会学の考え方によれば，具体的な現象｛ ｝はそれ自体では無秩序であり（欠陥だらけの記録），秩序は，専門的研究者が方法手続き→を使用することによって（コーディング），記号化された対象（ ）として二次的に構成されるものであった（『クリニックの患者選定活動』）。エスノボタニー（研究）が，ボバンダのエスノボタニー（対象）で"di. bila"と呼ばれている植物を"Raphia sp."として同定するときに行っているのがこの作業であるし，またパーソンズが，パターン変数がとる特定の値の組合せとして具体的な行為を記述するときに行っているのも，この作業である。パーソンズにとって，秩序とはこの翻訳作業を通して二次的に獲得されるものであった。ガーフィンケルは，パーソンズが行っているこのような翻訳作業を「構築的分析」（Garfinkel & Sacks [1970], p. 340）と呼ぶ。そして，ガーフィンケルはここでパーソンズと袂を分かつのである。

　ガーフィンケルがクリニックの調査で発見したことは，具体的な現象｛ ｝はけっして無秩序ではなく，それ自体秩序立ったものであることであった。研究者から見れば「欠陥だらけ」であっても，診療記録をつけたりそれを読んだりする活動は，クリニックの活動を構成している一部分なのであり，それらがクリニックのメンバーにとって互いに見てわかるものであるかぎり，そこにはすでに秩序が備わっているのである。そして，ガーフィンケルは，具体的な現象｛ ｝を（ ）に翻訳することによって二次的に秩序を構成するのではなく，具体的な現象｛ ｝の中にすでに備わっている秩序を，「それ自身の権利において社会学的現象として記述」しようとするのである。すなわち，クリニックのメンバーが，クリニックにおける常識的な知識を用いて，ほかのメンバーにも何をしているかが見てわかるように，記録をつけたり読んだりしている，その活動，つまり，クリニックのメンバーが実践しているエスノメソドロジー（対象）を，それに備わっている相互反映性と文脈依存性という性質に即して記述しようとする。それが，エスノメソドロジー（研究）であった。したがって，エスノメソドロジー（研究）

はエスノメソドロジー（対象）の二次的な構成物ではないのである。エスノメソドロジー（対象）についての記述がふたたび「エスノメソドロジー」と呼ばれるのはこのためである。

◆ **エスノメソドロジーとは何か**

　最後にもう一度エスノメソドロジーを従来の社会学と比較しながら，エスノメソドロジーとは何かについて考えてみよう。

　まずエスノメソドロジーは，従来の社会学と違う新しい対象を研究しているのではない。どちらも研究しているのは同じ具体的な現象｛　｝である。

　また，エスノメソドロジーは具体的な現象｛　｝を人々の実践によって達成されたものとして研究するという言い方も，エスノメソドロジーを従来の社会学から正確に区別するものではない。具体的現象を人々の実践によって達成されたものとしてとらえる見方は，ウェーバーやホマンズ，象徴的相互作用論，さらには初期のパーソンズとすら共通するものである。

　エスノメソドロジーを従来の社会学から決定的に区別するのは，具体的現象を達成している人々の実践を，相互反映性と文脈依存性を備えたものとして，すなわちエスノメソドロジーとしてとらえ，このエスノメソドロジーを，それが状況の中で有する相互反映性と文脈依存性に即して記述することである。これに対して，従来の社会学は，この同じ実践を，それが有する相互反映性と文脈依存性から切り離し，記号化された対象（　）へと翻訳するのである。人々の実践が相互反映性と文脈依存性を備えているという発見こそガーフィンケルの最大の発見であった。そして，人々の実践を，相互反映性と文脈依存性を備えたものとして，すなわちエスノメソドロジーとして記述するかぎり，その実践が陪審員の審理であろうと，クリニックの記録活動であろうと，それは法社会学や医療社会学ではなく，エスノメソドロジーなのである。そして，エスノメソドロジーをエスノメソドロジーとして記述するものであるかぎり，それが「成員カテゴリー分析」（第2章）であれ，「会話分析」（同）であれ，「相互行為分析」（同）であれ，「論理文法分析」（第3章）であれ，「ワークの研究」（同）であれ，それらは依然としてエスノメソドロジーなのである。

　それでは，エスノメソドロジーを記述するというエスノメソドロジーの営みにはいったいどのような意味があるのだろうか。日本の代表的なエスノメソドロジ

―研究者の1人による次の説明がわかりやすい。これを最後に引用しておこう。
　「言葉をもちいてなにかを記述していく以上，エスノメソドロジーもなんらかの『一般化』をおこなっているはずだ。そして，そうであるかぎり，それはやはりなんらかの合理的特徴を『構築』する営みにちがいない。このことを否定する必要［は］ない。重要なのはつぎのことだ。合理的特徴の産出・構築の手続きを一般的な形で示しているからといって，その産出・構築のための必要条件なり十分条件なりが示されるわけではない。人びと（あるいは，日ごろの自分たち）が実際に行なっていることが概観されているにすぎない。表現や行為が理解可能なしかたで，すなわち合理的にもちいられ実行されている以上，それを行なっている当人は，そのもちい方・実行のしかたを知っているはずだ（なにもわからずやることは，すなわち，出たら目にやることに他ならない）。この当人たちの知識を見通しのきいたかたちで跡付けること，これがエスノメソドロジーの方針であると言ってよい」（西阪［2000］）。
　自分たちが日ごろやっていることを見通しのきいたかたちで跡づけること，これはけっして単純なことでも，簡単なことでも，無意味なことでもない。

第2章

エスノメソドロジーの方法 (1)

山崎 敬一

▶この章では，成員カテゴリー分析（第1節，第2節）と会話分析（第3節，第4節）という，エスノメソドロジーの基本的方法について解説する。まずはそれぞれの考え方がどのような問題から生まれてきたのかを紹介し，それぞれの基本的概念について解説する。

1　成員カテゴリー分析

◆ガーフィンケルとサックス

　成員カテゴリー分析と会話分析というエスノメソドロジーのもっとも基本的な2つの方法を生み出したのは，ハーヴィー・サックスである。このサックスとガーフィンケルの出会いが，現在のエスノメソドロジーの繁栄をもたらしたといってよい。

　ガーフィンケルとサックスが最初に出会ったのは，1959年ハーバード大学でのパーソンズのゼミであったといわれる。サックスはコロンビア大学を卒業し，イェール大学のロースクールで学び，当時はMITの政治学科の大学院生兼研究助手であった。ガーフィンケルは，カルフォルニア大学ロサンジェルス校（UCLA）ですでに教鞭をとっており，その時期は博士論文を書いたハーバード大学でサバティカル（研究休暇）を過ごしていた。この最初の出会いのあと，サックスは，イェール大学での師ハロルド・ラスウェル（現代政治学の父ともいわれる有名な政治学者）のすすめでカルフォルニア大学バークレー校の社会学の大学院に移った。サックスはバークレーで学ぶとともに，UCLAにいたガーフィンケ

ルと接触をもち続けた。サックスは，バークレーの大学院生仲間にガーフィンケルの新しく生まれつつあったエスノメソドロジーの考え方を伝えた（Schegloff [1992]）。

　サックスは，1963年から64年にかけて，ガーフィンケルとともにロサンジェルスの自殺研究センターの研究員となる。そこで彼は，自殺防止センター（命の電話）にかかってくる電話のデータに出会う。この電話データとの出会いが，成員カテゴリー分析を生み出すとともに，会話分析の最初のアイデアを生み出すことになる。

　サックスは，この自殺防止センターへの電話データを元に博士論文（「誰も助けてくれる人はいない」）を書いた。博士論文そのものは公刊されていないがサックスは，博士論文を元に，成員カテゴリー化の考え方を展開した「会話データの利用法――会話分析事始め」（Sacks [1972a＝1995]）という論文を書いた。また，最初はUCLAで，後にはカルフォルニア大学アーバイン校で，会話分析に関する講義を始めた。サックスの講義録は，現在ジェファーソンによって編集され，『会話に関する講義録』（Sacks [1992]）として出版されている。この節と次の節では，「会話データの利用法」と，『会話に関する講義録』，とくに，独立の論文としても出版された「こどもの語る物語の分析可能性」（Sacks [1972c]）を中心に，「成員カテゴリー分析」について解説しよう。

◇誰も助けてくれる人はいない

　サックスは，自殺志願者および自殺志願者の周りの人から，自殺防止センターにかかってくる電話データを分析した。サックスが注目したのは「誰も助けてくれる人はいない」「誰も頼りになる人はいない」という言葉が，電話の中で自殺志願者によって自殺防止センターのスタッフに対して繰り返し語られることであった。

　普通に考えてみれば，自殺志願者がこんなことを言うのは不思議なことではないかもしれない。だがサックスは，ここに1つの解くべき問題があるということを見出した。

　自殺防止センターは，自殺志願者に生きる助けを与えるために設立されたものである。自殺防止センターのスタッフは，自殺志願者に生きる助けを与えたいと考えて活動している。また，自殺志願者やその周りの人は，自殺防止センターに

電話をかけるぐらいだから，自殺防止センターのスタッフを当然「助けてくれる人」と考えて電話しているはずである。それなのに，「誰も助けてくれる人はいない」「誰も頼りになる人はいない」と自殺防止センターのスタッフに言うのはなぜなのか。これが，サックスが最初に気づいた問題だった。

　ところでこの問題は，従来の社会学の方法論的な問題点も示している。従来の社会学的方法では，自殺防止センターのスタッフは，自殺に関する悩みの「専門家」として分類され，カテゴリー化されるであろう。「専門家」であれば，当然分類上は「助けてくれる人」となる。だが，自殺志願者は，「誰も助けてくれる人はいない」とスタッフに言うのだから，スタッフを必ずしも助けてくれる人である「専門家」として考えてはいない。同じ人間が，別の言葉で分類され，カテゴリー化される可能性もあるのである。「専門家」についての社会学的分析を行う前に，どのようにして社会成員によってある人間が分類され，カテゴリー化されるかが解明されなければならない。この問題が，成員カテゴリー化の問題であった。

◆ 成員カテゴリー化装置

　サックスは，まず「成員カテゴリー化装置」という考え方を導入する。この考え方のポイントは，社会成員を分類しカテゴリー化する言葉（カテゴリー）が，いくつかの自然な集まり（集合）を作っているということだった。人々は，単にあるカテゴリーを用いて1人の人間をカテゴリー化しているのではなく，カテゴリーの集合を用いてある人間の集団を分類し，それによって個々の人間をカテゴリー化している。

　具体的な形で示したほうがわかりやすいので，「成員カテゴリー化装置」の1つである「性別」を取り上げてみよう。「性別」というカテゴリー化装置は，「男」と「女」という2つの成員カテゴリーを含んでいる。人々は，「性別」という成員カテゴリー化装置から「男」という成員カテゴリーを取り出し，それを人間の集団の中の1人の人間（社会成員）に適用し，男としてその成員をカテゴリー化する（図2-1）。

　すでに述べたように，自殺防止センターのスタッフは，「専門家」として分類できる。そこで用いられる成員カテゴリー化装置を，サックスは自殺に関する悩みについての専門的知識（knowledge）の配分による分類ということから，Kと

第2章　エスノメソドロジーの方法 (1)　17

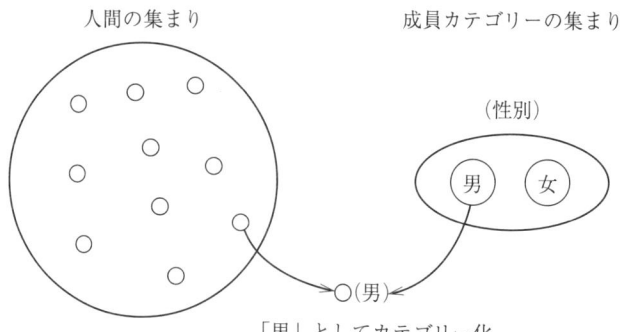

図2-1 「性別」というカテゴリー化装置

呼ぶ。Kは，「専門家」（＝専門的知識をもっている者）と，「素人」（＝専門的知識をもっていない者）の2つの成員カテゴリーからなる成員カテゴリー化装置である。Kを用いて，電話のかけ手である自殺志願者やその周りの人たちをすべて「素人」としてカテゴリー化でき，自殺防止センターのスタッフを「専門家」として分類できる。

もしKだけが，自殺志願者や周りの人がスタッフに対して当てはまる成員カテゴリー化装置であるとしたら，問題は単純であろう。だが「誰も助けてくれる人はいない」という言葉で示されるように，ここで適用されている成員カテゴリー化装置はほかにもあるのである。

◆R（関係対）

サックスは，自殺志願者とスタッフや，自殺志願者と他の人との関係に対して当てはまる成員カテゴリー化装置として，R（Relational Pair：関係対）という成員カテゴリー化装置を導入する。Rとは，2つずつ対関係をなすカテゴリーの集合であり，その集合全体をさす総称である。Rには，「夫‐妻」「親‐子」「隣人‐隣人」「恋人‐恋人」「友人‐友人」「赤の他人‐赤の他人」といったカテゴリーの対（ペア）がある。

サックスによれば，Rは標準化されている。それによって，もし任意の人間Xが「夫」であるとしたらY「妻」がXにとってどんな関係であるかがわかる。またY「妻」にとって，X「夫」がどんな関係にあるかがわかる。そのことは当事者本人たちにとってわかるとともに，第三者にとってもわかる。

さらにまたサックスは明確に述べているわけではないが，それぞれの成員に適用可能な R のレパートリーが存在している。それによって，それぞれの成員に対して，「恋人－恋人」「親－子」といった関係対が最初に適用されるので，対関係の中の誰かがいないという言明，たとえば「恋人がいない」「親がいない」といった言明が有意味なものとして聞こえてくる。

　自殺を考えるような危機的な状況において，「その担い手に頼るべき」として権利と義務を内属させているものを，Rp（適切な R）と呼ぶ。「その担い手に頼るべきでない」とされているものを Ri（不適切な R）と呼ぶ。さらに，Rp に属するカテゴリーの対の間にも「誰に最初に助けを求めるべきか」に関する強い順位があり，「第 1 位」のカテゴリーの成員がいるならば「第 2 位」以下の成員に頼ることはできない。

　少しわかりづらいかもしれないので，具体的な例をあげてみよう。「親－子」というのは Rp（適切な R）の第 1 位となる関係対の 1 つである。「親－子」においては，「子」は自殺をするのではなく「親」に助けを求める権利と義務をもっている。また「親」は「子」に対して助けを与える義務と，自殺をするのではなく自分に頼るべきだという権利をもっている。さらにまた「親」は「子」に対して，ほかの者ではなく自分にこそ頼るべきだという権利ももっている。それは，人々が，「親－子」というカテゴリーの対（ペア）が，R の中で Rp に属するものであり，しかも Rp の中で第 1 位の順位にあることを成員カテゴリーに関する知識としてもっているからである。人々は，ある特定の人物もまたその親も具体的には知らない場合でも，「親子」という形でその 2 人をカテゴリー化したとき，そうしたことをあらかじめ想定するのである。それに対して，その 2 人が「赤の他人－赤の他人」としてカテゴリー化されたときには，Ri（不適切な R）としてカテゴリー化され，「赤の他人」には頼るべきでないとされるのである。

　ここで「誰も助けてくれる人はいない」という言葉をどうしてスタッフに言うのかという問題に対する最初の答えを得ることができる。人々は，助けを求めるとき，R を用いて助けてくれる人を探している。「誰も助けてくれる人はいない」というのは，その人にとって，適切な R（Rp）がいないということである。自殺防止センターのスタッフは，R を用いた場合には，「赤の他人」であり不適切な R（Ri）である。それゆえ，「誰も助けてくれる人はいない」すなわち「適切な R が誰もいない」とスタッフに言うことは適切である。

だがこれはまだ話の半分でしかない。確かに，親もなく，子もなく，妻とは別れ，恋人はもちろん友達もいないというケースでは，「適切なRがいない」という言葉が直接当てはまるであろう。だがすべての自殺志願者が，身よりの者が誰もいないというわけではない。それなのに「誰も助けてくれる人はいない」「誰も頼りになる人はいない」と自殺志願者はスタッフに繰り返し言う。この問題についてサックスに従って，さらに考えてみよう。

◆ 本気と冗談

まず一般的に，Rに助けを求めることの難しさという問題がある。人々は「死にたい」「助けてくれ」と助けを求める言葉をRに言う。だが，言葉で助けを求めたからといって，Rが必ず助けてくれるとは限らない。その言葉が，Rによって本気と受け取られない場合があるのである。

サックスは，どのような言明でも本気なものとは受け取られずに「冗談」として受け取られる可能性があるという。助けを求めた相手は，「また冗談ばかり言って」と言って，笑って答えるかもしれない。自殺志願者は，自分の言明が本気なものとして受け取られずに，笑われてしまうことを恐れると，サックスはいう。それはただ自分の言葉が相手に理解されないということがいやだというだけではない。どのような言葉もあいまいさをもっており，本気で言ったのに冗談だと受け取られる可能性があるということは自殺志願者にもわかっている（それゆえ，自殺志願者は自分が本気だと示すために，狂言自殺を試みたりする）。だが，本気で助けを求めたのに，Rが笑いで答えたとしよう。自殺志願者は，死ぬのではなく，Rに助けを求める義務を負っている。だが助けを求めたのにRが本気で受け取ってくれなかったのなら，自殺志願者はもうRに対する義務は果たしたのだから死ぬしかなくなってしまうという気持ちになるだろう。こう考えてみると，たとえ適切なRがいる場合でも，「助けてくれ」とRに実際に言うのは難しいということがわかる。

◆ 特定のケース

さらに「助けてくれ」とRに言うのが難しい特定のケースを考えてみよう。Rに対して助けを求める場合には，自分の言明が本気であることを示したり，また何が適切な救いの手なのかを相手にわかってもらったりするために，「助けてく

れ」とただ言うだけでなく必ず理由を言うことが求められる。

　この理由が，Rp のとくに第 1 位の担い手との関係を損なうものであったとしよう。たとえば，浮気をした相手に脅迫されている妻の場合を考えてみよう。浮気相手は，これまでの関係を夫にばらすぞといって脅しをかけている。妻はすべてを夫に打ち明けて夫に助けを求めるべきかどうかで悩んでいる。夫は，これまでどんなことでも自分のことを助けてくれた。だが夫が自分のことを助けてくれるのはまさに自分の「夫」だからである。浮気のことを夫に打ち明けたなら，「夫」との関係そのものが壊れてしまうかもしれない。いわば，妻は夫には打ち明けられない悩みで悩んでいるのである。だがこれは特定の Rp の関係にある相手，この場合には夫に助けを求めることができないということである。同じような例としては，自分の母親が本当の母親ではないと知った娘の場合を考えることもできよう。その場合でも，自分を育ててくれた母親には言えないということであり，直接的には「誰にも言えない」ということではない。

　だが R というカテゴリーが順位をもっているという性質が，「特定の R に言えない悩み」を「誰にも言えない悩み」に変化させる。夫に言えない悩みは，Rp の下位の順位にある成員，たとえば夫の弟には言えないのである。義理の弟は，家に同居しておりいつも自分に親切にしてくれる。今度のことでも，「姉さん，何か心配ことでもあるの。僕が相談にのるよ」と言ってくれた。だが，夫に言えない悩みを夫の弟に打ち明けることは簡単にはできない。もし夫に義理の弟に最初に話したということがわかったならば，夫は「なぜ俺に言わないで弟に話した。お前は，本当は俺より弟のほうを好きなのだろう」と言って怒るに違いない。こうして妻は誰にも言えない悩みを抱えることになる。

　ここで述べたことは，ただ単にある特定の個人の心の中にある他人には窺い知れない心の悩みの問題ではない。問題は，上に述べた話を R についての知識をもっているすべての人が理解できるということである。Rp は，順位をもっている。もし夫を，「夫」として，すなわち Rp の第 1 位の成員として位置づけたなら，他の成員に助けを求めることはできない。もしそうすれば，「夫」ではなくその相手を Rp の第 1 位の成員（たとえば「恋人」）として位置づけることになり，夫との関係を傷つけるのである。

◇ 成員カテゴリー化装置の転換

このように「誰にも言えない」「誰も頼りにならない」という言葉が成立する別の仕方が存在する。自殺防止センターのスタッフもそのことは理解している。だから「誰も助けてくれる人はいない」「誰も頼りになる人はいない」という自殺志願者の話を聞くと，Rp の関係にある人に関する悩みで電話をしている可能性があると理解する。そして「Rp の成員（夫あるいは親）はどうされているんですか」と聞くのである。

そしてさらに自殺防止センターのスタッフは成員カテゴリー化の仕方自体を R から K へと転換させようとする。R という成員カテゴリ装置で探しては誰も助けてくれる人はいない。それゆえ K で探すように，スタッフは自殺志願者に次のように言う。「そういうことは素人ではわからないんですよ。専門家に相談しないと。ここのスタッフはみんなそうした悩みに関する専門家です」。

また自殺志願者は，自殺防止センターに電話するとき，自分の名前を言わないで匿名で電話をする場合がある。それは名前を言わないことで，R の関係についての義務を免れようとするからである。この電話で名前を名乗らないという問題が，第 3 節で述べる会話分析の発端にもなった。

このようにサックスは，個人の内面の奥底にある他人には窺い知れない心の問題と思われてきた問題が，じつは人々すべてが知っている成員カテゴリーに関する知識の問題として，人々にとって誰にでもわかる仕方で公的に存在していることを示した。このような視点は，第 3 章第 1 節で示す論理文法分析にも受け継がれていく。

2　集合としての成員カテゴリーと推論

◇ 子どもの語るお話の分析可能性

ここでは，「子どもの語るお話の分析可能性」(Sacks [1972c]) を例に，成員カテゴリーの問題についてさらに解説をしておこう。ここでの議論の中心は，成員カテゴリーが集合を構成していること，さらにそのことによってさまざまな推論が可能になっているということである。

サックスは「赤ちゃんが泣いたの。お母さんが赤ちゃんを抱き上げたの」という 2 歳 9 カ月の女の子の語ったお話を分析している。このお話には「赤ちゃん」

と「お母さん」という2つの成員カテゴリーがでてくる。このお話を聞くとき，人々は「お母さん」は赤の他人ではなく，「その赤ちゃんのお母さん」であると聞くであろう。こうした人々の推論を裏づけるものは何か，それがサックスの問題だった。

　ここでも問題になるのは，成員カテゴリー化装置である。ここでは「家族」と「人生段階」という2つの成員カテゴリー化装置が登場する。「家族」という成員カテゴリー化装置は，「赤ちゃん」「お母さん」「お父さん」という成員カテゴリーを含んでいる。また「人生段階」という成員カテゴリー化装置は，「赤ちゃん」「子ども」「大人」という成員カテゴリーを含んでいる（それぞれの成員カテゴリー化装置はほかの成員カテゴリーも含んでいるが，ここでは簡略化した形で問題を考えていこう）。

　問題は，「赤ちゃん」という成員カテゴリーが，2つの異なった成員カテゴリー化装置の集合の中に属するということである。そして同じ名前の成員カテゴリーでも，どの装置のどの集合に属するかで，その意味するところは変わるのである。

　「赤ちゃん」が「人生段階」の装置だとしよう。そうすると，「お母さんは赤ちゃんのお母さんだ」という推論は成り立たなくなる。世界中に，「赤ちゃん」は何億人とおり，「お母さん」も何億人もいる。たまたま「赤ちゃん」を抱き上げた「お母さん」が「その赤ちゃんのお母さん」であるという確率はほとんどゼロに等しい。では「家族」の中の「赤ちゃん」だとしたらどうか。だが家族の中でいくつになっても，子ども扱いされたり，赤ちゃん扱いされたりするということはよくある。だがこのお話の場合は，「人生段階」の「赤ちゃん」であると人々は聞くであろう。こうした問題に対して，サックスは2つの独立した推論装置が働いていることを示した。

◆ **経済性規則と一貫性規則**
　「お母さん」は「赤ちゃんのお母さんだ」という最初の問題から考えていこう。サックスはここで，成員カテゴリー化装置の適用に関する規則として，2つの規則を提示する。

　1つは「経済性規則」と呼ばれるもので，1人の人間をカテゴリー化するのには1つのカテゴリーで十分だというものである。だが「赤ちゃん」のように同じ

第2章　エスノメソドロジーの方法（1）

カテゴリーが複数の成員カテゴリー化装置に属するときもあるので，厳密に言えば，その規則は「1つの成員カテゴリー化装置の1つのカテゴリーで十分カテゴリー化できる」と言い換えられる。ただし，これは2つのカテゴリー（あるいは複数の成員カテゴリー化装置に属する1つのカテゴリー）でカテゴリー化してはいけないということではない。

　もう1つは一貫性規則と呼ばれるものであり，成員カテゴリー化装置の一貫的使用に関する適用規則である。一貫性規則とは，「ある人間の集団がカテゴリー化されるとき，もし最初の1人をカテゴリー化するのに，ある装置の中のある成員カテゴリーが使用されたなら，その集団の別の成員も同じ成員カテゴリーあるいは同じ装置の中の別の成員カテゴリーによってカテゴリー化可能である」という形で示される。この規則によって，たとえばある集団の最初の1人を「男」としてカテゴリー化したならば，その集団のほかの人間も「男」あるいは「男」と同じく「性別」という成員カテゴリー化装置に属する「女」という成員カテゴリーによってカテゴリー化可能である。

　サックスは，さらに一貫性規則からくる推論が存在しているという。すなわち，同じ話の中に複数の成員カテゴリーが使用された場合には，人々はそこに明確な反証がなければ，一貫性規則が使用されたという推論を行うのである。サックスは，それを一貫性規則からくる聞き手の推論と呼んでいる。その推論によって，「お母さん」と「赤ちゃん」という言葉が一度に使用された場合，人々はその言葉を，この2つの成員カテゴリーが同じ集合に属している成員カテゴリー化装置，すなわち「家族」という装置の成員カテゴリーとして聞くのである。

◆「家族」装置と二重の組織化

　さらにまたサックスは，「家族」という装置が二重に組織化されていることに着目する。この二重の組織化という考え方は少しわかりづらいので，カードに喩えて説明してみよう。

　ここに「赤ちゃん」「お母さん」「お父さん」という言葉が書いてあるたくさんのカードが，それぞれの種類ごとに重ねられて置いてあるとしよう。人々は，「赤ちゃん」や「お母さん」に出会うごとにこのカードを1枚めくり，それぞれの人間に貼りつけるのである。だが人々はこのカードを，二重の仕方で使用している。人々は，「赤ちゃん」カード1枚，「お母さん」カード1枚，「お父さん」

図 2-2 「家族」装置と二重の組織化

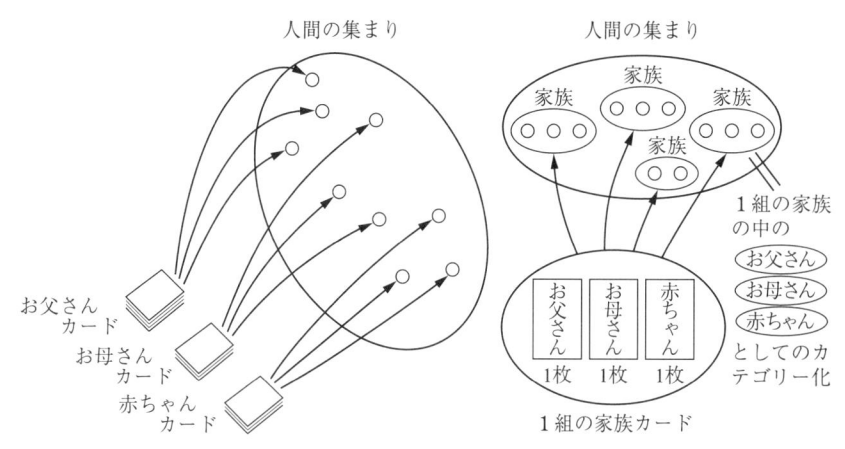

カードを1枚ずつまずめくり，それぞれを組にして持っている。これが「単位としての家族」を示すものになる（これを家族カードと呼ぼう）。そして「お母さん」とか「赤ちゃん」という形でカテゴリー化を行うときには，この組となった家族カードを利用してカテゴリー化を行うのである。このようにして，それぞれの家族を1組にしてカテゴリー化を行うことが可能になる（図2-2）。もちろん，現実の家族は，この組の中のすべてのカードがそろっていない場合もある。だがそのときには，「赤ちゃん」のいない家族，「お母さん」のいない家族といった形で，不在を含み込んだ形でカテゴリー化可能になるのである。

一貫性規則に関する聞き手の推論は，この二重の組織化というレベルでも働く。人々は「赤ちゃん」と「お母さん」を同じ家族という1つの組の中のカテゴリーとして聞く。そしてわれわれの社会では，家族という組の中のお母さんのカードの標準枚数は1枚と決まっている。それゆえ，「赤ちゃん」は「そのお母さんの赤ちゃん」だと人々は聞くのである。

◆ カテゴリーに結びついた行動

では，このお話の中の「赤ちゃん」を「人生段階」の中の「赤ちゃん」としても人々が聞くのはなぜなのだろうか。「赤ちゃん」という言葉とともに使われている「泣いた」という言葉にポイントがあるとサックスはいう。サックスはこうした言葉を「カテゴリーに結びついた行動」と呼んでいる。

ただこのことは「赤ちゃん」という成員カテゴリーが単に「泣く」ということを示しているのではない。「お母さん」も泣くし，「男」も泣くし，「女」も泣く。ここでも問題は，成員カテゴリーが集合を構成しているということに関係している。

　「人生段階」という成員カテゴリー化装置は，この言葉でも示されるように，そこに含まれる「成員カテゴリー」の間に，「赤ちゃん」→「子ども」→「大人」という段階を組み込んでいる。そして「泣く」という「カテゴリーに結びついた行動」は，それぞれの段階についての評価と結びついている。「赤ちゃん」が泣けば，それは当然である。だが「子ども」が泣けば，「まだまだ赤ちゃんなのね」と言われて，段階が下のものとして評価される。「子ども」が泣かなければ「もう大人ね」と言われて，段階が上のものとして評価される。「泣く」という行動は，このように集合の中に組織化された仕方で，「人生段階」の装置，とくに「赤ちゃん」と結びついているのである。それによって，「赤ちゃん」と「泣く」という言葉が一度に語られた場合，「赤ちゃん」を人生段階の「赤ちゃん」として聞くという推論が可能になるのである。

　このように，成員カテゴリー化装置は集合としての性格をもち，さまざまな推論を人々の中に生み出していく。さらなる成員カテゴリー分析の適用に関しては，第9章，第10章，第11章，第14章を参照されたい。

3　会話分析

◇ 会話の自然な流れ（シークエンス）

　サックスの『会話に関する講義録』（Sacks［1992］）は，1964年の秋の講義から始まっている。そこでサックスは，自殺予防センターのプロジェクトで集めた会話データを扱っている。サックスがそこで取り上げるのは，救急精神病院にかかってきた次のような電話である。

A：　はい，こちらスミスです。どのようなご用件ですか。
B：　よく聞こえなかったんですが。
A：　スミスです。
B：　ああ，スミスさん。

Aは電話で相談を受けるスタッフであり，Bは電話相談者である。サックスは，自殺防止センターの電話を分析しているときに上のような会話が頻繁に生じているのを見出した。この会話は一見すると，Aの名前に関する問題が生じている会話だと思われるかもしれない。だがサックスは，この会話はむしろBの名前に関する問題が生じている会話だという。すでに述べたように，電話相談者は，自分の名前を名乗りたがらない。サックスは，こうした形で会話をすることで，Bは自分の名前を名乗らないで相談を続けることができるのだという。

　この問題は，1つひとつの言葉を検討するだけでは解けない。「よく聞こえなかったんですが」という言葉は，それだけを取り上げれば，Aの名前に関する問題であり，B自身の名前に関する問題ではないからである。サックスは，上の会話を次のような会話と比較する。

　A：　はい，こちらスミスです。どのようなご用件ですか。
　B：　あっ，わたしはブラウンといいます。

　こうした会話は電話の始まりにおいてごく普通に見られるものである。この会話では，Aが自分の名前を名乗ったあとで，Bも自分の名前を名乗っている。すなわち，Aの発話のあとでBの発話といった形で，会話は継起的に進行している。サックスは，こうした会話の継起的な流れを，会話のシークエンスと呼んでいる。

　さらにまたこの会話では，「自分の名前の名乗り」「自分の名前の名乗り」という形で，2つの発話が1つの対（ペア）となった形で存在している。

　この会話が，Bに名前を名乗らせる効果をもつのは，それが会話の流れの中で，「自分の名前の名乗り」「自分の名前の名乗り」という対となった会話として存在しているからである。Bは「よく聞こえなかったんですが」と言うことで，この会話の流れを止めた。そしてこの会話の流れが止められたあとでは，もはやBは自分の名前を自ら名乗る必要はなくなる。もちろんあとで，AはBの名前を聞くことで，Bの名前を得ることはできるかもしれない。だがその場合には，Bは，「なぜ，名前を知ることが必要なのか」と問うことができる。そしてBは，理由によっては，名前を答えるのを拒否することもできるのである。名前を聞くことは，「自分の名前の名乗り」「自分の名前の名乗り」という対となったシークエンスのように，自ら名前を名乗らせる効果をもつことはできない。

この「会話のシークエンス」や「対となった発話」が，会話分析においてもっとも重要な考え方である。この節では，この2つの考え方に絞って，サックスが始めた会話分析について解説をしていこう。

◆ **会話の順番取りシステム**

会話のシークエンスの問題で，会話分析でもっとも有名なのは，サックスが共同研究者であるシェグロフとジェファーソンと一緒に書いた「会話の順番取りシステム」（Sacks, Schegloff & Jefferson［1974］）である。

サックスらによれば，われわれの社会における日常会話には2つの大きな特徴がある。1つは，「一度にしゃべる人は1人」という特徴である。もちろん，1つの会話において，一度に2人以上の人がしゃべっていることもある。だが，その時間は短い。またそれぞれの発話は，ほとんど沈黙をおかずに発せられている。もう1つの特徴は，「話し手はつねに交代する」という特徴である。確かに，儀式とか制度化された会話においては，1人の人がずっとしゃべっている場合もある。だが日常の会話においては，話し手はつねに交代している。このことから，会話は，話をする順番がつねに交代するシステムだと考えることができる。

このとき，話し手をA，Bというアルファベットの大文字で表する。またそれぞれが，話していることを，a，bという小文字で表すとする。2人の会話の場合には，会話者のシークエンスは，ABABABABで記述できる。また会話のシークエンスもababababという仕方で記述できる。だが，ababab というそれぞれの会話において何をしゃべるかは，日常の会話においてあらかじめ決められていない。そしてさらに，「a」「b」というそれぞれの話をどれくらいしゃべることができるのかという問題が存在している。次に3人の会話を考えてみよう。この場合には，2人の会話のような仕方では会話のシークエンスは記述できない。3人の会話では，ABCABCABCあるいはabcabcabcというような仕方では会話は進行しない。ABCの順で話すというような仕方で，会話の順番を決めるような規則は日常の会話においては存在しない（このことは，4人以上の会話でも同じである）。だが会話は，でたらめな仕方で行われているわけではない。会話者はどのような順番で話すのかを会話をしているときにはわかっているのである。そうした人々が会話をしているときには使っている知識を，もっとも簡単な仕方で記述しようとしたのが「会話の順番取りシステム」である。

◆ 順番取りシステムの仕組み

　会話の順番取りシステムは，それぞれの話を1人の話し手がどれくらいしゃべることができるのかを決める「順番構成的成分」と，どのように順番が交代するのかを決める「順番配分的成分」の2つの部分からなる。

　「順番構成的成分」は，言語の構造と関係している。わたしたちの話す言葉は，単語，句，文といった単位を構成している。会話者は相手の言葉を聞くとき，その言葉が，「お母さーん」という単語という単位で発せられたのか，「お母さんと学校に行く」というような文という単位で発せられたのかをそのイントネーションから聞き分けることができる（これは，第6章で解説するプロソディの問題と関係している）。さらに会話者は，単語や句や文といったそれぞれの単位でなされた発話が，どこで終わるのかを予期することができる。この単位の最初の終了点となる場が，順番が適切に移行する場となる。

　言葉が単位を構成しており，それぞれの話を構成する単位の終了点が予期できることは，重要な意味をもっている。もし相手の話が終わるのを待ってそれを確かめてから次の人が話し出すとしたら，その間にいくぶんかの沈黙があるはずである。実際，トランシーバーなどの無線での会話では，そのような形で会話が進行する。だが日常の会話や電話では，ほとんど沈黙なしに，あるいはわずかの重なりや沈黙を伴って，会話の順番の移行がなされている。それは会話者が相手の言葉をよく聞いて，相手の言葉がどこで区切られるのか，すなわち単位の終了点はどこか，を予期し，その場所で，すなわち順番の移行が適切な場で，話し始めるからである。

　「順番配分的成分」は，「順番交代のテクニック」と「順番の交代に関する優先規則」からなる。「順番交代のテクニック」は，「いまの話し手が次の話し手を選択するテクニック」と「話したい人が自分から話し手となるためのテクニック」の2つからなる。「いまの話し手が次の話し手を選択するテクニック」としては，相手の名前を呼ぶ，相手の方を向くというようなものがある。また次節で述べる，「質問」や「呼びかけ」のような対となった発話（隣接対）の片割れが一緒に使われることも多い。「話したい人が自分から話し手となるためのテクニック」でもっとも重要なことは，ともかく先に話し出すことである。

　順番の交代は，順番の移行が適切となる場で，次のような優先規則に沿って行われる。

(1) いまの話し手が話している間に、いまの話し手が次の話し手を選択するテクニックが使われていたならば、選択された人が優先的な話し手となる。
(2) いまの話し手が話している間に、いまの話し手が次の話し手を選択するテクニックが使われていなかった場合には、話したい人が次の話し手となる。その場合には、一番初めに話し出した話し手が優先的な話し手となる。
(3) 誰も自分から話し出さなかったときには、いまの話し手がさらに話を続けることができる。またその間に、いまの話し手が次の話し手を選択する言葉を付け加えることもできる（「でどう思うAさん」）。このようにして、さらに(1)から(3)が繰り返される。

◆聞くことの重要性

　一見すると会話の順番取りシステムは、人々の振舞いから離れた抽象的なルールのように思われるかもしれない。だが、自分が仲間との会話においてどのように振る舞うかを考えると、それが人々の振る舞いや動機づけを的確に記述したものであるということがわかる。

　他の人が話しているときに何かしゃべりたくなった場合、わたしたちはすぐに口を開いたりはしない。わたしたちはいましゃべっている人の話がどこで区切られるかを相手の話を聞きながら予想し、待ち受ける。だが相手の話の途中で、相手が他の人に話を振ったなら、自分からはしゃべりだせない。相手が誰にも話を振っていないことを確認し、いざしゃべり出そうとしても、他の人が一瞬でも早くしゃべりだしたら、いったん口に出した言葉を飲み込まなくてはならない。今度こそはと思って、早くしゃべりだしすぎると、相手の話と重なってしまい、口に出した言葉を最後まで続けられなくなる。しかも、言葉は、会話の流れ（会話のシークェンス）の中で意味をもつ。適切な場所で言えなかったことは、あとで言い出すことはできない。それゆえ、自分がしゃべりたいときには、相手の話をよく聞き、その話の区切りがどこであるかを予想し、相手が他の人に話を振っていないかをよく聞き分け、他の人よりも早くしゃべりださなくてはならない。

　どちらにしろ、しゃべるためには相手の話を聞く必要がある。順番取りシステムは、こうした人々の振る舞いや聞くことへの動機づけを、簡潔かつ的確に表現しているのである。

◆ 話し手に何ができるか

　次に話し手に何ができるかを考えよう。会話は，あくまで会話に参加している人々によって作られているものである。だが，会話は1人の話し手のみによって作られているわけではない。会話は会話者どうしによって相互的に作られている。また会話はつねに順番ごとに生み出されている。話し手はいまの話を生み出し，さらに次の話し手を選ぶこともできる。だが，次の話し手が，その話の中で元の話し手を次の話し手として選んでくれるとは限らない。さらに会話が順番ごとに生み出されることから，後の会話がどう展開するかは，元の話し手には確実にはわからない。話し手が確実に何かできるのは，いまとその次の話でしかないのである。それゆえ，会話においてはこの「いまとその次」という部分が，他の何よりもまして重要になる。

　会話分析では，この「いまとその次」が「対となった」発話が，「隣接対」と呼ばれ，分析の焦点の1つになっている。会話分析が，会話分析といいながら会話の内容や会話全体の構造の分析に最初の焦点をおかず，「いまの話とその次の話」という会話の局域的な側面に関心を払うのを奇妙なことだと感じる人もいるかもしれない。だが，この「いまとその次」という会話の局域的な部分は，会話者自身にとって，自分が操作することができ，さらにまた他者とともに共同で作り出すことができる，もっとも重要な部分なのである。そして会話全体の構造もまた，この「いまとその次」という局域的な構造に基づいて作られているのである。

◆ 隣接対（対となった発話）

　隣接対とは，2つの発話が，「挨拶－挨拶」「呼びかけ－応答」「質問－応答」「要請－受諾」などのように対（ペア）として類型化されたものである（Schegloff & Sacks［1973＝1995］）。

　「隣接対」は，①2つの発話からなり，②その発話が隣接的な位置におかれ，③各々の発話が，それぞれ別の話し手によって生成されるという特徴をもっている。また，対として類型化されていることから，④対となった発話の最初の部分と2番目の部分に順序が存在し，⑤一方が他方を特定化する関係にある。すなわち，質問と応答はこの順序で起こる。また質問は，次の行為として挨拶ではなく応答を適切にする。

隣接対は，会話においていまと次の会話を結ぶ重要な部分となっている。それは，会話が次から次へと継起的に展開するための資源となっている。会話の順番取りシステムにおいて，隣接対はいまの話し手が次の話し手を選択するテクニックの主要な構成要素である。わたしたちは「質問-応答」という隣接対の初めの部分である「質問」を用いて，自分の話（質問）と相手の話（応答）を次から次へと組織することもできる。サックスは，それを「質問-応答」連鎖と呼ぶ。たとえばインタビューのような制度化された会話は，この「質問-応答」連鎖によって構成される（制度化された会話については，テーマセッション1を参照）。
　隣接対はまた，相互理解のための重要な資源となっている。たとえば，「こんにちは」という挨拶に対して「こんにちは」と答えたとしよう。この2番目の「こんにちは」という言葉は，単に相手と同じ言葉を繰り返しているのではない。「こんにちは」と答えた人は，相手の「こんにちは」という言葉が自分に対する挨拶であると理解したことを，「こんにちは」という挨拶で答える中で相手に示しているのである。さらに相手もまた，自分の「こんにちは」という言葉に対して相手が「こんにちは」と答えているかどうかを観察することで，相手が自分の発話を理解しているかどうかを観察している。隣接的に連なった行為は，お互いがお互いを理解しているかどうかを確かめあう場となっているのである。さらにまたそのことが，研究者にも，研究のための基盤を与える（この問題については，第6章を参照）。
　隣接対はまた，参加者が互いの共同の了解を構成する場でもある。隣接対は，お互いの理解をお互いに確かめあうことができる場である。さらにまた隣接対は，自分と相手が共同で「いまの話」と「その次の話」を作り上げることができる最小の組織でもある。それゆえそれはまた，人々が何事かを取り決めることができ，またその取り決めをお互いに了解しあうことのできる最小の組織にもなっている。もちろん，すべての取り決めが，この隣接対の場で行われるわけではない。しかし，互いの了解を構成する最小の単位である隣接的な組織が，人々がさらに行為を全体的に組織化するための，組織的な基盤になっている。たとえば，会話を始めたり，会話を終了したりするためには，隣接対が使われる。会話分析では，この隣接対を基本に，会話全体の構造を分析するのである。

◆会話分析の広がり

　サックスは，交通事故で1975年に亡くなった。だがサックスの共同研究者であったシェグロフやジェファーソン，またカルフォルニア大学のアーバイン校時代に教えを受けた，ポメランツらによって会話分析は世界中に広まり，現在では，「会話」や「相互行為における話」を研究する標準的な方法として，社会学，言語学，人類学，教育学，認知科学，情報工学といったさまざまな分野で研究されるようになっている。

　現在，会話分析では，さまざまな会話の組織が研究されている。たとえば，「優先構造」(Pomerantz [1978])，「会話の開始」(Schegloff [1968]) と「会話の終了」(Schegloff & Sacks [1973])，「修復」(Schegloff, Jefferson & Sacks [1977]) といった研究がなされている。会話分析の研究に関しては，第6章，テーマセッション1，第8章も参照されたい。

4　会話と身体的行為

◆ 聞き手の行為

　最後に，会話と身体的行為の関係について述べておこう。会話分析は，もともと言葉そのものに対する関心から始まったわけではない。サックスらの関心は，「相互行為における言葉や話」にあった。ジェスチャーや身体的行為に対する関心も，ある特定のジェスチャーや身体的行為が単独でどのような意味をもつかにあるのではなく，あくまで「相互行為におけるジェスチャーや身体的行為」にあった。さらに会話分析が発見したのは，ジェスチャーや身体的行為が，会話そのものと強く結びついていることだった。

　身体的行為の問題について，エスノメソドロジーでもっとも重要なものは，C. グッドウィンの研究 (Goodwin, C. [1981]) である。すでに，会話における「聞くことの重要性」について述べた。だが，聞くこと自体の問題は，初期の会話分析ではあまり焦点化されてこなかった。その一つの原因は，初期の会話分析がもっぱらテープレコーダーによる音声記録を中心に研究を行ってきたことと関係しているかもしれない。C. グッドウィンは，ビデオデータを用いた会話の分析によって，聞き手の行為が，「話す」という行為と関係していることを見出した。

　会話における言葉は，途切れがちであり，繰り返しや言い直しが多く，文とい

う形を成していない断片的なものも多い。C. グッドウィンは、こうした現象が、無秩序に生じているのではなく、話し手と聞き手の相互行為によって秩序あるものとして成立していることを示した。C. グッドウィンが注目したのは、聞き手の視線である。会話の途切れや、繰り返しや言い直しの部分をよく聞いてみると、その言葉は「非文法的な文の断片」→「文法的な文」という順序で発話されていることが多い。またこの間に沈黙のはさまる場合も多い。C. グッドウィンはビデオデータを用いた会話の分析によって、こうした現象が聞き手の視線と関係していることを示した。聞き手が話し手を見たときに、話し手は途中まで話した言葉をやめ、もう一度最初から言葉を言い直していたのである。さらにまたC. グッドウィンは、こうした話の間にはさまる沈黙（言葉の途切れ）や、断片的な言葉を話すこと自体が、聞き手に話し手の方向を見させる効果をもつことも示した。聞き手は、話し手を見ることで、自分が相手の話を聞いていることを示し、話し手は聞き手が自分の話を聞いているかどうかをよく観察しながら、自分の話を組み立てていたのである。すなわち、順番の交代だけでなく、順番におけるそれぞれの話自体が、話し手と聞き手の相互行為によって、作り上げられているのである。

◇ 参与の枠組と相互行為分析

こうした C. グッドウィンの研究以来、ビデオデータを用いた会話分析はますます盛んになっている。とくに、聞き手の問題を「受け手性」という言葉で一般化し、病院での診断場面における患者と医者の相互行為やビデオ会議システムの問題を研究したヒースの研究（Heath [1986], Heath & Luff [1991]）や、C. グッドウィンによる海洋調査船（Goodwin, C. [1995]）やグッドウィン夫妻による飛行場の研究（Goodwin, C. & Goodwin. M. [1996]）が有名である（テーマセッション3、第15章を参照）。

現在では、聞き手の問題は、話し手や聞き手が会話場面にどのような仕方で参与するか（「参与の枠組」）という形で問題にされるようになっている。「参与の枠組」の研究では、子どもどうしのけんかを分析した M. グッドウィンの研究（Goodwin, M. [1993]）が有名である（第9章を参照）。

また視線の問題は、人やモノに対する身体的な体勢や、参与枠組と身体の配置の問題として、頭および胴体の動きや指さしなどの手の動き、足の置かれる位置

や動きというものを含んだ形で分析されるようになっている。このときに，ケンドンが提示したFフォーメーションという考え方が使われる場合が多い（Kendon [1990]）。Fフォーメーションとは，複数の作業者が，お互いの作業領域の重なりを，互いに共有することができるような身体的体勢である（第12章を参照）。こうした研究については，ビデオデータの分析法（第5章）や，博物館の研究（第12章），協同学習支援の研究（第14章）や，コンピュータ支援の協同作業の研究（第15章）を参照されたい。ビデオデータを用いた会話分析的研究（相互行為分析と呼ばれることもある）は，社会学や言語学の枠組を越えて，さまざまな分野で用いられるようになっているのである。

第3章

エスノメソドロジーの方法（2）

水川 喜文・池谷のぞみ

>この章では，エスノメソドロジーの新しいアプローチとして近年注目を集めている，論理文法分析（1節）とワークの研究（2節）について解説する。

1 論理文法分析

　論理文法分析は，私的で個人の「内面」にあるとされる「心」「意図」「考え」などが，言葉や概念の使い方（言語使用）を見ることによって，誰でもやりとりの中で示しあっている公的なものであることを明らかにした。この章では，エスノメソドロジーの手法としての論理文法分析について「会話の論理」と「心の概念」という2つの議論に分けて紹介する。

　論理文法分析を展開するボストン大学教授のクルターは，1970年代中旬までマンチェスター大学において社会学を学んだ。マンチェスター大学は，当時からシャロックを中心にイギリスにおけるエスノメソドロジーの研究センターとなっており，ガーフィンケル，サックスなどがその初期から訪問し講義した数少ない大学の1つであった。また，サックスのもとで会話分析の研究をしていたジェファーソンもジョン・リーの共同研究者として同大学に所属していたこともあり，数多くの特徴のある研究者を生み出した。

　マンチェスター大学のエスノメソドロジー研究の特徴は，ウィトゲンシュタインやライルなどに代表されるいわゆる言語哲学との影響関係にある。この2つの流れの合流点で論理文法分析の発想は生まれた。

　クルターによれば，論理文法分析とは「日常的な状況において言葉が，どのよ

うにしかるべきしかたで使用されているかを，丹念に調べることから出発する」(Coulter [1979b=1988], pp. 11ff.)。そこにはガーフィンケルのいう常識的知識がそれ自体として秩序だっているという考察や，ウィトゲンシュタインやライルによる言語をその使用から考えていくという方向性が結実している。

◆ 会話の論理——偶発性とアプリオリな構造
(1) **会話分析と論理文法** 論理文法分析の特徴の1つは，サックスの会話分析や成員カテゴリー分析の成果（第2章参照）を，「論理」（あるいは，社会-論理）の問題としてとらえ直したことにある。

たとえば，次のような会話の断片を考えてみよう。

A： まだ，レポート，出してないの？
B： うん

Aの発話は疑問文という形を取っているとともに，1つの行為となっている。すなわちAは「質問」という行為をしている，というように分析できる。それに対してBの発話は，「応答」という行為となる。同時に，Bは「応答」することにより，Aの発話を「質問」として理解したことを発話によって示していたことになる。このことは，会話分析によれば，このAとBの発話は「質問」と「応答」の隣接対（第2章参照）をなすと考えることができる。

論理文法分析では，たとえばこのような隣接対（および会話分析のさまざまな成果）を論理的関係としてとらえる。つまり，「質問」と「応答」という隣接対が規範的に結合している「概念の論理文法」と見ていくのである。

(2) **会話の偶発性** さて，このような「質問-応答」という対は，どのような論理関係にあるのか。それは，「質問」のあとに必ず「応答」がくるという自然科学でいう法則（law）によって決定されているわけではない。たとえば，次のように「質問」のあとに「質問」がくることもできる。

B： 今日，提出日だった？

この場合，BはAが質問をしたことを理解したうえで，Bが「質問」することによりAの発話内容を確認している。では，Bが「ほっといてよ」と言ったらどうだろうか。同じAの発話は，Bによって「非難」と理解され，Bが「応

酬」を行うことになり「非難−応酬」の隣接対が生み出されたことになる。

このように,「質問」のあとに「応答」がくることは,法則として決定されているわけではない。むしろ,相手（次の行為者）がどのように発話するかという偶発性（contingent）によっている。

しかし,次に何がきてもいいわけではない。そこには,次に何がくるべきかについての規範的な制約がある。そのことは,Aの発話のあとに「沈黙」がくると「Bの応答がない」ことが理解可能になる,ということからもわかる。この場合,Bは動作も発話もしないで「沈黙」という行為をしたことになるのである。さらに,Aの発話が「質問」とされるか「非難」とされるかは,この「沈黙」に続く会話を見ていかなければわからない。

このように見てくると,会話のシークエンス（流れ）における次の一手は偶発性によるが,一定の規範的な制約がされているといってよいだろう。同様のことはもちろん「質問−応答」という隣接対だけではなく,「非難−応酬」「挨拶−挨拶」などの隣接対にもいうことができる。

(3) **会話のアプリオリな構造**　また,このような隣接対の存在は統計による帰納的な結論ではない。質問のあとに応答がくる可能性が高いとか,ある条件のもとで何％の発生頻度・確率があるからこの隣接対が存在するわけではない。むしろ,「質問−応答」という概念の慣習的ペアが,頻度を数える「前に（アプリオリに）」存在していなければならない。

たとえば,先に出たようにBが「ほっといてよ」という「応酬」をしたならば,その前のAの発話は「質問」と理解されていないことがわかる。これは,「質問−応答」というペアは慣習的に結びつかない（論理文法違反）からである。Bの「応酬」に慣習的に対応するペアは「非難−応酬」である。そのため,Aの発話は「質問」ではなく「非難」と理解され,「非難−応酬」というペアが生み出されたことになる（もちろん,その後の会話でこのペアがどのように扱われるかは,続く会話をより詳しく見ていかなければならない）。

このアプリオリな構造（a priori structure）は,その論理を使っている自然言語の共同体にいるものなら誰でも見て言える（理解可能な）ものなのである（そのため「正しい」かどうか交渉可能となる）。このように論理文法分析によれば,会話は一方で偶発性によりながら,他方で規範としての「アプリオリな構造」に基づきながら進行していると考えられる（Coulter［1983］）。

論理文法分析によれば，言語を日常生活で使用している人々（自然言語の使用者）は，これまでみたような論理文法をさまざまな場面で多様な形式で使っている。そして，そのことにより，相手の意図を理解し交渉し，状況を定義し相互行為を遂行しているのである。

　いままで見てきた概念の論理文法は，会話の参与者が自覚的に使っているとは限らない。むしろ，このような知識は身につけてはいるが，言葉にしたり書き出したりすることのできないような「やり方の知識」（ライル）である。同様に，研究者にとっても直観的に判断できないものであるため，具体的な言語実践を分析することによって明らかにすべきものである。

◆理解の達成とその誤謬

　(1)　**理解と実践**　　次に，言語哲学の成果をエスノメソドロジーがどのように導入したか，典型的な認知活動である「理解」を例にとって考察する。これにより，エスノメソドロジーといわゆる認知主義との基本的な発想の違いを確認することになるだろう。クルターらによる，「理解」に関する論理文法分析の方向性は，認知主義による情報処理過程のモデル構築と異なり，「理解」という言葉がどのように使われるかという実践の場に戻してもう少し精密に見ていこうというものである（Coulter [1979b=1998]，邦訳 33 頁以下，75 頁以下；西阪 [1997]，166 頁以下）。

　まず，ある人が理解したと言えたり，理解していると言えるとき，それはどのように成し遂げられているか考えてみよう。ある状況の参加者はその人に話しかけたり，質問したり，コメントを求めたりしてその人が理解しているかどうかを確かめあっていることが観察できる。しかも，こういったことは意識しなくてもやっている。その結果，その人に対して，理解している人，まだ理解していない人，誤解している人という判断がなされることになる。これは，ある状況の中の参加者にとって理解というものが状況から切り離されたものではなく，理解というものはその状況の中で実践されているものだからである。

　(2)　**理解の主張とその誤謬**　　このとき，理解したかどうかその参加者当人に聞けばいいのか，といえばそうではないだろう。人は時として「わたしは理解している」とわざわざ主張することがあるが，これは理解について疑問や不安など何らかの問題があるときに発せられると考えてよい。つまり，この発話は「理解

している」と主張していることであって，理解していることとは独立に考えるべきである。また，主観的な意識として理解しているとある人が考えることだけをもってして理解しているとはいえない。それは理解していると感じることであり，ある人の感覚にすぎない。つまり，「私は理解している」という主観的な意識があるということも，理解しているという「感じ」や「感覚」をもったという〈主張の根拠〉としてしか意味をなさないのである。これは他者と共在する社会的場面での理解とはいえないのである。

　このように考えていくと，ある人が理解しているとき，必ずしも口に出してわざわざ言う必要もないし，主観的な意識として理解したと実感する必要もないことがわかる。つまり，ある社会的場面を考えた場合，理解したということはその場の実践的な目的や必要性にそってお互いに確認され達成されるものといえるだろう。しかし，その理解という言葉を，いったん状況と切り離して考えてしまうと，内的で心理的な活動を表すかのように現れてくる。たとえば，脳内に情報処理過程が実在し，その過程そのものが「理解」であるかのように考えてしまうのが「認知主義」である。

◆ 心の論理文法
　これまで議論してきたことは，エスノメソドロジーと言語哲学の合流点に位置する論点である。ライルをはじめとする言語哲学は，「理解」「意図」「想起」など心的概念の「使用中の論理 (logic-in-use)」を解明してきた。とくに，心的概念が実際の言葉のやりとりの中でどのように使われるか考察した。一方で，エスノメソドロジーは，身体や言語を使う具体的な実践の中で「理解」や「意図」など主観的現象とされるものがどのように成し遂げられているか考えてきた。ここでは，ライルによる言語使用における達成動詞と過程動詞の違いという議論をしながら，それがエスノメソドロジーとどのように関連しているか考察する。

　(1) **達成動詞としての「理解」**　ライルによれば「理解する」という動詞は「勝つ」などと同様に達成動詞とされる。これは，「遊ぶ」「投げる」のような過程動詞と対比されることになる。たとえば，「理解する」という場合，その場面の参加者はある人が理解したかどうか聞き直したり言い換えたりさまざまな言語実践をすることによって確認することになる。それらの結果として「理解する」が達成される。これはちょうど試合で攻撃や防御をして試合終了時に「勝つ」に

至るのと同じである。途中経過で勝っていても，最終的に勝たなければ試合に勝つとはいえない。一方で，遊ぶ，投げる，走る，泳ぐなどは活動の過程を示すものであり過程動詞とされる。人は，遊ぶ過程を楽しむことができるし，途中で止めることも，また再開することもできる。すなわち過程動詞は，活動している過程が存在しているのである。しかし，理解については，理解に至る過程で誤解が判明してしまえばその人はじつは誤解していたことになるのであり，理解していたことにはならない。一方で，最終的に理解すれば，そのとき理解に達したということになる。それゆえに理解しているというときには，その人は「次」に何をどうすべきかがわかっているのである。

(2) **実践の中の「理解」**　この違いこそが理解を1つの（脳内の）情報処理過程として見る認知主義の誤謬を表しているといえよう。人が理解したという言葉を使うとき，情報処理「過程」がある「から」理解したというわけではない（『心の因果説』）。むしろ理解は相互行為の中でやりとりされ「達成」されるものである。サックスが示したように理解は「背後に隠れた」ものではなく実践の中にあるのである（西阪［2001］, 169頁）。

ここで見てきた「理解」と同様に，「意図」「プラン」など従来，認知過程や情報処理過程として考えられてきた心の概念についても論理文法から考えることができる（Coulter［1979＝1998］, 邦訳81頁）。またこれらの心の概念だけでなく認知科学や情報科学に関わる「ユーザ」「タスク」「コンテクスト」「コラボレーション」といった概念を実践のうちに「再特定化」しようとする（Luff et al.［2000］, p. 18）方向性と一致しているといえよう。このような見方は，マンチェスター大学のシャロックやゼロックス研究所のバトン（Button ed.［1991］; Button et al.［1995］）などウィトゲンシュタインの影響を受けた社会学者の方法論に通底するものとして存在している。

◆ 論理文法と日常性

これまで述べてきたように論理文法分析は，日常生活の中で使用される概念やカテゴリーや表現を丹念に見ることによって，その言語実践を支えていく論理文法を明らかにしていくものである。これにより，科学によって構築された物語（たとえば，心の「情報処理過程」）に対して，日常的な言語実践をそれ自体として解明する可能性が示唆される。これは，「インデックス的表現を無限に客観的に

修復する」形式分析（科学）とエスノメソドロジーの相違とガーフィンケルが言ったものである。従来の認知科学，言語学，心理学の多くは，日常実践にある状況依存的な（インデックス的な）現象を，そこから乖離した形で収集し客観的な表現へと修復していく作業といえよう。しかし，エスノメソドロジーによる論理文法分析はむしろその実践が生み出される現場へと引き戻すのである。このように社会の中でいかなる論理（socio-logic）が実践されているかを考えるのが論理文法分析ということができる。

2　ワークの研究

　エスノメソドロジーの経験的な研究の展開には，会話分析のほかに大きく「ワークの研究」とくくることができるものがある。裁判や科学実験，診察，授業，航空管制など，さまざまな仕事の場面（ワークプレイス）における仕事（ワーク）がいかになされるのかということを研究対象としたものが中心である。とくに社会学の領域を越えて研究が進められているものとしては，情報システムの設計との関係でワークの詳細を見るという CSCW (Computer Supported Cooperative Work) の領域がある (Luff et al. [2000a]; Button ed. [1993])。さらにはワークプレイスに限らず，女性として振る舞うこと（Garfinkel [1967a=1987]），受刑者として振る舞うこと（Wieder [1974=1987]），カンフーをすることなど多様な現象を人々によって秩序立てて行われる「ワーク」ととらえた研究がなされている（初期のものは Garfinkel ed. [1986]）。本章では，どのような経緯でワーク研究がエスノメソドロジーの中で発展してきたのか，そこにある理論的および方法論的関心をひもときながら，ワークの研究について解説してみることにする。

◇ 自己組織的なものとしての人々の活動

　人々はいかにして互いの行うことを理解し，一緒に何かを達成したりすることができるのだろうか。ガーフィンケルは，社会秩序はいかにして成立するのか，という社会学における問いに対して，じつは社会学者が何か説明を提示する以前に，すでに秩序は個々の場面における参与者によって達成されているということに着目した。そしてその秩序がどのように成立するのかということに焦点を当てることによって，社会学における秩序問題に対する従来の解決方法に対する再考

を促した（第1章参照）。

　それでは秩序はどのようにして個々の場面の参与者によって成立するのだろうか。ガーフィンケルが人々の活動について得た洞察の1つは，互いがその場面を相手にとって理解可能な形で提示しあうということである。進行していく場面を，参与者がそのつど相手が理解可能な形で組織化していくことで，相互的な理解が達成されながら，活動が秩序立てて遂行される。この「理解可能な形」という点については，ガーフィンケルはアカウンタビリティ（accountability）という語を用いており，記述ができる，報告ができる形で場面を配置するという意味で使用している。つまり，互いの振舞いがもつ記述可能性の性質によって，互いに相手に働きかけていく形で活動を遂行することができるようになるのである。そういう意味では，人々の活動は自己組織的なものであるということができる（Sharrock & Anderson [1986]）。互いが自分の行為を記述可能なものとして提示し，そして相手の行為を記述可能なものとして受け取る，つまりは互いに理解することによって活動が進んでいくのである。それを通じて秩序は達成されるということができるようになるのである。

　しかしこのことは，つねに参与者が互いに満足する形で理解しあえることを意味するものではない。ある時点までは理解していたと思っていても，次の瞬間に自分が間違っていたことに気づき，相手に修正を求めるかもしれないし，相手から修正されるかもしれない。活動が進行する中で誤りが「誤り」として，修正が「修正」として理解可能な形で提示されるのである。

　このことは，分析者があらためて理論を持ち込むことによって秩序を説明する必要がないことを示している。さらに，秩序の達成は参与者の方法を解明することを通じて記述可能であるということをも示すものである。この点について，次に見てみよう。

◆ 人々の方法へのまなざし

　人々の活動の自己組織性に目を向けることは，個々の場面において参与者がいかにして，その場面を組織化して活動を遂行するのかを理解しようとすることである。それは同時に参与者が用いる方法を明らかにし，それがどのように用いられているのかを記述することになる。

　このように考えると，サックスによって始められた会話分析は，そうしたガー

フィンケルの研究プログラムに沿って展開されたものとして位置づけることができる。会話の内容が何であれ，それぞれの参与者が発話の順番を取得することによって会話を進めるというのが，サックスらが明らかにした，会話をするうえでの方法であった（第2章参照）。発話の順番の取得にまつわるいくつかのルールに沿って会話を進めることによって，話し手は，自分が話し終わるまでは聞き手は話し始めないだろうと予想することができるし，また自分が話し終わった時点で他の人が話し始めない場合には，自分がふたたび話し始めたり，誰かに順番を振ったりする。話を聞いているほうも，会話のルールに指向しながらその場にいれば，「あなたは？」と言われたときに，自分が発話の機会を振られたのだということがわかるのである。このように会話分析は，会話をするという活動がどのように組織化されているのかを理解するうえで必要となる，人々が会話を行ううえで用いる方法を明らかにすることに成功したのである。

　それでは，その他の活動についてはどうだろうか。たとえば，医師が診断をする，陪審員が決定を下す，科学者が実験をする，といった場面がどのように組織化されているのかをわたしたちが理解しようとするときには，どのようなことを考慮しなければならないだろうか。1967年に *Studies in Ethnomethodology* が出版されて以降，ガーフィンケルらはこの問題に取り組んだ。それは，以前にガーフィンケルが陪審員の研究に参加した際に，シルズが発した疑問に取り組むことでもあった。シルズは「何が陪審員を小集団としているのか」という疑問の代わりに，「何が陪審員を陪審員としているのか」という疑問に答えるべきなのではないかと投げかけた。シルズは間違った疑問の提示をしているとしてその場で説得されてしまった。しかしガーフィンケルはこの疑問を引き受け，彼らのどのような活動が彼らを陪審員たらしめているのか，という種類の課題に取り組んだのである（Garfinkel［1974＝1987］）。それが「エスノメソドロジー的ワーク研究」と呼ばれるものの起源である。ガーフィンケルらはその後，とくに科学研究の場面を中心にこの種の研究の展開をしていった（Garfinkel et al.［1981］; Livingston［1986］; Lynch［1985b］; Garfinkel［2002］）。

　以下では，ワークの研究をエスノメソドロジー研究として行ううえでの方法論的な方針を紹介していこう。

◇ 見落とされてきたこと

　ガーフィンケルがワーク研究について論じる際によく用いる言葉に、「見落とされていること（missing whatness）」というのがある。これは、従来の社会学におけるワークに関する研究と対比させて、エスノメソドロジーのワーク研究を位置づけるために使われる言葉である。従来のワーク研究では、人々が実際に行うワークについて記述しているものはほとんどなく、社会学的な分析対象となるワークそれ自体を人々がどのように遂行するのかについての分析がほとんどなされていないということをガーフィンケルは指摘した。つまり、ワーク自体がどのように現象として、社会的に組織化されているのかについては、社会学において忘れ去られてきたのである。ガーフィンケルは、このワーク研究をサックスによる会話実践の分析と関係づけて提示した（Garfinkel［1986］）。つまり「ワーク」とは必ずしも組織における仕事に限定されるわけではなく、広くは会話をすることや、ジャズピアニストによる即興演奏（Sudnow［1978＝1993］）やカンフーを演じることなども含まれる。そういう意味では、ワーク研究とは、現象を社会的に組織化されたものとしてとらえ、その組織化がどのようになされ、その際の方法がどのようなものなのかを解明することをめざしているということができる。

◇ 方法の固有性

　現象を社会的に組織化されたものとしてとらえ、その組織化を解明するということは、ワーク研究ではどんな現象も研究対象となりうることを示している。エスノメソドロジーにとって、研究対象になるものと、そうならないものとの境界はないのである。ここから、考慮しなければならない方法論的な問題とわたしたちは出会うことになる。それは、たとえば日常的なおしゃべりと、医師による患者の診断とは、異なる現象であるということに由来するものである。両者は、違う形で社会的に組織化されているからこそ、わたしたちはそれぞれの場面を見ることで、さらに参与者の間でなされているやりとりを聞くことで、互いを区別できるのである。

　たとえば、サックスが会話分析をする際にとった方針を基本にして、医師の診断場面を分析しようとした場合には、どのような考慮が必要だろうか。サックスは、会話という現象がいかに組織化されているかを理解するために、会話を行ううえで人々が用いる方法を明らかにした。「医師による診断」という場面をそう

した場面として分析し，提示するには，「医師による診断」場面がどのように組織化されているのかを理解し，提示する必要がある。そのためには，その場面の参与者によって用いられている方法を明らかにすることが求められる。診断場面ではおそらくさまざまなことが同時に行われていると考えられる。医師がどのようなことを患者から引き出すのか，さらにどのような医学知識を用いて最終的な診断をするのか，どのように治療の選択肢やその手順を説明し，ある合意に達しようとするのか，明らかにすべき点は多様であろう。診断は多くの場合，会話を通じてなされるため，会話を組織するという点に医師も患者も関心を払っていることは確かである。しかしすでに述べたように，診断の一環で医師が考慮することは会話を遂行すること以外にもいろいろある。診断場面を分析対象とし，その場面がいかに組織化されているのかを解明しようとするのであれば，診断という場面に固有のさまざまな組織化の方法を明らかにすることをめざすことで，はじめて診断場面がいかにそうした場面として成り立っているのかを記述したことになるだろう。つまり，分析者はその場面を固有なものとして理解する能力が求められるのであり，それは同時に参与者が用いる，場面に固有の方法を解明することが求められるということでもある（第13章参照）。

　つまりこの問題は，人文社会科学に携わる研究者が現象を理解しようとする際の，現象へのアプローチの仕方に関わることである。エスノメソドロジーはこの問題に対して，すでに述べたように，研究対象とする活動において用いられる方法を理解しようとするには，そもそもそこで用いられる固有の方法を明らかにしなければならないという指針（unique adequacy）を示した。したがって，分析者は分析対象となる実践者がもつ方法を，彼らと同様な形で彼らの実践を理解できるような能力をもつことが求められる。しかしながら実際の問題として，分析者がどこまで分析対象となる人々の方法について，現象を実践者と同様に理解できるようになれば十分とするのかについては，明らかな解答はない種類の問題であろう。というのも，会話の運用能力のように，社会科学の分析者も「社会の成員」として習得しているものである場合には，固有の方法を理解し，解明するうえで困難は少ないといえるが，分析者にとってなじみの薄い場面については，その場面に居合わせたり，話を聞いたり，関連の本を読んだりして知識を得る必要が出てくるためである（第4章参照）。これはエスノメソドロジーに限らず，人文社会科学者が抱え続ける問題として存在していくものであろう。

◇状況に埋め込まれていること

　いかなる活動も，特定の状況に埋め込まれた形で行われる。人々は，そのつど，状況に固有な要素を特定の動機や論理と関係づけて考慮に入れながら活動を進める。そのことによって，「いまここ」の状況の固有性を帯びながらも，その活動がある特定の種類の活動，すなわち「カウンセリング」や「バスを待つ列を作る」といった活動として「当たり前」もしくは「典型的な」特徴をもつものとして立ち現れてくるように組織化していくのである。人々の活動がどのように社会的に組織化されるのかについて関心をもつエスノメソドロジーの研究者としては，したがって，個々の状況に即して行われる活動を詳細に見ていく必要があるということを意味している。

　さらに，活動はつねに特定の状況に埋め込まれた形で行われるという点に注目するということは，実際に活動を行う人々と同様に，エスノメソドロジーの研究者が活動の実践的な側面に関心をもっていることを示すものである。つまり，エスノメソドロジーの研究者は，活動を抽象化や，一般化するという点に関心をもたないということである。あくまでも，ある特定の場面にある人々が，どのようにその場面をとらえ，活動を組織化していくのかという点に関心があるのである。ある活動を実践する者にとっては，その状況から突然抜け出すことはできず，直面する状況の諸要素に対応していかなければならない。彼らにとっては，「一抜けた！」と急にその状況を抜け出して，実践者とは違う観点からその状況を抽象化したり，一般化したりする余地はないのである。そしてエスノメソドロジーの研究者は，そうした実践者の視点に目を向ける。つまり，ある活動を人々はいかに行うのかという，その活動に対する実践的な観点からの関心をエスノメソドロジーの研究者は崩さないのである。さらに，このように状況に埋め込まれた活動の実践的な側面に関心をもつことは，活動がもつ即興的な側面，すなわち個々の状況に人々がどのように対応するのか，異なる状況に対してどれだけ多様な対応の仕方があるのか，についても注目することになるということもつけ加えておくべきであろう。正式に決められた手順やマニュアルなどとは異なる形でなされる様子や，とくに実践者によって創意工夫がなされている部分などは，こうした関心の持ち方によって明らかにされる可能性がある。

◆ エスノメソドロジー的無関心

　これまで述べたようなエスノメソドロジーの関心の持ち方を維持することで，その活動がいかに組織化されているかを実践者の視点に即して理解することをめざすことができるようになる。ここには従来の社会学の現象に対する関心の持ち方と決定的に異なる点がある。それは，分析者は研究対象について，その活動が正しいのか正しくないのか，真正のものなのか，そうではないのか，などについて判断することには，関心をもたないという点である。逆にそうした関心をもって対象を評価しようと試みることは，すなわち当該活動の実践者の用いるものとは異なる枠組を持ち込むことになり，結果的に本来エスノメソドロジーの研究者がもつ関心からはそれることになってしまう。エスノメソドロジーの研究者としては，活動がいかに社会的に組織化されるのかに対して焦点を当てることによって，その一部として，たとえば対象としている実践者が何をどのような手続きに従って正しいとするのか，間違っていると判断するのかについて詳細に理解しようと試みる。こうした態度は，従来の社会科学は政策的な面に寄与できるという過信を見直すことを意味するものでもある。そして，このエスノメソドロジー的無関心の態度を徹底することによって生まれてくる成果としての記述を，実践者に返すことによって生まれる可能性については，第4章を参照されたい。

◆ 具現化された実践

　これまでに述べたようなワーク研究の研究方針に従って現象を分析することは，どのような意味をもつのだろうか。はじめに，エスノメソドロジーのワーク研究においては，科学活動や芸術活動も含む，あらゆる社会的な実践に対して，つねに「具現化された実践」として関心をもつという点があげられる。現象への関心を，その社会的な組織化という点に注目するということは，すなわち社会のあらゆる実践を抽象的なレベルでとらえようとするのではなく，具体的に実践として行われるレベルにおいてとらえようとする試みということができる。そして，このような試みは人文，社会科学の諸領域においてさまざまな意味をもちうる。これまで，人間のさまざまな実践に関する考察は，それらがいかに実践がなされるのかという部分とは切り離して人文，社会科学の領域で論じられてきた。そうした考察を，エスノメソドロジー的な関心をもつことによって得られる具体的な実践に関する理解に基づいて，再考するという機会を投げかけるということを，ま

ずあげることができる。たとえば，ワーク研究の中心的な対象としてガーフィンケルらが取り上げてきた科学実践においては，具体的な科学活動の実践に関してフィールドワークを中心にした研究に基づいて，たとえば「発見」という概念（Garfinkel et al.［1981］）や科学における「合意」という概念（Lynch［1985b］），さらには「測定」という概念などの再考を行っている。こうした再考は，科学哲学が提示してきた科学に対する理解を前提としながら，科学哲学によって提示された概念的な問題を経験的な方法で解決しようと試みる科学社会学の方向性に対して疑問を提起することにもつながっている（Lynch & Sharrock［2003］）。

このような動きは，科学という実践をめぐる研究に限定されるわけではない。これまでの人文，社会科学において提示された諸概念を具体的な実践の場において「翻訳」することを通じて，これまでの研究のあり方に対する再考を促すことは十分に可能であり，そうした試みは，たとえば心理学（テーマセッション3参照）や経済学，科学社会学などに対してもなされた例がある（Coulter［1979b＝1998］；Anderson et. al［1988］；Button (ed.)［1991］；Button et al.［1995］；Lynch［1993］；Sharrock & Ikeya［1998］；Sharrock & Read［2002］；Sharrock［2002］）。

さらに，「具現化された実践」に関心をもち，それをエスノメソドロジー的に記述することによって，その記述が有益なものとして映る場合もある。これまで，エスノメソドロジーの研究者は「ワーク」の中でもとくに仕事場，すなわちワークプレイスに関する研究を多く行ってきている。たとえば，組織の環境にある情報システムや，教育システムの開発，遠隔における作業を支援するような，コンピュータ支援による協同作業を研究する際には，人々の行為を詳細に理解し記述する試みが，システムの設計やその運用，評価において有意義な情報を提供するものと見なされている。また，具現化された実践の記述は，組織における実践について，政策的なレベルの評価および変革に有益な情報として見なされる潜在的な可能性があることは，欧米のエスノメソドロジー研究者が多様な組織からフィールドワークを依頼されてきた実績からも読み取ることができよう。

このように，ワークの研究は，人文社会科学研究のあり方を再考する契機を提示するという試みにおいて，またシステム開発における共同研究の遂行，さらには学問という垣根を越えた実践の場において，有用と見なされるような材料を提供する可能性をもっているという点において，社会学を越えたところでの営みも広がりつつある。

第Ⅱ部
実 践 編

「実践編」では，エスノメソドロジーとフィールドワーク（第4章），ビデオを用いた相互行為分析（第5章），会話分析（第6章），さらにそれぞれの方法を用いた社会調査（第7章），についての実践的な研究の仕方を解説する。また付録のCD-ROMに音声データや映像データ，ビデオ分析ツール（CIAO）を入れ，トランスクリプトの書き方や分析法を実践的に学べるよう工夫した。

第4章

エスノメソドロジーとフィールドワーク

池谷のぞみ

➤エスノメソドロジーの研究についてあげられる1つの特徴的なことは，日常会話をすること，医師による患者の診断，航空管制官による飛行機の発着陸のコントロール，陪審員による被告人に関する決定など，人々のさまざまな活動を記述しようとする試みが成果のかなりを占めているという点であろう。ここでは，エスノメソドロジーの研究者がどのような選択肢としてフィールドワークを行うことを選び，それをいかに行おうとするのかについて解説しようと思う。

1 ドキュメンタリー・メソッド

そもそもエスノメソドロジーはある特定の理論を選択することが，同時に特定の認識論的および存在論的な選択を行うことになってしまうという点に注目した。それは，言い換えれば，1つの理論を選択すれば，その理論が踏まえている諸前提を受け入れざるをえないということに由来する。そこであえて特定の理論を選択しないことによって，現象の理解をめざすに至ったのがエスノメソドロジーである。それは，人々が参与する場面において，その場面を理解しながら活動を遂行する際の態度，つまりシュッツのいう「自然的態度」に注目することでもある。社会学の理論的な枠組を持ち込まないことにより，はじめて人々の方法を理解する方向性が開かれてくるとするのである（池谷［2001］）。

この選択によって明らかになることは，分析者は対象とする人々の行っていることを理解するうえで，ある動機や論理と関わらせようとするという点である。これをガーフィンケルは「ドキュメンタリー・メソッド (documentary method)」と呼んだ。つまり，なされている特定の行為をある動機や論理に言及した「ドキュメント」と見なして，人々の一連の行為を理解しようとする方法をこう名づけたのである。これは分析者に限らず人々がつねに行っていることであり，その作業によって日常のさまざまな場面が問題のない，当たり前の場面として維持・達成されるのである。そしてエスノメソドロジーの研究者がめざすのは，当たり前の場面をそのような場面としていかに人々は維持・遂行するのか，その際の方法を理解し，記述することなのである。ワーク研究も会話分析も，この問題意識から始められたものである。

2　フィールドワークの手法

　それでは，エスノメソドロジーの研究者はフィールドワークを行う際に，何か固有の特別な方法をもっているのだろうか。この時点ですでに気づかれている読者もあると思われるが，エスノメソドロジーの研究者は特定の理論を持ち込まないのと同様に，特定の方法論を持ち込むこともしないのである。他のフィールドワーカーと同様に，たとえばミーティングに参加したりメモをとったりしながら調査の対象となる人々と同じ場面にできるだけ居合わせようと試みる。機会を見つけて立ち話で何が起こっているのかその場面について話してもらうこともあるだろうし，あらためて時間を設定し，インタビューを行うこともあるかもしれない。フィールドの性質や，フィールドに入る際にどのような経緯があったかによって，研究者がどのようにフィールドで振る舞えるかが，おのずと決められることも少なくない。しかしながら，フィールドワークの対象となっている人々とのやりとりによって，研究者がフィールドにおいてより広く受け入れられるようになるかもしれないし，また逆の場合に変化する可能性が十分あることは留意することが必要であろう。

　記録もメモをとるだけではなく，録音やビデオ録画などをすることもしばしばある。録音や録画をすることの利点は，会話分析を始めたサックスも指摘しているとおり主に2点ある。第1に，行為や活動を直接そして繰り返し観察できるという点である。これは，その場面の参与者たちにとって「当たり前」とされていることに沿って現象を詳細に理解しようとする際に大きな助けとなる。第2に，他の研究者がそのデータにアクセスすることによって，研究の検証が可能になる

という点である。さらに付け加えれば，データを保管しておけば，のちにまた別の観点から分析することができるという点も利点としてあげられる。

しかしながら録音や録画をすることが許可されるとは限らない。エスノメソドロジーの研究者は，あくまでも暴露に基づいて相手を批判することを目的としてフィールドワークをするわけではないという点に留意し，必ず相手の許可をとることが求められる。

3　分析の際の視点

◇ エスノメソドロジー的無関心

第3章2節で述べたように，エスノメソドロジーの研究者は人々の活動の詳細に関心をもって分析を行う。何がその場面において「共通に知られていること」とされ，それに沿ってどのようにその場面を維持するのかに焦点を当てることは，すなわち，分析者があらためて解釈枠組を持ち込むことをしないということでもある。さらにいえば，これは解釈枠組を持ち込むことによる一般化をもめざさないことをも意味する。何が一般的で何が特殊か，何が正しくて何が正しくないかなどの問題は，活動を通じて参与者が決定していくものである。エスノメソドロジーはその際に用いられる方法を記述することにあくまでも関心をもつ。

このように，エスノメソドロジーの研究者がフィールドワークを行う際には，何が正しくて何が正しくないか，もしくは何が存在して何が存在しないかを研究者が自分の視点で決めることを目的としないのである。たとえば医師の診断が正しくないとしたり，医師と患者の間に権力関係があると判断したりすることをめざそうとはしない。そのような問いに対して研究者自身が判断して答えを与えようとするのではなく，そうした問いがどのように参与者によって扱われ，解決されているのかについて詳細に明らかにしようとするのである。このエスノメソドロジー的無関心 (ethnomethodological indifference) という方針は，価値自由をめざすものではなく，参与者による活動の組織化に焦点を当てようとする際の戦略としてたてられた問いの転換なのである (Garfinkel [1986])。

このことはつまり，フィールドワーカーは基本的にフィールドで活動している人々から，彼らがどのように活動を遂行しようとするのかを「教わる」立場にあるということになる。この立場を忘れてしまっては，参与者が何を「当たり前」

のこととすることによって，その活動が遂行されるのかについて記述するのは困難をきわめることになるであろう。とくにその場面が「社会の成員」としての研究者にとっても非常になじみが薄く，専門性が高いような場合にはなおさらのことである。

◆「教わる」立場と評価

フィールドワーカーはフィールドの人々から「教わる」立場にあるという点を踏まえることは，フィールドワークを行おうとするフィールドに対して評価をするということについて，慎重な態度をもつことになることは明らかであろう。そもそも評価を行うということは，ある特定の評価指標を用いることである。しかしながらここで何を指標とするかが問題となる。エスノメソドロジーの研究者としては，フィールドの外から指標を持ち込むことは，研究方針から考えてできない。もし新たに指標を作ることが必要であるならば，エスノメソドロジーの研究者としてはまず活動がいかに遂行されるのかを詳細に理解し，記述することが先決ということになる。CSCW関連のプロジェクトでは評価者としてエスノメソドロジーの研究者が関わることも往々にしてあり，その場合は純粋な研究を行う場合に比べて制約は大きいことが予想される。そうした制約の中でも，上述の点は留意して進めることが重要と思われる（CSCWについては第15章参照）。

そして評価を第一義的な目的としないということは，じつはフィールドの当事者に対してアピールできることでもあるという点にも注目したい。というのも，実際的に考えてみた場合，それまで当該フィールドでまったく活動をしたこともなかった人が，自分たちの活動を評価したいと言ってきたときに相手を容易に受け入れるだろうか。もし万が一受け入れたとしても，フィールドに関する理解を踏まえないままに作られた指標でなされた評価は，当該フィールドではきわめて限定的な意味でしか受け入れられないであろう。

すでにいくつかのフィールドでの経験を踏まえて言えることは，人々は，自分たちの仕事など，活動の詳細を知りたいという求めに対して快く応じてくれることが少なくないということであろう。フィールドへのアクセスを得るという，実際的なレベルに照らしてみても，エスノメソドロジーの方針に沿って，活動の詳細を理解することを目的として提示することは，意味のあることである。

4 フィールドへの還元可能性

　以上述べてきた中で明らかになったことの1つは，エスノメソドロジーによる研究の成果として提示されるものが，フィールドにいる人々にとってまったく新たに目にするものとなることはほぼないということである．このことが場合によっては，フィールドにいる人々の期待を裏切ることになる場合もありえよう．とはいえ，フィールドにおける活動のなされ方を記述したものを提示したとき，フィールドの当事者が「それはまさにわたしたちが行っていることです」という反応が得られたら，むしろエスノメソドロジーの研究者としては喜ばしいことである．しかしその先はどうなのだろうか．エスノメソドロジーの研究者は，フィールドへ何らかの形で自分の成果を還元することができないのだろうか．

　ここで少しエスノメソドロジーの研究状況を見てみると，本書の第3章，第14章および第15章でも明らかなように，エスノメソドロジーの研究成果の還元可能性について示唆を与える研究が，社会学という領域を越えてなされつつあることが見てとれる．とくにCSCWの領域では，工学研究者やシステム設計者とエスノメソドロジーの研究者との協力関係のもとでフィールドワークが行われることも少なくない．以下ではCSCWの領域を中心として見ながら，エスノメソドロジーによるフィールドワークの成果のフィールドへの還元可能性について考えてみたい．

◇ 組織と情報システム設計

　組織に導入する情報システムを設計するうえでまず顕著なことの1つは，その情報システムのユーザとなる集団とその設計者とは，システムに対する立場が異なり，さらに設計者は往々にしてユーザとなる集団が属している組織の外の組織に属する場合が多いということである．そこでまず問題になるのが，システムの設計者にとってはなじみの薄い活動を行う人々が，どのように活動を行うのかを詳細に把握し，それに基づいてシステムの設計を行い，プログラムを組まなければならないということである．しかしながら，システムの設計者は本来システムを設計し，プログラムを組むことについては自分の専門領域内のことと心得ているが，人々が実際にいかに活動を行うのかについて詳細に把握すること自体につ

いては,直接には自分の得意な領域とは言いがたいに違いない。

ところが,さまざまな仕事の細部にいたるまで情報システムの導入が進んできている現在,システム導入前後の仕事の継続性やシステムの使い勝手などの要素を考えあわせると,ユーザの仕事の細部を把握したうえでシステムの設計をすることがますます求められるようになってきている。しかしこれは単純なことではない。組織が大きければそれだけ分業体制も複雑となり,組織の中にいても自分の部門以外がどのように仕事を行っているかを細部にわたって知りうることが困難な場合も少なくないからである。したがって,システム設計者が理解の対象とすべきものは膨大なものになる可能性があり,実際にはすでに文書の形で定式化されているものに頼らざるをえないこともしばしばあるといわれる。

◆ エスノメソドロジーの関心と適合した研究協力関係

(1) 情報システム設計の文脈　ここにエスノメソドロジーの研究者が協力者として固有の役割を担える可能性がある。というのも,人々がどのように活動を遂行するのかを詳細に理解することに,エスノメソドロジーの研究者はそもそも関心をもっているからである。システム設計者の代わりに,当該システムのユーザがいかにして他の部門との相互依存の関係のもとで仕事を進めようとするのかを詳細に理解し記述すれば,システム設計者が仕事をするうえでの材料を提供することになる。実際のところ,そうした工学者やシステム設計者とエスノメソドロジーの研究者との協力関係は,欧米を中心にこの10年余り行われてきている(Suchman [1987=1999]; Button ed. [1993]; Luff et al. eds. [2000a]; 池谷 [2002])。

エスノメソドロジーの研究者がこうした協力関係のもとでフィールドワークを行うことには,もう1つの利点がある。それは,エスノメソドロジーの研究者がシステム設計という枠組に比較的とらわれずに,ユーザの世界を理解しようと努めるという点である。従来,システム設計者が,自ら設計するシステムの導入先の組織をさまざまな形で把握するという試みがなされてきた。しかし彼らは,システム設計という枠組を世界に当てはめてシステムを構築しようとすることが専門である。そうした人々に対して,その枠組をはずして世界を理解するようにと要請することはかなりの困難に違いない。しかしながら,その枠組を当てはめてしまうと見えなくなることはあるだろう。枠組を当てはめない段階で見えることをできるだけ把握したうえでシステム設計の枠組を用いることは,細部に目配り

をきかせたシステムの設計を可能にするであろうし，導入後の仕事の仕方をユーザに説明するうえでも有益となるだろう。このように，じつはエスノメソドロジー的無関心を徹底することが，フィールドへの研究成果の還元可能性を大きくしうるという例をここに見てとることができる。

　こうした協力関係は工学者やシステム設計者との間に限られるものなのだろうか。たとえこの関係に限られるものだとしても，エスノメソドロジーの研究者が，自らの成果をもって何らかの貢献をできる可能性はかなり大きくなる。それは，たいていの組織が何らかの情報システムを導入することによって自らの活動を遂行しようとしているからである。組織は会社や，工場，教育機関，医療機関，研究機関などさまざまな領域にあり，それぞれの組織における活動は非常に多岐にわたる。各組織に導入される情報システムがそれぞれの活動を適切に支援できるように設計するために，各組織における活動のあり方について詳細に理解するという作業はつねに求められ続けるものであろう。

　(2)　**組織の運営という文脈**　　他方，情報システムの差し迫った導入や変更などが予定されていないようなフィールドでのフィールドワークの還元可能性についてはどのように考えることができるだろうか。たとえば1つの部門において仕事の進め方を改善しようとしているとする。どのように変更すれば改善となるのか，それを決めるには順序として，現状について把握することが必要である。正確な現状の把握ができていれば，何が現在の問題点なのかを押さえ，どの部分をどのように変えれば，いかなる改善点が得られるかなどを予測できる可能性が高くなるからである。しかしながらそのためには，現状の仕事の仕方について細部にわたる理解が求められる。「確かあの部分はこのようになっているはず」といった，大まかな把握では，改善の予測がたつような変更はなかなか実現できないのである。

　エスノメソドロジーの研究者が関心をもっているような，活動の詳細な理解は，現状のあり方を把握するうえで有益な材料を提供できる可能性はある。しかも，エスノメソドロジーの研究者の関心は，その活動を行う人々の視点から，その活動がどのように組織化されるのかについてとらえることにある。したがって，直接その活動に携わっていない上司や他部門の人が改善策を作成しようとするときに，彼らの理解を補えるようなものを提供できることになるかもしれない。

　また，これまでのやり方を変えようとするときに，他部門の仕事にどのような

影響があるのか，他部門に不都合にならないように変えるにはどのようにしたらよいのかなどの点を考えることが必要となるであろう．他部門の視点からその仕事の流れを見るとどうなのか，フィールドワークによって得られる理解は他部門に対する理解を促進し，分業体制の改善に寄与する可能性をもつといえる．

　現代社会に顕著なことの1つは，すでに述べたように分業体制が複雑であるということである．それはシステムの設計者とシステムのユーザとの関係などに見られるように，組織間においてのみならず，1つの組織内についても見られることである．したがって，1つの組織内において各部門がどのように仕事を遂行しているのかを詳細に把握することは難しいし，したがって相互依存関係にある部門どうしが調整を行うことはしばしば容易なことではない．管理者の立場になればなおさら，各部門で働く当事者の立場に立った視点を理解すること自体も単純なことではなくなってくる．そして分業関係にあれば相互依存性は高まり，調整機能はますます重要になってくることは必至である．

　また，さまざまに異なる専門知識をもち，異なる立場から1つの目的を共同で達成するような場面において，共同の作業を調整してよりよいものにするためには，それぞれの立場からの視点を理解することは有効である．また，新たにその場の作業に加わっていこうとする人が，その場での作業がどのようになされているのか，異なる視点から理解することも有益であろう．

　どのような実践者にとっても，日常での自分たちの仕事を自分たちの立場から遂行することがまず先決である．他者の視点を理解することをあらためて組織立てて行うことは，日常的な実践に加えて別に行わなければならないことであり，かなりの労力が必要となる．こうした点を考えると，人々の活動の詳細を理解することに関心をもつエスノメソドロジーの研究者によるフィールドワークは，このように複雑な分業の中で活動するために欠かせない，共同作業相手に関する詳細な理解を提示するという点で貢献する可能性をもつということができる．

　以上のような点から，組織におけるフィールドワークに基づいたエスノメソドロジー研究は，組織研究の1つの方向性を示しているということができる (Lynch [1985b]; Anderson et al. [1989]; Ackroyd et al. [1992]; Travers [1997]; Harper [1998]; Harper et al. [2000])．

第5章

調査の準備とビデオデータの分析法
—— 博物館調査を例として

山崎晶子・菅 靖子・葛岡英明

▶研究テーマが決まっても，実際に調査を行うために準備を整えることが，じつはもっとも困難な場合が多い。第Ⅲ部展開編で示すようにさまざまなフィールドが調査の対象となる。しかし，ここでは，博物館を1つの例としてどのように調査の準備をし，ビデオ撮影を行い，データを取り込むのか，そしてその映像データをどのようにしてトランスクリプト化するのか（音声データに関しては第6章2節を参照）を説明したい。この章で博物館の例を取り上げているが，ここで説明する手順，たとえば調査先との協力のとり方，掲示などはどのフィールドでも共通するものである。

1 調査の準備

　調査を行うためには，調査先の協力が不可欠であるが，調査目的やアウトプット，成果があいまいである場合，協力を得ることは困難である。はじめてとりかかる研究であり前例がない場合，調査先はどのような調査になるのかイメージをもつことが難しい。しかし，極力，調査目的をはっきりと伝え，どのような調査になるのか説明して相手の協力を仰がなくてはならない。
　とくに，ビデオ撮影を行う場合は綿密な調査プランを提出し，調査先の危惧を最小にしなければならない。たとえば博物館の調査では，博物館側は撮影が観客の鑑賞行為を妨げる可能性をもっとも危惧する。このように調査先にとって抽象的調査プランだけでは納得できない場合，何度でも出向き，誠実さを示さなければならない。たとえば，相手方が必要とする場合には，研究機関としての調査協力依頼書を，調査時に掲示したり，承諾書とともに提出することも必要である。

◆ 調査プランの作成——下調べ（下見）

　研究は，学問的な興味や関心があって行うわけだが，だからといってそのフィールドのすべてをわたしたちがわかっているわけではない。むしろわかっていないため調査をするのである。調査を依頼する側として，どのようなフィールドに入るときでも，下調べが必要である。資料を取り寄せて読む，ホームページを調べるなどの努力が必要である。そのような下調べと同時に，実際にその場所を見学することは，きわめて重要である。とくに博物館では，展示物や展示室によって担当する学芸員が異なる場合もあるため，綿密な調査プランを提示しなければならない。ビデオ分析をする場合，どのようなアングルで何を撮るか，それによって分析できる内容が決まってしまう。つまり，撮影されたビデオデータがその研究の質自体を決めるといっても過言ではない。そのため，下調べの際には，以下の点を明らかにする。

　(1)　**フィールドワークに基づいて撮影対象の候補を選び出す**　　研究関心に応じて，撮影する対象を定めることは研究の第一歩である。何をどのように観察するかが重要である。しかしまた同時に，調査先のもつ現実的な制約と折り合わなくてはならない。たとえば，博物館では展示物近辺の人の動きを観察したうえで決定する必要がある。人気がある展示物ではあまりに人が集まるため，観客1人ひとりの動きがとらえにくく，結局重なった後ろ姿ばかりが撮影されてしまう。

　(2)　**ビデオカメラやマイクは実際にどこに設置するか**　　ビデオカメラや三脚が調査先の妨げにならないように考慮する。場所によっては，三脚の使用のみならずカメラの使用もできないことがある。たとえば，博物館ではビデオカメラを設置できたとしても，展示物に近く，多少なりとも観客の自然な鑑賞行為の妨げになるような場合，許可は下りない。このように調査先の動線を前もってしっかりと把握するべきである。これはフィールドワークの第1段階でもある。

　それに基づいてマイクの設置法，利用するマイクの種類を工夫する。たとえば，美術館の場合にはマイクを設置する位置が審美的理由から大幅に限定される。作品のそばはまず不可能である。

　このように綿密に調査プランを作り上げるのは，人間の行為を分析するためである。行為者の動作，身体配置，表情は重要である。これらを考慮して，カメラのアングルの決定には，細心の注意を払うべきである。さらに，あまりに混雑した場所で撮影すると，大勢の発話が重なって聞き取りにくくなり，トランスクリ

プト（転写文）を起こしにくくなる。

◆折衝に赴く

　このように準備段階のフィールドワークを行ったうえで，対象を絞ったあとは，調査先に調査の本格的な許可を求めるための折衝を行わなければならない。大学生や大学院生の場合，指導教官の監督下にある調査であることを示さなくてはならない。まずは先方へ電話で連絡し，研究の概要を説明し，先方の予約をとる。博物館の場合では，最初は「広報」担当係が対応してくれる場合が多いが，最終的には学芸員と具体的な話合いをすることになる。どちらと話し合うにせよ，具体的な説明を誠実に行わなくてはならない。

　説明を行う際には，以下のものを用意していくことが望ましい。

(1)　フィールドワーク当日の撮影に用いるビデオカメラ，マイク，三脚一式
　調査先は「撮影」「実験」といった言葉から，過剰な装置を連想する場合もある。実際に用いるのは小型ビデオカメラや小型の三脚であり，圧迫感のある機器を用いないことをまずはアピールし，余計な警戒心を相手方に起こさせないようにすることが大切である。このときにビデオカメラで実際に撮影してみせることは，調査先にとってもイメージがわきやすく，有益である。

(2)　フィールドワーク当日，掲示するヒラ　　これについては以下のような文面を用意する。次に示すのは，筆者らが博物館の調査で実際に用いた掲示である。

　研究調査へご協力お願い申し上げます

　わたしたちは○○大学の研究グループです。○○博物館の許可を得て，観客の鑑賞行為を調査しています。

　撮影を好まれない場合，もしくは撮影された部分を後で消去してほしい場合は，お申し出ください。カメラをとめる，あるいは撮影された部分を消去するなどの措置を速やかに行います。

　研究内容についてご質問のある方は，どうぞご遠慮なく責任者か，あるいは下記の連絡先にお申し出ください。

　　　　　　　　　　○○大学　　○○研究室　　○○○○
　　　　　　　　　　　　　　　　　　　　　　　（責任者）
　　　　　　　　　連絡先　　電話番号　FAXの番号　Eメール
　　　　　　　　　　　　　　　　　　　　　　○○年○月○日

このような掲示の原型を示し，それに適宜調査先（この場合は博物館側）からの要望を取り入れる。掲示を行うだけではなく，撮影の最中は必ず責任者がカメラの側に立ち，苦情や質問に随時応対できる旨を伝えるべきである。

(3) **これまでの研究内容を示す論文など**　自らの論文を示すとともに，同様のフィールドを扱った研究成果によって，同種の他の組織が研究協力を行ったという既成事実があれば，研究に対して理解を示してもらいやすい。

(4) **承諾書**　撮影の許可を得て，撮影の掲示を行ったときでも，被写体によっては授業や学会などの公の場で映像を発表することを望まない場合がある。また，撮影の範囲が先方の希望で制約されることがある。撮影してはいけない部分，人，時間などがある。

こうしたことを考慮し，さらにこのような考慮を示すためにも，折衝のときにこれを携えて先方と話し合いながら承諾書を作成して文書を事前に取り交わすことが必要である。

承諾書の内容としては，基本的に以下の点を押さえなければならない。

① 被撮影者の氏名（未成年の場合は親の氏名を書く欄も）・日付
② 調査の目的と趣旨，および方法
③ ビデオ撮影を行ってよいか（どこで撮影が可能か）
④ ビデオ撮影を行ってよい場合は，どこまで公開してもよいか（学会発表，論文執筆，授業での公開など）
⑤ 調査責任者氏名・所属機関・役職

博物館の場合は，観客すべてにこのような承諾書を書いてもらうことはかえって鑑賞活動の妨げとなる。したがって，博物館側にこのような書類を渡し，撮影およびデータの公開に関する許可とその程度を考察するうえでの基準としてもらう。

(5) **研究調査協力依頼書**　調査先から研究調査協力依頼書等を求められるときは，各大学が用意している書式を用いて，大学の指導教官もしくは学部長，学長の名で，研究目的を明記し，博物館長宛に研究調査協力を依頼する文書を提出する。

上記に加えて，当日撮影を行う研究者・大学院生・学部生の数と名前を伝え，希望撮影日時の候補を提示する。たとえば，博物館は午後1時から3時半頃がもっとも観客数が多く，週末や祝日の来客数が多いため，撮影に適している。

さらに，プライバシー保護に留意することを示し，調査先の妨げとならないことを再確認し，ビデオデータを扱う際，万全を期すこと，また発表時にもコンピュータでビデオ映像を加工し対象者が特定されないことなどを示すことも行うべきである。

　また，先方で知りたい問題があるのか，またそれに関してわたしたちが調査を通じてどのように寄与できるかを話し合う。このような現場の要望は，新しい研究の方向を示すこともある。さらに，可能であれば，あとで提出する報告書の中でそのような要望を考慮し，研究成果が調査先にも役立つものであることをアピールできるとよい。

◇ 撮影機材の準備

(1) **ビデオカメラ**　現在もっとも調査に使いやすいのは，DV方式のデジタル・ビデオカメラであろう。この方式は画質，保存性，コンピュータへの取り込みやすさの点で優れている。それ以外の方式であってもコンピュータへの取込みは可能であるが，コンピュータがどの方式に対応しているかを調べておく必要がある。

(2) **バッテリー**　バッテリーとバッテリー・チャージャーも忘れないように注意する。とくにバッテリーは予備も含めて事前に充電しておく。また，ビデオカメラのマニュアルもバッグに一緒に入れておくと，さまざまなトラブルに対処できる。

　さらに，ワイドコンバージョン・レンズ（広角レンズ）を持っていくと，被写体までの距離が短い場合や，広域を撮影しなければならないときに便利である。

(3) **ビデオ・カセットテープ**　撮影予定本数よりも多めに準備する。あとで分析や整理を行うため，あらかじめ当日の年月日，場所を書いたラベルを貼っておくこと。複数台のカメラで撮影する場合には，カメラの位置も記入する。テープの本数が多いときには，何本目のテープであるかは，テープ交換ごとにその場で書き込む。

(4) **三脚，およびその付属品**　カメラは手持ちよりも，三脚を使って撮影したほうが手ぶれが少ない。クイックシュー（ビデオカメラと三脚をつなぐ部品）を利用するタイプの場合は，これを忘れないように注意する。

(5) **外付けマイク，ヘッドフォン，音声レコーダー**　ビデオカメラの内蔵マ

イクでは，トランスクリプトをとるのに十分に明瞭な音声を録音することができない場合がある。そのため，外付けマイクを用意して，その出力をビデオカメラのマイク端子に接続することが必要となる。フィールドによって指向性または無指向性，またタイピン型やスタンド・マイクなどを使い分ける。

　撮影中は画像とともにヘッドフォンを用いて音声のチェックをするべきである。また，音声記録に失敗した場合に備えて，小型の音声レコーダー（カセット・レコーダー，MDなど）を適当な場所に設置して録音をすることも有効である。

　(6)　**ケーブル類**　　事前に配線図を描いたり実機を仮接続して，必要なAVケーブルやテーブルタップの本数や長さを見積もる。当日は予備も含めて十分な本数のケーブルを持って行く。

　(7)　**ノートおよび筆記具，テープ，はさみ**　　ビデオ撮影だけでは足りない補足情報（ビデオには撮影されていない事象や注目すべき事象）を実験中に記録するために，ノートと筆記用具を持参する。またテープやはさみを持参して，三脚やコードの固定に用いる。これは，被写体（被験者）の安全確保のためにも必要である。掲示を貼るときにも有効である。博物館内では，展示の雰囲気を妨げないよう，なるべく色の薄いものがよい。展示室を傷つけないようにするためには，紙テープ（養生テープ）がよい。紙テープはあとではがしやすく，一時的な利用には便利である。

2　撮影当日の留意点

◆ 撮 影 準 備

　撮影の当日にも，下調べのときと同様に，気をつけるべき点が多い。機材の設置などにあたり，次のことに留意したい。

　(1)　**事前確認**　　撮影開始より十分に早く調査先に集合してミーティングを行い，先方の責任者に挨拶をし，最終的な確認および撮影許可を示す腕章などの受け渡しを行う。

　(2)　**カメラの設置**　　次に，あらかじめ決めておいた場所にカメラを設置し，撮影角度や視野角を調整し，分析に必要な情報がすべて撮影できていることを確認する。このとき，カメラの設置位置を変更する必要がある場合には先方の関係者の立会いのもとで行う。博物館側は，消防法の関係や展示壁の素材，照明との

兼ね合いなど，こちらの気づかないさまざまな側面を考慮のうえで許可を与えているので，独断でカメラの位置を変更するべきではない。

(3) **マイクの設置**　マイクの設置は，配線のチェックをしながら慎重に行う。マイクコードはテープなどで固定し，足をひっかけたりしないようにする。そして，ヘッドフォンを用いて音声が録音できているかチェックする。実験後の分析のためにも，なるべくよい音質で録音できるように心がける。

(4) **観客に対する掲示**　観客に対する掲示も忘れずに行う。掲示する場所は，とくに博物館側から指定がなければ，観客にわかりやすいように，カメラか三脚に留めておけばよい。読みやすい，大きめの字で作成するべきである。

◇撮影時の注意

(1) **撮影の確認**　実験開始直前にすべてのビデオカメラのテープが回っていることを確認し，モニタで録画画像をチェックする。テープの残量はもちろん，バッテリーを使う場合には，バッテリーの残量にもつねに注意を払う。

(2) **実験責任者の常駐**　撮影中は，観客からの質問や苦情に備え，必ず責任者がカメラの近くに待機する。ただし，スタッフの行動が被写体に影響を与えたり，スタッフの音声が録音されてしまったりしないように注意する。

◇撮影終了後

(1) **テープの確認**　撮影終了後，データ編集および，次の調査研究へとスムーズに移行するために，テープの本数やラベルを必ず確認して，整理を行う。また，撮影機材の確認も必ず行うこと。調査を続けて行う場合は，バッテリーの充電も忘れないようにする。

(2) **挨拶，研究成果の伝達**　調査先に，調査終了の報告とともにお礼の挨拶をする。また，研究結果は，次節を参考にして，スタッフや学芸員にも読みやすい形で提出し，博物館側へのフィードバックを行うことが大切である。調査先と連絡を密にとることは，人間関係のみならず研究にも有効である。

3　ビデオデータの分析

◆ ビデオ画像のコンピュータへの取込み

　ビデオデータを分析するには，デジタルデータとしてコンピュータに取り込み，コンピュータ上で再生すると便利である。

　⑴　**データの再生と分析**　　コンピュータに動画データを取り込むことの利点は，何度再生しても劣化することがないうえ，簡単な操作で何度でも分析したい部分の映像を再生できることである。動画再生用のソフトウェアを利用して，スロー再生，逆転再生，静止等を行いながら，会話，視線や身体の配置・動きなどを詳細に分析することができる。これは，トランスクリプト作成に非常に便利である。また，分析を容易にするためには，映像編集用ソフトウェアを利用して，短時間のデータに分けておくと扱いやすい。

　コンピュータに取り込むことによって音声の分析も容易になる。たとえば，肯定的な評価の際や気分が高揚した場合には，音声のピッチが上昇することが知られている。こうした分析も，無料のソフト等を利用して容易に行うことができる。

　⑵　**トランスクリプトの作成**　　分析を行う際には，まずトランスクリプトを作成する（第6章2節を参照）。このために，ビデオを再生しながら，1つひとつ音声を聞き取ったり，動作を書き取ったりしなければならない。ビデオデータからトランスクリプトを書き起こす際には，ビデオデータ特有の書き方がある。

　まずは音声データを第6章2節の注意に従って録音する。次に重要なことは，ビデオに映る人の身体配置や視線をトランスクリプトに表すことである。次に述べるように，画像データを処理し，これを用いてトランスクリプトで扱っている身体配置や状況を表す。トランスクリプトの上で表すことができるのは，視線である。それぞれの話者の発話の上の行に，視線の入りを「"」として表し，そしてその視線が誰に向けられたのかを明記してそこから実線を引く。また，その向けられた視線が終了するときには，視線の出として「"」を記して，それを示す。お互いの視線があったところには，xという記号を入れる。

例①

    （視線の入り）　　　　　　　（視線の終わり）
     "_____"
話し手：　こんにちは　元気でやってる？
     _____ x
聞き手：

またこれ以外にも，視線の向かっている対象物を XXX YYY として表す方法もある。

例②

      XXXX
話し手：　これをみて
      XXX   YYY
聞き手：   きれいだね

ここで示した2つの例以外にもいろいろな方法があるが，それらは第6章を参照されたい。

◇ 論文の作成

(1) **画像データの処理**　　ビデオデータから特徴的な場面を静止画として取り込むことも重要である。静止画を論文やレポートに利用すれば，その内容はより説得力のあるものとなる。また，トランスクリプトに挿入すれば，その場面に関するより正確な理解や分析が可能となるのである。

さて，ワープロを利用して文章に静止画を挿入する前に，画像加工ソフトウェアを利用して，画像を修正するとよい。たとえば，フィールドを撮影した画像は暗くて見づらいことが多いが，コンピュータに取り込んだあとは，見やすくなるように，明るさやコントラストを上げることができる。

静止画に登場する人物のプライバシーを保護するために，画像の輪郭だけを抽出するような場合にも，画像加工ソフトウェアが便利である。図5-1の左は実験の様子を撮影した写真，右は，画像加工ソフトウェアを利用して，写真を輪郭抽出した結果である。輪郭抽出ではフィールドの状況がわかりづらくなるような場合には，顔の部分だけぼかすこともできる。

図 5-1　実験の様子を撮影した例と，それを画像加工ソフトウェアで輪郭抽出した例
　　　（科学技術館〔東京〕の協力による）

　静止画の中のある部分だけ強調したい場合には，その部分を丸で囲んだり，画像のその部分だけ明るくして他の部分を暗くすることができる。また，画像中に矢印を加えたりテキストを加えるなどの工夫も，読者の理解を助けるよい方法である。

　静止画を提示しても，背景が込み入っていたり人数が多くてわかりにくい場合などは，図示化することが好ましい。

　(2)　**研究成果の発表**　　研究結果をまとめたら，論文を公開し，学会と博物館の双方からフィードバックを得る。学生や院生の場合は，指導教官と博物館にレポート・論文を提出する。また，できれば，全体的な報告書を別に作成し，博物館側のディスプレイに関する観客の反応を分析し，展示デザインの改善点などをあげることが望ましい。

◇ 口頭発表に向けて

　分析結果はゼミや学会などで発表することもあるだろう。このような場合にも，コンピュータに取り込んだビデオデータや静止画像を，プレゼンテーション・ソフトウェアで利用することが可能である。

　ビデオデータを見せる際にもっとも留意しなければならない点は，発表者本人はデータを何度も見ているが聴衆にとっては初見であるということである。そのため，全体の流れを把握できるように一度はビデオを通して再生し，次に詳細に分析する部分のトランスクリプトと，それに対応する部分だけを抜き出した短い

ビデオデータを流すべきである。

4 おわりに

マッケーは,「ビデオは両刃の剣である」と述べている (Mackay [1995])。ビデオは視覚的に視聴者に主張を伝えることができるという点で非常に強い武器であるが,同時に意図的・無意識的に視聴者に誤解を与えたり,プライバシーを傷つける可能性があるという点で利用には注意が必要である。われわれはこの利点をよく知っているが,撮影される側はこのマッケーがあげた欠点をより強く意識していることを忘れてはならない。

　本章に関連するデータが付録 CD-ROM に収録されています。巻末の「付録 CD-ROM について」を参照してください。

第**6**章

会話分析の方法と会話データの記述法

田 中 博 子

▶エスノメソドロジーを基礎とする会話分析は,日常会話や制度的状況の会話を社会的現象として扱う手法である。会話分析の目的は,会話に加わる者が,どのような手段あるいは潜在的な志向のもとで会話を進めたり,また理解するのかを解明することである。この目的を達成するために,自然的な相互行為の場面をビデオまたは音声メディアに収録したものと,それを細かく記述したトランスクリプトとを素材にして,発話や行動を分析するという手法が取られてきた。ここでは,まず会話分析の方法について述べ,次にトランスクリプトの書き方と音声ソフトの利用法に焦点を当てて解説する。

1　会話分析の方法

◆ 会話分析の基本となる方法論的前提

会話分析を行うにあたっては,以下の基本となる方法論的前提がある(Heritage[1984a], pp. 241-244 参照)。

(1)　社会的行為とりわけ社会的相互行為には,秩序ある構造またはパターンが存在する。会話の参与者は,たとえ意識しているか否かにかかわらず,このような構造またはパターンに関する知識や指向に基づいて相互行為を営んでいる。それを解きあかすことが会話分析の目標である。

(2)　会話の参与者は,時間の流れにおけるシークエンスの中で会話の進展を理解している(第2章参照)。つまり,現在進行中の発話は,直前の発話を含むそれまでの文脈を背景として理解され,同時に,現在進行中の発話はそれまでの文脈を更新するだけではなく,すぐそのあとに続く発話にとって新しい文脈を提供す

図6-1 シークエンスの中での現在進行中の発話と直前・直後の発話との関係

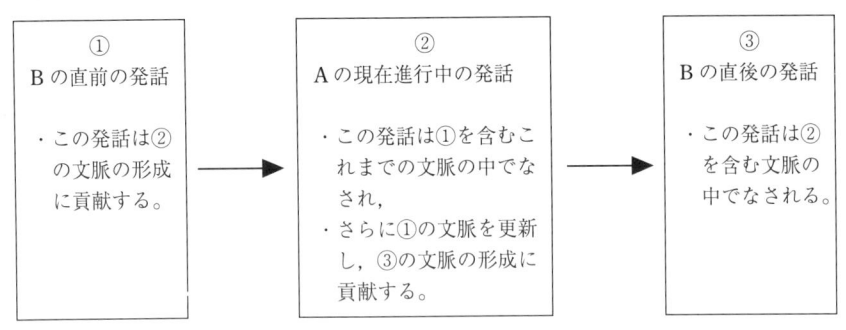

① Bの直前の発話	② Aの現在進行中の発話	③ Bの直後の発話
・この発話は②の文脈の形成に貢献する。	・この発話は①を含むこれまでの文脈の中でなされ, ・さらに①の文脈を更新し,③の文脈の形成に貢献する。	・この発話は②を含む文脈の中でなされる。

→は時間の流れ

る。仮にA, Bという2人の参与者の会話を想定すると, 隣接する発話の間には通常以下のような関係がある。

　シークエンスの中の発話間には図6-1のような関係性があるので, 現在進行中のAの発話②に注目すれば, Aが直前のBの発話①をどのように理解したかの手がかりが得られる。また, 発話②と③の間にも同様なつながりがある。会話がこのような仕組みで成り立っていることを認識するのが, 会話分析の基本原則である。

　(3)　データは, アプリオリの理論的枠組に当てはめて解釈するのではなく, あくまでも参与者自身の視点から解読していくのが原則である。したがって, 会話のどのような微細な部分についても, データに基づいた根拠がなければ, 参与者にとってそれが無意味であると決めつけることは避けるべきである。

　このような方法論的前提に立って, 会話分析研究者は刻一刻と展開する自然な会話を経験主義的にとらえる手法を開拓してきた。

◇ 会話分析の作業過程

　会話分析は通常図6-2のように進められる。

　まず自然的に生起した会話の映像・音声をビデオなどの装置を使って収録する (a) (第5章参照)。次に, そのデータを繰り返し再生しながら (b) トランスクリプトを作成する (c)。なお, トランスクリプトの書き方は, 次節で詳しく述べる。

　過程 (d) と (e) に関しては, 若干説明を要する。会話分析の考察は, 会話データ (つまり元の音声・映像データとそのトランスクリプト) をじっくりと観察する

図6-2 会話分析の進め方

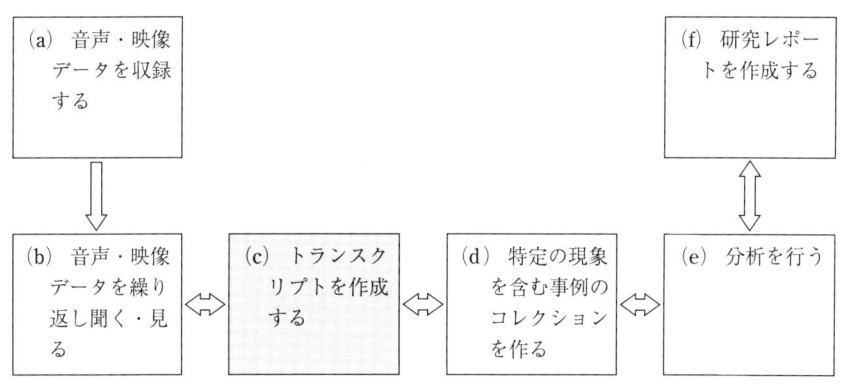

- (a) 音声・映像データを収録する
- (b) 音声・映像データを繰り返し聞く・見る
- (c) トランスクリプトを作成する
- (d) 特定の現象を含む事例のコレクションを作る
- (e) 分析を行う
- (f) 研究レポートを作成する

⟺ 作業の双方向性

ことから始まる。会話データを念入りに吟味していると，一見取り立てて変わっているとはいえないさまざまな現象が目に入ってくる。この中には，①特定の行為（action）または，②会話的手順（practice）や言語的形式（linguistic form）などが含まれる。目に止まった現象を1つ選び，それと同じような事例を複数集めて，徐々にコレクションを作り上げる。集まった事例を体系的に比較・分類することにより，その現象に関係する何らかのパターンが存在するか否かを帰納法によって調べる（テーマセッション1参照）。ただし，この作業は必ずしも容易ではない。たとえば，事例を集めているうちに何を集めているのかが不明瞭になってくる場合もある（Schegloff［1997］, p. 502）。また，ケースの数が足りないときには新たなトランスクリプトを作成する必要も出てくる。あるいは，元のトランスクリプトに戻り，事例を含む箇所をより詳細に記述し，検討し直すことによって，それまで気がつかなった側面が見えてくることもある。なお，分析がうまくいかないときには，コレクションを別の視点から集め直すのも1つのやり方である。

　このような方法で作成されたコレクションの分析を経験的に裏づけるために，以下の2つの取組み方が指摘されている（Schegloff［1996］, p. 172；Selting & Couper-Kuhlen eds.［2001］, p. 3参照）。

　(1) 観察された特定の行為（たとえば「褒める」「質問する」「自己訂正する」）を選び，どのような会話的手順または言語的形式によって，その行為が実行されているか検討する方法。代表的な例としては，会話の順番取りシステムの研究

(Sacks, Schegloff & Jefferson [1974])(第2章参照)や褒める行為に対する応答の研究(Pomerantz [1978])などがある。

(2) 逆に特定の会話的手順または言語的形式(たとえば「他者の発話を部分的に繰り返す」「あぁ」「副詞」)に注目し,それが相互行為においてどのような行為を行うために活用されているかを調べる方法。たとえば,応答詞 'Oh'「あぁ」の利用に関する考察(Heritage [1984b])や,副詞が発話の先を予測するためにどう利用されるかについての研究(Tanaka [2001])などがある。

こうして,分析を通して現象に関わるパターンや規則性が判明する。しかし,それから一見はみ出ているような事例も含めて検証すると (deviant case analysis),当該現象をいっそう深く理解することができる。以上の過程を経て研究レポートを作成する (f)。

2　トランスクリプトの書き方と記号の説明

すでに述べたように,トランスクリプトは分析作業の中できわめて重要な位置を占めている。トランスクリプトの記述は機械的,または事務的な作業であると見なされがちであるが,会話分析の実践においては不可欠な過程である(Moerman [1996], p. 149)。テープを聞きながらトランスクリプトを書く作業を繰り返すことにより,細かい点まで注意が行き渡り,記憶に頼ったりフィールドワークでは見逃してしまう会話の部分が見えて新しい発見にもつながる(第4章参照)。

会話分析では,会話の詳細をできるだけ忠実に書きとどめることが肝要である。この作業はかなり時間を要するが,ひとたびトランスクリプトができあがれば何度も再利用できるというメリットがある。さらに,研究報告書等にトランスクリプトの抜粋を載せることにより,報告作成者の分析を読者も独自に確認することができる。

会話分析で一般的に使われる記述法はジェファーソンが提唱したシステムに由来しており,研究の進歩およびコンピュータやワープロの普及に伴って徐々に改良されてきている。ただ,会話分析者によって記号の使い方に微妙な違いがあり,必ずしも統一されているとはいえない。重要なのは,記述法が会話の詳細を的確にとらえることができ,同時に「読みやすさ」の条件も満たすことである。したがって,音声学で使われているような複雑な記号等は,避けられている。

基本的に，トランスクリプトは劇の台本のように，話者の名前（匿名を保つために通常仮名またはアルファベットの文字が使われる）を行の左側にコロンを添えて書き，右側にその話者の発話を記述する。また，時系列にそって左から右，そして上から下へと進むように書く。
　記号の種類は，大きく分けて，音に関係するもの，シークエンス（つまりどのような順序で発話が行われたか）を表すもの（第2章参照），筆記者のコメント，およびノンバーバルな行動を示すものの4種類がある。ここでは最初の3種類のうちでもっとも普遍的に利用されていると思われる記号を紹介する（ビデオ録画の方法およびノンバーバルな側面の記述法に関しては第5章，第12章，および第15章を参照。例の中には，あとで説明される記号もある）。

◇ 音を表す記号

　音に関する記号の中には，イントネーション，音調，速度，強弱，長短，その他のプロソディ（韻律，つまり発話の音楽的特色）を示すものが含まれる。
　(1)　イントネーション　　句読点で示す。しかし，「。」「？」「！」は必ずしも文の終わりでないこともあり，「？」は質問のあとにくるとは限らない。

。または．	下降調のイントネーション
？	上昇調のイントネーション
、または，	平らなイントネーション
！	生きいきとした調子を示す

例①
　　絵里：　そこ行こうよ。
　　慶子：　うん，
　　絵里：　いいい？

　(2)　音調　　音調がとくに上下する箇所を↑↓の矢印で示す。

↑	記号直後の音調が上がっていることを示す。
↓	記号直前の音調が下がっていることを示す。

例② (簡単に示すために,発話の重なりの部分は省略してある)
　　慶子：　じゃこっ↑ちで待ってればいいんだよね？
　　　　　　(0.3)
　　絵里：　↑そうそう↓そう↓ そのまま直接じゃあ↓
　　　　　　行っ↑ちゃうわ↓。

(3)　**速度**　　発話の速度が速い個所を示す記号は2種類ある。しかし遅い場合を示す記号はとくに使われていない。

| > <　　　この2つの記号で囲まれた発話の部分の速度が速いことを示す。 |
| <　　　　急いで発話が始まっている状態を示す。 |

例③　佐藤さんが同僚の吉田さんへ,これから事務所へ向かうことを連絡している電話
　　　の会話。
　　佐藤：　＞じゃできるだけ急ぎますんで＜。
　　吉田：　はい
　　佐藤：　ん
　　佐藤：　＜<u>あh</u>！ それからね：,

(4)　**音の強弱**　　周りより静かな音を示す記号は「°　°」で統一されている。英語のトランスクリプトでは音が大きいことを通常大文字で記しているが、日本語には大小文字の区別がないので、下線がその代わりに使われる場合が多い。下線はストレス (強勢) がかかっている箇所を記すこともある。

| 下線　　　比較的大きな音,または強調されている部分 |
| °　°　　　「°」で囲まれた発話の音が周りより静かなとき |

例④　下線の例　「ゆりかちゃん」は「母」の孫。
　　母：　ゆりかちゃん元気？
　　　　　　(0.4)
　　娘：　<u>おなかこわした</u>：。

例⑤ ° °の例
 母： 冷蔵庫に入れてあるから，(0.4) °だ↓から：°焼いて‐
   <u>硬ぐ</u>なるったんだね：，焼いて食べればいい
   °と思うんだけど°。＝
 娘： ＝ん：

(5) **音の長短** 音が引き伸ばされていることを示す記号は長母音の場合には使わず，ふだん伸ばさない音が伸びている場合に限って使う。音の途切れは自己訂正の際によく見られる。

： 音が伸ばされている状態を示す。音が長く伸ばされている程度に応じてコロンの数を増やす。
‐ 音が途切れている箇所を示す。

例⑥ ：：の例 真一は，母親が昔，一度に5リットルのミルクとお米を1袋買い，
      家まで持って帰っていた話をしている。
 真一： <u>すっごいな</u>：：と思って：：(.)
    ＜<u>2往復とか</u>＞してたからね＜ そいで。
 洋子： (え↑え) す↑ご：：：い↓。

例⑦ ‐の例 この会合ではアンケートの回答をどのような形で雑誌に掲載するかを
      相談している。
 M： これを全部出すんです↑ね？
   (0.9)
 G： だ‐こ‐これを (.) だ‐ま‐<u>出し方</u> ( ) (.)
   全部と言うか ど‐どういう＝

(6) **特殊な音** 呼気音はhで示し，吸気音はピリオドをhの前につける（第7章参照）。各々の場合，音の長さに応じてhの数を増やす。喉音はghで表す。笑いのように言葉以外の特殊な音を表すにはhuh huh, hih hih のように，聞こえたようにローマ字で綴る。

h	呼気音
.h	吸気音
gh	喉音
heh, huh など	笑いなど

例⑧　h, .h と笑いの例　　2行目において，呼気音と笑いが言葉の中に散りばめられている。

　G：　.hhh あれが　あの方の何となく　こう
　　　　防衛 h て h き h な h huh huh た - た - 態度なの h か h な ah

例⑨　gh の例
　G：　な gh か gh な gh か gh＝
　H：　＝むずかしい＝
　G：　＝むず gh かしい gh＝

◆ シークエンスの順序を示す記号

　第1節で前述したように，発話が組み立てられているシークエンスを正確に記すことによって話者がどの時点で，どのような理解を示しているかを細かくたどっていくことができる。

　(1)　発話の重なりとつながり　　主に3種類の記号が使われているが，発話の重なりが終わる個所を記す記号 ］は使われないこともある。

［	2人以上の参与者の発話の重なりが始まる個所を記す。
］	2人以上の参与者の発話の重なりが終わる個所を記す。
＝	言葉と言葉，または発話と発話が途切れがなくつながっている個所を記す。

例⑩　H の提案（1, 2行）を受けて，M の返事が3行目から始まっているが，H のあいづち「ん」(4行目) が M の発話 (3行目) と重なっている。また，M が完全に答え終える前に M の話の要点を予想して（9行目），H が M と重なって発話しているのが［　］によって示されている。

01　H：　＞その＜　佐藤さん↑以外↓の人に聞いたらどうかな
02　　　　その ＞湯沢＜ さんが。(1.4) むしろ。

```
03  M： あ，湯沢さんは：いまはね［ちょっと::あの::ほら=
04  H：                        ［ん
05  M： =5月でもう決算なって忙しくてね：，(.)
06  H： ん=
07  M： =ん，ちょっと (0.2)
08      gghあの：［時間取↑れないて↓］ゆんだよ。
09  H：         ［あ　だめなの（か。）］
```

冒頭で述べたように，時間の流れはトランスクリプトの頁の上から下へと表すので，たとえば以下のような重なりの書き方は時間が前後しており，あまり良い例とはいえない。

```
例⑪　悪い例
01 園田： んん　そう［ね            ［そうなんで［しょうね
02 江原：      ［それはあるでしょ［うね      ［ん　それは…
```

同じ断片を時間にそって書き直すと以下のようになる。

```
例⑫　良い例
01 園田： んん　そう［ね
02 江原：      ［それはあるでしょ［うね
03 園田：              ［そうなんで［しょうね
04 江原：                   ［ん　それは…
```

後者の例を見れば，2人の参与者がお互いの順番の移行が適切となる場 (transition-relevance place) を随時予期し（第2章参照），その直前に話し始めている様子が窺える。

(2) **沈黙**　ある順番と次の順番の間の沈黙は新しい行に（独立して）記述する。順番の最中の沈黙を記す場合には，改行しなくてもよい。

(0.1)	0.1秒単位で数えた沈黙の長さ
(.)	非常に短い間合

順番間の沈黙の例は②，④，⑦を参照。順番内の沈黙は⑤，⑥，⑦，⑩を参照。

◇ **筆記者の記述など**

(( ))	筆記者のコメントを補足したい時，二重丸括弧の中に入れる。
( )	聞取りが不可能または不確実な部分を囲む。
→	注目する現象が現れる行をさす。

すでに紹介した記号などで，うまく記述できないような説明を二重丸括弧に入れる。

例⑬　(( ))の例　　夫が飲み屋から妻にかけている電話の会話
 妻：　((からかってるような声で))　じゃあ早く帰ってきて
   ゆりひゃんのおもりしてく↑れ。
 夫：　((甘えてるような声で))　↑やだよ hh [h
 妻：　　　　　　　　　　　　　　　　　　[heh heh↓
 夫：　↑ゆりちゃん寝てる頃帰るよ俺。
 妻：　.hh↑hih

聞取り不可能な言葉は，丸括弧の中で，余白をその部分の長さに対応する数だけ挿入する。聞取りに確信をもてない場合は，聞こえたように，丸括弧の中に書く。

例⑭
→　N：　(ほうもつけんで) ラーメン食ってか h え h あ h よ hh。
 Y：　わかった。＜太るぞ太る↑ぞ

3　音声ソフトとプロソディの分析

◇ **音声編集ソフトによるトランスクリプトの作成**

会話データの作成は，ビデオ・オーディオテープなどで収録されたものを繰り返し再生装置のボタンを操作しながら記述するやり方もあるが，音声編集ソフトで音をコンピュータに取り込むことにより，記述を効率的に行うことができる。音声編集ソフトは，音声のデジタル・ファイルを作成したり整理するためにも便利である。とくにカセットテープは劣化したり切れたりするおそれがあるので，

デジタル化したほうがよい。

　音声編集ソフトは，ウィンドウズやマック用にさまざまなものが出回っており，ソフトを使うとかなり長い音声ファイル（数十分から1時間以上）を作ることができる。最初にデータを取り込むときには，通常22kHz，16ビットのサンプリングレートで分析に十分な音質が保たれる。いったん取り込んだ音声ファイルでトランスクリプトを作成するには，次のような方法がある。

(1)　一度に数秒間のインターバルを選択し，ループ機能で自動的にリプレーしながら記述する。
(2)　話す速度が速すぎたり，聞き取りにくい個所はテンポを落として聞く。音量も調節できる。
(3)　沈黙の長さを測定する。
(4)　参与者の話が重なる位置を正確に確認する。

　また，1節で述べたコレクションを作る際にも，会話の断片のサウンドファイルの整理・管理に有用である。たとえば，選択したインターバルに対応するトランスクリプトのライン番号などをつけることにより，長時間の音声ファイルの中で該当する部分に簡単にアクセスできるようになる。その部分を独立した音声ファイルとして保存し，分類することもできる。

◇ 音声分析ソフトによる音の大きさ，長さ，ピッチ，テンポなどの測定

　近年，プロソディ（韻律）が会話においていかに重要な役割を果たしているかということが，会話分析者の間で，徐々に認められるようになってきた（Selting & Couper-Kuhlen eds. [1996]; Couper-Kuhlen & Ford eds. [forthcoming] 参照）。とくに，会話の順番の末尾のイントネーションが，発話の潜在的完結点（possible completion point）の指標としてどのように用いられているか，あるいは応答詞（たとえば英語の 'Oh'）が相互行為の中でどのように使われているか，などが音声特性を通して検証されている。これらの研究の多くは印象的な音声分析（耳で聞いて分析する方法）によって行われている。しかし，音調のパターンや音の長さをより正確に把握するために，音声分析ソフトが補足的に利用されることもある。このような試みの簡単な例を以下に示すことにする。

　日本語の会話では「あいづち」や応答詞がよく使われるとしばしば指摘されている。また，会話データを見ると，応答詞の音が英語の 'Oh' などと比べて，非

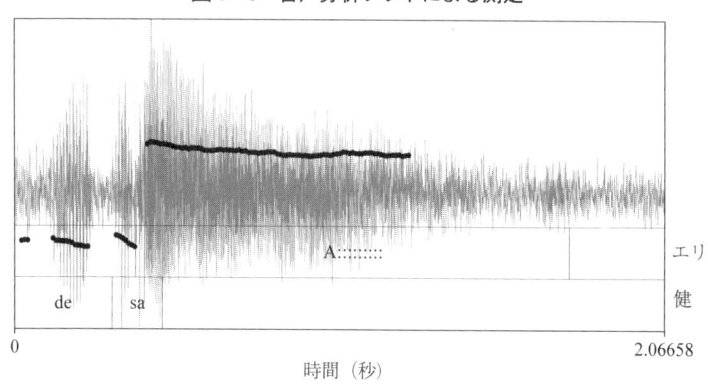

図6-3 音声分析ソフトによる測定

常に長く引き延ばされることがあり，また他の人が話している最中に受け答えとして使われる応答詞は，通常話の妨げとしては扱われていないようである。音声分析ソフトを使うと，応答詞の音声特徴が相互行為においてどのように活用されているかをより深く調べることができる。

例⑮　健は友人の披露宴に医者が大勢出席していた話をしている。
01　健：　　…やっぱりすごいな::: とゆうか,
02　エリ：　へ::::［:::::::::::::::］
03　健：　　　　　［もう殆ど医者ちゃ］うみたいな＝
04　健：　＝感じで［さ。
05→エリ：　　　　［あ::::::::::::::::::::::::::::

図6-3は，横軸が時間で，縦軸は灰色の波に対しては音の大きさ (amplitude)，太線に対しては音調（ピッチ）をヘルツで表しており，5行目のエリの「あ:::::」という引き伸ばされた応答を描いたものである。あいづちとして使われる応答詞「あ::」は，このように，非常に平らなピッチパターンを示すことがあり，大きさも緩やかに減衰していることがわかる。つまり，他の話者の話を音響的にできるだけ妨げないような音声特性を生かすことによって，あいづちの機能を果たしているともいえる (tanaka [2002])。

> 録音装置にはいろいろな種類があるが，コンピュータに音を取り込むためには，DAT またはデジタル VTR が勧められている。MD は音を加工するので，音声ソフトでの分析には適していないといわれている（斉藤［2001］, 117 頁）。
> 　音声ソフトは価格も比較的安く，中にはフリーウェアもある。長い音を録音する音声編集ソフトは，Cool Edit (Syntrillium 社), Gold Wave (Gold Wave 社), Sound Edit (Macromedia 社), 音声分析ソフトは, Praat (Amsterdam University), Signalyze (InfoSignal 社), Multi-Speech (Kay 社) など，さまざまなものがある。チュートーリアルつきのものも多い。

4　おわりに

　本章では，会話分析の方法から始まって，会話データの記述法，そして音声ソフトの利用方について，簡単に取り上げた。トランスクリプトを丹念に記述することは，会話の規範的構造を解きあかすという会話分析の基本的な目的を達成するための第一歩である。そして，音声ソフトは通常のトランスクリプトでは表せないようなプロソディの特徴を分析可能にする。紹介した方法を修得するためには，試行錯誤を重ねながら作業を実践してみることである。

■ 日本語データを英語で発表する仕方

　日本語のトランスクリプトを英語で報告する場合は，通常 3 行構成で提示する。下の断片を例として取り上げる。

　　A：　で, 食事は？
　　B：　食事いらな：い。

これを 3 行に展開する。

　　A：　*De- shokuji wa?*
　　　　 and lunch　TOP
　　　　 'And what about lunch?'

　　B：　*Shokuji irana: i.*
　　　　 lunch　don't.need
　　　　 '((I)) don't need lunch.'

1行目は，日本語の発話をローマ字のイタリック字体で記述する。
　2行目は，語彙を一語一句英訳して各々の語彙の真下に書く。「いらな：い」のように，日本語の単語が1つ以上の単語で英訳される場合には，それらをピリオド「.」でつなげる。
　3行目は，発話全体を英訳して引用符で囲む。
　なぜ2行目が必要であるかというと，①日本語と英語は語順が異なるので，1行目の発話全体を英訳しただけでは，語順を表せないこと，②3行目では発話が重なっている場所を正確に記すことが困難であるからである。記述に関していくつか注意すべき点がある。日本語は主語などがしばしば省略されるが，英訳するときには省略された言葉を補う必要がある。上の断片における「食事いらな：い。」では，一人称が省略されているので，英訳する際には，'I' を二重丸括弧で補足する。助詞や体言など，相当する言葉が英語に存在しない場合は，訳語の代わりに文法的な説明を2行目に書く。たとえばAの発話では，助詞「は」の下に，「係り助詞」'topic particle' を 'TOP' と略して記す。他に以下のような略語が頻繁に使われている。

主格助詞	nominative particle	SUB
対格助詞	accusative particle	OBJ
終助詞	final particle	FP
属格助詞	genitive particle	GEN
体言	copula	COP

本章に関連するデータがCD-ROMに収録されています。巻末の「付録CD-ROMについて」を参照してください。

第7章

調査実習としてのエスノメソドロジー

樫田美雄

> エスノメソドロジーには，会話分析・ビデオ分析などの有力な調査技法があり，おそらく日本では，エスノメソドロジーを専攻するすべての研究者が多かれ少なかれ調査活動を行っている。『実践エスノメソドロジー入門』と名づけられている本書の目的の1つは，エスノメソドロジーを学んでいる学部学生・大学院生の皆さんが，教員と一緒に，あるいは皆さん自身で自主的にさまざまな領域でのビデオ分析や参与観察を進めることができるようにサポートすることである。本章では，この目的を達成するために，まず，ある学生による個人調査の実例をあげ，ついで，エスノメソドロジーの立場で社会研究をするときに，どのような知的成果がどのような学習展開のもとで得られるのか，ということを吟味する。最後にCD-ROM掲載の諸データの簡単な紹介と使い方の説明を行うこととする。

1 ビデオ分析はおもしろい――学生による研究実践の紹介

論より証拠，まずは学生による調査の実例を見ることから始めよう。以下で紹介するのは，徳島大学のHP（サイトアドレスhttp://www.ias.tokushima-u.ac.jp/social/）にアップされている平成12年度ゼミナール調査報告書『現代社会の探究』（樫田編[2001]）掲載論文である。大学での学生調査はどこまでいくことができるのか。その1つの到達点といえるのではないだろうか（この論文は付録のCD-ROMの第7章関連データの「実習報告集」内に収録してある）。

論文のタイトルは「美容院における相互行為分析」であり，当時私のゼミ生であった，小濱智子が1年間の調査をもとに執筆したものである。詳しくは論文本体を読んでもらいたいが，誰もが不思議に思う美容院における2つの謎が相互行

写真7-1　雑誌による「無関心」の提示
（客の下向き視線に注目）

写真7-2　雑誌による「チェック」の提示
（客の前向き視線に注目）

為的に解かれている点に私は感心した。すなわち，①美容院ではなぜ客は雑誌をあんなに熱心に読んでいるのか，②美容院ではなぜ技術者と客が比較的多く会話をするときと，あまり会話をしないときがあるのか，という2つの謎である。これらの疑問が，「鏡」を介してのコミュニケーションの詳細な分析によって，解かれている。

　まずは，①の謎解きのほうから彼女の議論をなぞっていってみよう。小濱は，美容院における雑誌をめぐる相互行為のポイントは，それが「見ることと見ないこと」の差違を際立たせる点にある，という。古くはジンメルが地下鉄車内での新聞の効用として説いたように，まずは雑誌は視線の「無害さ」を表示する道具として働いているというのである。すなわち，「私はあなた＝技術者を，いまは監視していない」という状態の表示道具として，読んでいるときの雑誌は働いている。けれども，雑誌を見るという振る舞いはそのように「無関心の表示装置」としてだけ有効となっているのではない。それは，じつは対比として「関心の表示を際立たせる装置」にもなっているのである。これが，小濱のビデオ分析による結論であった。すなわち，「鏡に映った自分の姿を見る」ときに，その「見る」という振る舞いが，その直前の「見ていない」という振る舞いから画然と区切られたものとしてあることを表示する装置として，「雑誌」があるというのである。ビデオカメラによる動画像分析によって，これらの発見はなされた。前頁の2つ

図7-1 美容院における「反射的インタラクション」

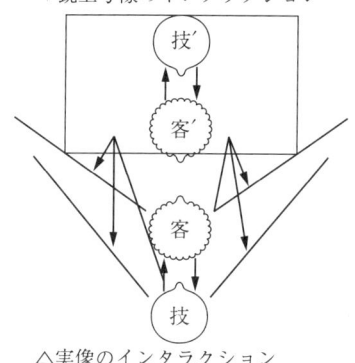

▽鏡上写像のインタラクション
←鏡の中の技術者（美容師）
　※鏡の中で視線を交わしている
←鏡の中の客

←実在の客（視界は鏡方向のみ）
　※鏡を通してのコミュニケーション
←実在の技術者（美容師）

△実像のインタラクション

（出所）小濱［2001］，65頁を改変。

の写真にみるように，客は自分の視線がどこに向いているかを常に見られてしまっている。そのことを客も技術者も相互に知りあっている状況下では，視線を向ける方向は慎重に管理されなければならないのである。つまり，視線以外が同一の状態である中で，いかに視線の動きが有意味なものになっているか，われわれは体験的に知っていたといえるが，しかしそんなことは通常意識していない。この通常意識していないことをビデオカメラでとった画像を繰り返し見ることによって，小濱は追体験し，かつ意識化することに成功したのである。

小濱本人によるまとめを再掲すると以下のようになる。

「客は鏡を時折見ている。鏡を見ることは雑誌を見ることとの対比によって，浮き彫りにされ，鏡を見ることがチェックとして参与者たちに理解可能になっている。このように，雑誌は見ないこと（＝無関心）を示すものであると同時に，鏡を見ることをチェックとして示す道具となっている。そして，このように雑誌に関わって2種の状態があることが，その双方をそれぞれ『無関心』と『（髪の）チェック』として，参与者たちに理解可能なものにしているのである。」（小濱［2001］，66頁）

2つ目の謎に挑んでみよう。美容院ではなぜ技術者と客が会話をするときとしないときがあるのか，このことが第2の謎であった。小濱は，この謎を解くのに，美容院での標準的なコミュニケーションが，鏡を介した複雑な視線の重なり関係

写真7-3　手鏡でのチェック　視線の重ね合わせの相互確認ができないとき，発話が重要となる（小濱［2001］，69頁を改変）。

にあることにまず注目する。美容院では，客と技術者（美容師）との関わりは，「鏡に映った客」と「鏡に映った技術者」が，鏡の中での相互の視線を，相互に向かわせあったものとして確認している，という相互確認がなされることによって標準的には支えられているのである（図7-1参照）。

そして，視線による示唆がコミュニケーションを進行させる主駆動力になっているのである。けれども，手鏡を用いているとき，直接の言葉交わしやうなずきが頻繁に起こるようになっている。これはなぜだろうか，と小濱は考え，ビデオを詳細に分析し始める。すると，そこでは，「視界の重ね合わせ」による，「鏡上での視線の重なりの相互確認」はできなくなっていること，そしてそのことを補うように諸相互行為が起きていることが発見されるのである（写真7-3参照）。

小濱の論文は，話すことも話さないことも，状況に合わせた秩序立ったものとしてあることを，このようにビデオ分析によって示した好著であった。じつはこの論文の執筆時には小濱はまだ大学3年生であり，エスノメソドロジーの訓練は，ゼミによる2単位だけしか受けていない。それでもこれだけの分析ができるのは，エスノメソドロジーがわれわれの生活そのものを研究のフィールドにしていること，そこにある諸問題を（外部から知識を導入するというやり方ではなく）場面に埋め込まれた秩序を詳細に観察しながら分析するという手段で探求していくやり方を方法論としていること，これら2点に負っている。ということは，適切なテー

マ設定さえできれば，あなたにも同じような研究ができる，ということである。2節以下，および本書の他の論文を参照しながら，各自が興味をもったテーマで，実践的なフィールド調査に挑んでみてほしい。

2　社会研究の前提としての社会

◇社会研究の前提としての社会の存在とエスノメソドロジーによるその発見

　どんな学問にも，その学問固有のスタート地点がある。すなわち，ことさらには確認されないがその学問である以上は当然に分かちもたれていると想定されている前提がある。医学なら病気がある（病気の状態と健康の状態に違いがあって，健康のほうが安定的だ）ということだろうし，心理学なら，心があるということだろう。精神分析なら無意識があるということであるだろうし，政治学なら政治という営みがある，ということになるだろう。では社会研究は当然の前提として何を置いているのだろうか。社会研究の場合は社会がある，ということが（たいていの場合は）前提にされているように思われる。

　では，社会がある，とはどういうことなのか。心があるということも，健康と病気に区別があるということもわかる気がする。けれども，社会がある，とはどういうことかよくわからない。これが社会研究を始める前の，現在の大学生の実感なのではないだろうか。たとえば，2002年の私の授業（講義形式）では，以下のような意見が「出席確認票（兼コメントシート）」に書かれていた。「社会というと私にはスケールがもう大きすぎて，考えがおよびません」（Kさん。2002年5月9日）。このような意見が教室で語られるのは珍しいことではない。背景には，社会が「複雑化」し，その不透明性を増大させている中で，「素人」にとって，社会は操作しようにも複雑で巨大なものになりすぎているという実感，社会を意識しても仕方ない，社会を考える意義が失われているという実感があるのだろう。人々が，操作可能なものとして社会を考えなくなれば，「社会研究」はその基盤を失う。そういう社会では，社会を考えることにリアリティがないからである。

　けれども，社会研究の前提，社会研究の対象としての「社会」は本当に見えないものなのだろうか。これまでの手段では「操作しにくくなった」にもかかわらず，それなりの見る手段を活用すれば「存在する」ものとして，目に見えてくるのではないか。エスノメソドロジーによる社会研究をすることの学習上の意義の

1つは，この点にあるのだと思う。そして，社会をリアリティあるものとして看取することは，少なくともこの世にまだ社会の操作に関わる諸専門職（行政，政治，経済等々）がある以上，市民による基本的学びとしてまだまだ必要なことだとも思うのである。

◆ エスノメソドロジーの学習的意義と調査

　ところで，社会があるということを学ぶには，特別な対象を考える必要はない。そもそも，じつは社会研究の立場からすれば，「心」があるということも，「政治」があるということも，「健康と病気」の区別があるということもすべて「社会的事実」ということになるからである。このような対象選択の容易さ，対象の幅広さが「社会」を研究対象として扱う場合の利点である。すなわち，社会研究は定義上すべての事象を「社会的事実」として扱うので「社会としてのリアリティ（現実味）」がなくなった「社会」をも，研究対象として研究をしていくことができるのである。

　とはいっても，社会研究もただ「すべての事実は社会的事実である」というだけでは失われた説得力を十分に回復することはできない。細菌学が，顕微鏡の開発発展によってリアリティをもったように，現代社会研究にもそのリアリティ維持にふさわしい方法論と，その具体的対象がやはりあったほうがよい。ということは何かしら「調査による発見」というような手続き的なものが有用だということである。世界は複雑で，教えられる知識は十分に疑わしいので，いまや教壇の上からの講義で「社会の現象」や「社会の仕組み」を知識として注入されても，人々はその知識に，もはやリアリティを感じなくなっているのである。そこで思いつかれるリアリティ維持の実習的諸方法のうち，有力なものの1つにエスノメソドロジーによる調査実習があると私は思っている。他の有力方法としては，ネットワーク分析，進化論的ゲーム理論による実習や多変量解析を含む社会統計学を用いた実習がありうるが，これらにはいずれもコンピュータといういささか取っつきがたい新しい分析道具が必要である。エスノメソドロジーは，電話機，録音機，ビデオカメラというようなより生活になじみ深い機器で調査に入れる点で，社会を実感するための最初の調査に適しているだろう。

　このような観点から，私は1997年以来，7年間にわたって調査実習およびゼミ調査の指導を行ってきた。本章が主張するのは，この調査指導経験によって実

感されてきた，エスノメソドロジーの社会研究上の有効性，および社会研究学習上の有効性である。それは，相互行為を検討する点でリアリティがあり，ローカルな場面的な秩序を扱う点で知的な驚きが伴うような体験である。以下，調査実習で実際に採取・分析した実例を上げて解説するので，wwwサイトおよびCD-ROM所収のデータを追体験しながら，リアリティと驚きを共に追体験してほしい。そのうえで，あなた方自身の調査に進んでいってほしい。

◆ 小括──社会研究とエスノメソドロジー

　実例の提示に入る前に，ここまでの議論をまとめつつ，エスノメソドロジーの特徴を指摘し，次節へのつなぎとしよう。「社会がある」「社会的だと思われていない現象もまた社会的達成としてそのようなものになっている」という発想は，社会研究の公理的前提である。そしてこれらは，社会研究のあり方であると同時に，エスノメソドロジー研究のあり方でもある。エスノメソドロジーの特徴は，これらのことをさし示す（例示する）にあたって，それらを直接，相互行為の中に見て取れるものとしてさし示すという方法をとっていることである。

　エスノメソドロジー (ethnomethodology) を「人々の (ethno) 方法学 (methodology)」と分析的に解説することがあるが，これは社会研究に引きつけていえば「人々が社会を作り上げている方法，あるいはそのことに関する学」のことであり，上記の議論に結びつけていえば「社会を意識していようがいまいが，そこでなされていることを社会的なことがらとして，すなわち相互行為的なことがらとして分析説明することに関する学問」である，ということになる。エスノメソドロジーの有力な手法に「会話分析」があるが，たとえば「会話分析」は，この「社会的達成」を，人々が会話の中で/会話を通して実際に行っていることとして，分析している。会話が，相互に互いの発話を秩序化することによって，すなわち，相互の発話の意味を互いに形作りながら，続けられているものであることを会話分析は明らかにしたが，他のエスノメソドロジーも多かれ少なかれ同様の仕方で相互行為に照準している。すなわち，できごとをその場でローカルに（局域的に）達成されている秩序として，「相互行為的達成」として示すことが，エスノメソドロジーの行っていることなのである。「わからない」ということすら，「無視」ということすら，相互行為的に達成されている。「他人の心」という「闇」ですら，相互行為的に場面の中で達成されているのである。

本節の議論をまとめておこう。エスノメソドロジーの立場で調査に参加することは，社会を知り，社会を考えるためのよい機会になると思われる。すなわち，第1に，それは相互行為に照準しているため，社会がある，という社会研究の発想になじむ，よいきっかけになるだろう。第2に，それは，場面の中で相互行為的に，ローカルに成り立っている秩序というものを，そのメカニズムごと現実に追体験できるため，「複雑でよくわからないもの」と見えていた社会が「理解可能で秩序だっているもの」に見え方が変わるという体験にもなりうるだろう。わかるきっかけが得られれば，考え続ける動機づけが強まることが予想される。これらの意義があるので，のちにどのような分野の諸社会科学に進むにしろ，社会研究の学習のはじめにあたって，エスノメソドロジーの立場による調査を体験するのがよいと私は思っている。次節はそのような意義をもつと思われる共同調査の実例である。

3　エスノメソドロジーによる調査実習の実際

◇ 息を吸うことの社会研究

　私たちは，毎日息を吸っている。主たる目的は肺によるガス交換（酸素と二酸化炭素の交換）のためだといえるだろう。けれども，それだけのためではないと思えるときがある。たとえば，以下のように（できれば，ここで動画を見ながら，以下のトランスクリプトをなぞって矢印の部分で何が起きているか，考えてみてほしい。動画は，付録CD-ROMをパソコンにセットし，掲載の7章関連データ中の「ラジオスタジオの相互行為分析」内の「アナウンサーの息づかいの相互行為的意味」ファイルをクリックすると，見ることができる。クイックタイムやインターネットエクスプローラー等のソフトが必要である。動画の見方の詳細は巻末「付録CD-ROMについて」を見ること）。

MPEG1動画像　アナウンサーの息づかいの相互行為的意味
（Xラジオスタジオ：9時57分15秒ぐらい～9時58分16秒）（行削除による簡易記載）
01　Y：　結局　hhh　あの：祇王という白拍子を：愛しておりまして(.)で，始めの頃

02　Y：　よ　良かったんですけどそのうちに仏って(.)ま　変な名前ですがね，あの

```
03  Y： 白拍子を好きんなって　で新しい恋人のために　前の恋人にですね(.)

04  Y： あの：：まあ踊りをさせたんですね：(.)お[
05  I：                                       [お：：

06  Y： そういうあの残酷な[              まあそれがきっかけであの：：：
07  I：                  [hhhhhh
08  S：                  [いやでしょうね：：

09  Y： 出家しましてね[    その祇王は[    で仏も(.)あのこんな人と一緒に
10  I：              [ええ            [ええ

11  Y： おったらなにされるやわからんつんで　あの：一緒に：出家して

12  Y： 後を追うという話もあるわけですけど[      こういう：：あの：女性も
13  I：                                   [ああ：：

14  Y： おりますし，   あのさきほどの(.)巴御前みたいな美しい[(.)強い
15  I：              う：：ん                              [.hhh
                                                 【ここに注目．Iアナの息に↑注目】
                                                 【9：58：01にIアナ吸気音】

16  Y： [女性も=               =そうですねひとつのタイプです
17  I： [.　h　h=美しくて強いのが理想的なひとつの=
        【直前のゲストの発話のリピートでかつ定式化→コーナーの終了へ】

18  Y： よこれあの=        =理想の=
19  I：           [はい．hh=       =ぃその女性像も(.)これから(.)
20  S：     =ふ[：：ん
              ↑【9：58：08にもIアナの強い吸気音】
```

```
21  Y :                                    [はい
22  I : 鎌倉時代入ってどう変わっていくかって　のまた次回に[　　楽しみですね
                                           ↑【次回へ言及する←会話の
                                              終了部への1つの入り方】

23  Y :                        =あどうも=
24  I : どうもありがとうございました=        [ありがとうございました
25  S :                        =あり[がとうございました

26  I : ええ今日は元○立文書館館長◎◎◎◎さんにお話を伺いました(.)　□□の歴史

27  I : シリーズでした
28  S :             それでは音楽をお届けしましょう(.)ダイアナ・ロス「If We

29  S : Hold On Together」

30  I : んhどうもありがとう[ございました
31  S :                [あ　り　が　と[うございました
32  G :                             [お世話になりました::
```

(出所)　樫田編［1998］，92頁を一部改変。

　エスノメソドロジーにはこのようなトランスクリプト（転写文）を用いて，場面の秩序を表現する習慣がある。書き起こし（転写）の見方は，そこに使われている記号の意味も含めて，第6章を見てほしい。見方を簡単に説明すると，その場にいる複数人の振る舞い（発話と動作）を，楽譜のように左から右に，上から下に時間の流れに沿って書き下しているのである。これは，実際の相互行為そのものではないが，相互行為で何が起きているかを気づく助けにはなる。誰のどのような振る舞いが別の人のどのような振る舞いと，同時に起きているのか，どちらかが先に起きているのか，というようなことが見て取りやすくなっている。二重線（＝）で挟まれた複数の行は，そこで左から右に時間が同時に進行していることを示している。

さて，上記のトランスクリプトでのポイントは，矢印で示してある部分である。特徴的な吸気が2カ所で起きている。ここに注目してこの場面の秩序を考えていこう。とはいえ，具体的な考察に入る前に少し文脈的なことを補充情報として書いておきたい。この場面は，ある地方放送局で，日曜日の午前に放送されているラジオ番組の中の，毎回25分ほどの歴史解説コーナーの，その回の終了場面である。参加者は，アナウンサーが3名（IとSとG），ゲストが1名（Y），コメンテーターが1名（K）の合計5名であった（CD-ROM内の静止画「座席配置図」を参照せよ）。コーナーの構成は，地域に関わる歴史上のトピックについて（このときは平家物語に関連したことが語られていた）ゲストが主として話をして，その話に対して，アナウンサーとコメンテーターが感想や意見を述べながら進行するという形になっている。25分ほどたって終了時間が迫っているのに，ゲストが話を続けている（CD-ROM内の静止画「ディレクターからの指示」を参照せよ）。さて，そこでアナウンサーは何をしたのか，という設定になっている。ここに「息を吸うことの社会学」がある，という分析を私たちは調査実習において行った。以下追体験してみてほしい。

◆ 相互行為秩序の場面的達成

　矢印の部分で何が起きているかまず，確認してみよう。Ⅰアナは，【9：58：01（9時58分01秒）】＝15行目＝の吸気音で，ゲストYの発話を中断させ，顔を上げさせ，注視を得ることで発話権を得て，それまでの議論を定式化（まとめること）し，議論を終了に持ち込んでいる。その際，吸気音だけをさせて間をおくことで，すなわち，直接の割りこみ発話をしないようにすること，話し続けているゲストの発話が自主的に停止するのを待つことで，少なくとも結果としては，ゲストYが発話権を自発的に委譲した形にすることに成功している。自発的にこの行為がなされたことによってY氏の体面（face）は傷つけられずに，Ⅰアナの目的は達成されている。そういう相互行為秩序がここにある（CD-ROM内の静止画「視線の秩序」を参照せよ）。

　このような解釈に関しては，そもそもここでの「吸気音」と「ゲストYの発話の中断」に関係がある，といえるのかどうかという疑問がありうるだろう。この点については，まず第1に，われわれの文化において，吸気音が発話の準備として聞かれうる状況というものが存在する，といっておきたい。われわれは同席

している人間の吸気音を「発話の準備」として聞く耳をもっているのである。けれども，たしかに，つねに吸気音が「発話準備」として聞かれるわけではない。それは状況に依存している。この，人々の相互行為秩序が状況的である，という点については，データに基づいて述べるしかない。場面に対して別様の解釈が成り立つかどうか，は個別場面ごとに解決するしかない問題なのである。そして，上述のデータに即してこの点を見てみるならば，以下のようになるだろう。まず，Ｉアナウンサーの17行目の発話内容が，それまで繰り返されていたＹ氏へのたんなる「あいづち」ではなく，積極的に話をまとめる方向での発話になっていること，ついで，19行目，および22行目では直接「次回」に言及していること，これらのことに注目してほしい。このような場面の終了を明らかに志向している発話に後続される形で，15行目の吸気音が発されていること，このことが翻って，15行目の吸気の意味を決めていくといえよう。さらに，この吸気音以下のＩアナウンサーのまとめ的発話に呼応して，ゲストのＹ氏も，巴御前が「理想の」女性像であると発言する形でまとめの一部を担っている（18行目）。すなわち，ここでＹ氏は，もう新しいことを話すのではなく，Ｉアナウンサーの総括的評価を受け入れる形で，それまでの自分の話への評価を行っているようにみえる。これらのことを総合的に考えると，15行目での吸気音は，場面の転換に寄与しているといえると思う。

　ここまでの議論をまとめておこう。このスタジオ場面では，「息を吸うこと」は，「社会性」を帯びている。誰もそうとは意識していないかもしれないが，「相互行為」の一部になって会話を終了に持ち込むきっかけとして働いている。Ｉアナウンサーの吸気音は，自発的な「他者の注視」を呼び込んでおり，そして，その他者からの注視を活用することによって場面の転換（コーナーの終了）が協同的な達成として可能になっている。このように，人は他者とローカルな，局所的な秩序を形作っているといえよう。すなわち，番組表に終了時間が書かれているから，コーナーが終わっているというだけではない，コーナーが終わる，という社会的事実を可能にする相互行為がここに見て取れるのである。

　これは，社会研究にとって，いったいどういう事態なのだろうか。煩瑣になるが重要なのでもう一度まとめておこう。

　⑴　ここでは，相互行為の秩序が場面的に達成されている。そういう意味で，社会がここにあるといえる。定時のコマーシャル（午前10時にデパートが開店する

というCM, 時報とセットになっている）を入れるために，急いでコーナーを終わらせて終了に持ち込むというIアナウンサーの努力は，一方的な権力行使というよりは，相手の相互行為儀礼（①吸気音には，自分の発話を止めて，関心を示すこと，②話題の主人公である巴御前を「理想の女性」と評価して，話をまとめることがコーナーの終了への助走であることを相互了解すること，③次回に言及することがコーナーの最終場面を形作っていることを相互了解すること）を利用しながら，協同的になされている。

(2) ここでは，データに基づいた秩序の存在を実感することができる。すなわち，このようにして，順序的（シークエンシャル）に秩序が達成されているのならば，社会研究は「吸気音は，明確な意図の表明とはいえない。ただの息継ぎかもしれない」という不可知論的な議論から抜け出すことが可能になるだろう。あいまいなものがあいまいなまま，多義的なものが多義的なまま，それでも，後続する相互行為が十分に組織だった形で存在することによって，秩序というものが，その場その場で生み出されていることを社会研究は示すことができ，そういう基盤にたって，研究を進めていく道筋がこのような研究の積み重ねのはてにひらかれることになるであろう。

4　まとめにかえて──ここからどこべいくか，今後の学習のために

　調査実習は，社会一般を学ぶために組織される場合よりも，個別課題を解明しようと組織される場合のほうが多いだろう。CD-ROM内に所収の3つの実習報告は，それぞれの固有の解明課題をもって行われたエスノメソドロジーによる調査実習の例（抜粋版）である。1997年度の実習報告は，「ラジオスタジオの相互行為秩序」を明らかにしようとしたものである。1999年度の実習報告は，「障害者スポーツの世界」がいかに独自の秩序性をもったものとして存在しているか，ということを明らかにしようとしてまとめられたものである。2002年度の実習報告は，「福祉の現場」における会話秩序がどのように作り上げられているかを明らかにしようとしてまとめられたものである。個別の研究テーマに従って研究をする際に，どのようにエスノメソドロジーの方法が組み合わされて活用されているのか，ということについては，これらの報告書などを参考に学習を続けていってほしい。

　確かにどの報告書にも「社会が相互行為的に成り立っていることがわかった」

という普遍的一般的決まり文句的な総括が含まれている。その点では，マンネリズムに少し陥ってしまっているかもしれない。しかし，それぞれのデータの多彩さに助けられて，「いったいどのように相互行為と結びついて秩序が達成されているのか」という点はそれなりに明らかにされているようにも思う。そういう視点で読んでもらいたい。

　他に，実習類似の作業でまとめられた「ゼミ論集（個人研究による調査報告）」からの論文抜粋（6篇）も CD-ROM には収録されている。これらは，ほとんどの場合，学生の個人研究としてなされている。1人でもこれだけのことができるという実例として活用してほしい。なお，データ収集に使われた機材は，すべて民生用の取材装置（ビデオカメラ，テープレコーダ）である。調査の実際に関するインストラクション（たとえば，テレホンピックアップを電話機に取り付ける方法の実際『2002年度実習報告（第2版）』194頁など）も掲載されているので参考にしてほしい。

　また，最近の調査報告では，プレゼンテーションも重要な要素となってきている。とりわけ，ビデオ分析を用いたエスノメソドロジーでは，データの提示に工夫がないと何を主張しているのかが伝わりにくい。付録 CD-ROM には，そのような意味で，動画を用いたデータ提示方法用ソフトとして，CIAO（チャオ：メディア教育開発センター開発の学術研究用複数ビデオ画像統合提示ソフトウェア）も掲載されている（CD-ROM 内末尾）。使えるソフトだと思う。

　これらは，2003年秋時点の徳島大学総合科学部社会学研究室の研究成果である。徳島大学の社会学研究室のホームページサイト（http://www.ias.tokushima-u.ac.jp/social/）では，03年度末以降に作成された報告書も随時掲載していく予定となっている。著作権法に則っているかぎり，利用は自由とするので活用していただければ幸いである。

　　本章に関連するデータが付録 CD-ROM に収録されています。巻末の「付録 CD-ROM について」を参照してください。

第Ⅲ部
展 開 編

　「展開編」では，電話の会話（第8章），子ども（第9章），法現象（第10章），メディア（第11章），博物館（第12章），病院組織（第13章），コンピュータを通した学び（第14章）や，コンピュータ支援の協同作業（第15章），といったさまざまな分野に展開したエスノメソドロジー研究や，研究の仕方を解説する。とくに，各章にデータを入れることで（第11章と第15章では付録のCD-ROMにも映像データを取り入れた），実践的な入門となることを意図した。

　「テーマセッション1 制度と会話」「テーマセッション2 実践の中の視覚」「テーマセッション3 認知科学・情報科学とエスノメソドロジー」は，さまざまな方向から新しくエスノメソドロジー的な研究に入る人たちの道しるべになるだろう。会話分析や社会制度の研究に関心のある人は，テーマセッション1から第8章，第9章，第10章へと読み進めることで，エスノメソドロジーと社会学的研究の関係について理解を深めることができるだろう。身体的行為や見ることの問題，フィールドワークに関心のある人は，テーマセッション2から第11章，第12章，第13章へと読み進めるとよい。認知科学・教育工学・情報科学に関心のある人は，テーマセッション3から第14章，第15章へと読み進めるとよい。

テーマセッション 1

制度と会話
―― エスノメソドロジー研究による会話分析

岡田 光弘

▶会話分析は，実際の相互行為から得られたデータによって，研究対象を経験的に扱うことを可能にする。この章では，概説的になるが，社会学という営みを先鋭化する可能性をもつこの手法の核心の一端に触れてもらうため，その「手の内」の一部を明らかにし，会話の中に「制度」が刻印されている「証拠」のいくつか示す。一見すると単純な知見（第3節）とその背後にある議論（第2節）の奥行きを味わっていただきたい。

1 はじめに

　普段のおしゃべりという意味での「会話」は，社会生活を成り立たせているが，社会生活の1つの部分であるにすぎない。一方，本章で依拠する会話分析という手法は，社会学や言語学で広く知られている学問領域を示す固有名詞である。それゆえ，狭い意味での「会話」を超えて，「話や語りによる相互行為（talk-in-interaction）」の全体をその研究対象としている。ほぼすべての社会生活は，話や語りが介在することによって成り立っている。このことから，会話分析の研究対象となる領域は想像以上に多岐にわたる。その中には社会学が伝統的に研究対象としてきた「制度」というものが含まれている。

　本章では，制度と会話について考察していく。社会学にとって，会話というものは，これまで，それほど中心的な研究対象ではなかった。このことから，会話分析があらたに会話を研究対象としたこと自体にも，それなりの意義があるように思われる。しかし，会話分析の創始者であるサックスにとって，話や語りとい

う対象を研究することのもつ意義は，それまでの社会学が詳しく解明したことがない領域をあらたに扱ったということだけではなかった。それは，研究によって得られた知見を以後のさまざまな研究の基盤として使う（「リソース」にする）ことができるという大きな意義をもっていた。

　言語あるいは会話というものは，それ自体「行為」である。これを対象として研究する（「トピック」とする）ことは社会的な行為を研究対象とする社会学にとって十分に意義深い。さらにこの研究成果を後に続いていく研究の「リソース」として磨いていこうとする姿勢は，会話と制度を考えていくためにとても重要なものである。というのも，それまでの研究成果をその後の研究の「リソース」として用いることができてはじめて，多様な社会制度の場というものが会話分析の具体的な研究対象として姿を現すからである。

2　制度と会話を研究するための前提

◇ エスノメソドロジー研究による制度の特定化 (1)——帰納に先んずるものの再発見

　エスノメソドロジー研究と会話分析は社会学一般がそうであるように「社会的な行為」から成り立つ「社会的な場」を研究対象にしている。社会制度はこの場のあり方の1つであるといってよいだろう。さて，ここでわざわざ「社会的」という言い方を強調するのには2つの理由がある。あるシンポジウムでディヴィド・サドナウも言っているが，社会的な行為や場を研究対象にしているかぎり，自然科学やそれを模した研究とは違って，①いかなる研究方法を用いようと，そこで扱われる個々の活動には，それを研究対象とする以前に，すでに何がしかの「一般的な」パタンが埋め込まれている（Hill & Crittenden [1968]）。また，②個々の行為から成り立っている場である制度は，当然，それを構成している社会的な行為から独立させて同定することはできない。同様にこれは，個々の社会的な行為を，それが埋め込まれている社会的な場から独立して，適切に同定することもできないということでもある。とくに，この②の互いに相手を支えあうという性質については相互反映性という名前が与えられている。

　さて，この①と②の2つから，通常の調査論になじんだ社会学者にとって，きわめて意外なことが言えるようになる。エスノメソドロジー研究以前の社会学は，

原理的に個々の参与者には見えない「社会構造」による影響を想定して社会的な場や制度の研究を進めていた。だが，①と②が正しければ，じつのところ，事前にそういうことは想定しなくてもよいし，それはできないということになる。同じことを別の言い方で言おう。社会制度を含めて社会的な場には①と②という性質があるということを認め，これを前提にしてみる。すると，それを研究するためには，フィールドワークによって，経験的な素材を集めることができるし，それしかできないということになる（岡田［2002］；本書第4章参照）。では，少しこれについて考えてみよう。

　社会的な行為や場というものを，厳格に帰納的に扱えるのだろうか。ここで帰納的というのは，そこにあるデータから積み上げて，それだけからいえる法則を見つけ出そうとすることである。これは，伝統的に社会学が自然科学から受け継ぎ，掲げてきたやり方である。社会学が採用している多様な説明図式には，帰納によって得られたものと，何らかの理論に基づいて，いわば外側から，演繹的に押し付けたものがある。どちらであろうと，それはデータについて十分に正しい説明にはなりえるだろう。だがもともと，社会学の理論の妥当性は，そこで理論化されている行為がもっている，どこにでもある社会的な場や制度の同定可能性に依拠していたはずである。それゆえ，それが理論的には正しい同定であっても，それだからといって状況に埋め込まれた適切な同定となるわけではない。この事実を重く受け取ると，それがいかに科学的で正しい手続きに見えようとも，厳格に帰納という戦略をとって発見がなされているとする旧来の社会学の主張のあやうさが見えてくるだろう。具体例を示そう。

　たとえば，教育社会学者は，教室で何が起こっているかを発見するために研究を行う。しかし，研究者も個々の行動の記述から研究を始め，その後に，そうした出来事が教室で起こっているということが，そこで生じていることについての「もっとも良い説明」であると発見するのではない。確かに，事例の数が増すごとに，そこにさまざまな出来事が発見されるだろう。しかし，その出来事が，教室の中の出来事だということを発見することはないのである。また，観察を収集するために，「教師」と「生徒」がもっとも適切な「関係対」であるということを発見することもないだろう。人々は，観察に基づいて，「教師」と「生徒」という関係対，そして「教室」といったカテゴリーを導くのではなく，逆にまさに最初からそこに置かれているそうしたカテゴリーに基づいて自らの観察と記述を

組織しているからである (Sacks [1972a=1995]；本書第2章，テーマセッション3参照)。すなわち，この「教師」と「生徒」という関係対は，記述されている社会的な場，制度に，つねにすでに存在している。そして，そうした人々をそれ以外の仕方で記述しようとすると逆にそれを正当化する説明が必要になってしまう。こうした点からも，この関係対はその場，制度で起こった出来事を記述する，普通で自然な記述の方法であるということができるだろう。それは，帰納に先立ってそこにあり，その場を作り上げている記述の方法なのである。

このように個々の出来事を普通に記述するカテゴリーの中には，たやすく目に入る「一般性」が，つねにすでに，埋め込まれている。すなわち，わたしたちは，教室という場についての知識やそうした場にいる人たちがもつはずの動機がわかってはじめて，個々の行為を目撃することが可能になるのである。たとえば3節の事例で①として示すように「生徒の理解度を確認し，さらに説明を続けていくために教師が質問する」ことが，わたしたちに，それとして観察可能になるのである。

◆ エスノメソドロジー研究による制度の特定化 (2) ―― 見えないものを見る手立て

エスノメソドロジー研究には特有な関心がある。つねに目に入ってはいるが，気づかれないものを解明しようとする関心である。別の言い方をするなら，日常的には可視性をもつがこれまでの社会学においてシステマチックに不可視であったものを解明しようとする関心である。ガーフィンケルは，社会的な場には，参与者の「目に入ってはいるが気づかれることのない」という特性があると述べている (Garfinkel [1967a])。制度場面を会話分析によって扱うときに有効なエスノメソドロジー研究による会話分析は，以下で述べるような手立てを通して，その場で目に入ってはいるが気づかれることのない何物かを，語りや会話のシークェンス (第2章3節参照) を比較するといった具体的でシステマチックな探求の「トピック」にしていく。

まず，会話分析で「目にすることのできる不在」と呼ばれてきたものがある (Schegloff [1970a=2003])。ある項目が「不在」と言えるようになるのは，それが生じないことが，相互行為の参与者によって明確に気づかれ，行為の中で指向されている場合である。具体的な活動が進行していく中で，呼びかけがあれば応

えが予期される。そういった形で，生じるはずの何かについての予期が生み出され，もし適切な応えがそこにないなら，あるべき応えが「不在」であるとして特定できるようになる。具体的には，呼びかけが繰り返される，あるいは近くにいてそれに気づいた人が肩を叩いて知らせてあげるといった参与者の反応によってその場での「不在」が顕在化させられる。この手順を経ることに，参与者たちが理解を表示している発話や発話以外の行為を証拠に対象を具体的に同定していく会話分析という手法の厳密さ，周到さが見出せるだろう。

会話分析には，参与者たちの理解に基づき現象を内側から見るという研究の方針がある。直観的に特徴があるように見えるシークエンスについても，それをそれぞれの場や制度に通有する「一般的な」ものであるというためには，次のような手順を踏む必要がある。まず第1は，そこにいる人がその場でそれをどう扱っているかを見るということである。先に述べた，あるはずのものがないといった場合，たとえば，「隣接対」で適切な反応が直ちに産出されないといったことが起こったときの処理がこれにあたる。この場合，繰り返しや手助け，あるいは適切な反応が産出されないことを正当化する説明が示されるかもしれない。また，シークエンスを始めた人が，しばらく間があったあとで，適切な項目を繰り返して，そこにいる人が中断したシークエンスを「修正」しようとするかもしれない。こうした場合，どれも，具体的な行為を通して，そこにあるはずで「不在」への指向が表示されているといえるだろう。こうした手順は，会話分析の根幹にある。

会話分析が，伝統的に社会学が制度として研究してきた場を研究対象にするとき，しばしば，いくつかの場を横断する事例を比較するということが行われる。そして可能なら，それぞれの場について，そこでの活動を特徴づけて社会制度として固定しているシークエンスを特定化することが求められる。それゆえ，不可視のものを可視化する手順の2番目は，それぞれの制度の場に特有のシークエンスを記述するというものである。そして，それぞれに，そのシークエンスによって制度を支えているどのような活動がそこで達成されているのかを解析しようとする。さらに，それが，その環境をどのように変形するのかを明らかにしようとする。その有名な例は，以下のジェファーソンとリーによる，「トラブルを告げる」シークエンスとそれと関わるものである（Jefferson & Jee［1992］）。

ときとして，日常の会話で個人的なトラブルが持ち出されるということがある。この場合，会話の相手はそのトラブルへの理解と共感を表示して応答するのが普

通だろう。トラブルについての話が続いている局面では、機が熟するまで、アドバイスが差し控えられ、あるいは拒絶されて、聞き手と話し手という関係対がほぼ固定されることになるだろう。しかし、もしそれまで聞き手であった人がトラブルにこまごまとアドバイスを与え始めて、それが受け入れられていくようになると、今度は、もっぱら話し手となる人と聞き手となる人がそれ以前と逆転するという局面が生じる。双方がそれぞれに、それまでと異なる談話上のアイデンティティで活動に関わるようになるということである。たとえば、これが中毒110番への相談であれば、トラブルを告げることから、アドバイスを与えることへの移行は、必要に応じて最短でなされるだろう。また命の電話といったものであれば、相談員が、ひたすらクライアントの話を聞き続けるということがなされ、アドバイスを与えることが最後までなされないかもしれない。すなわち、電話相談にはアドバイスが最短でなされることが適切な場とそれに応じたシークエンスがある。そしてそれとは対照的に、アドバイスがないことが普通というアドバイスの「システマチックな不在」を含む場とシークエンスがある。このことは、普通は同じ電話相談として括られる制度における活動にも種差があり、そこで行われている活動に固有の性質とシークエンスの形が深く関わっているということを示している。これらの各ケースで、与えられたシークエンスの形式は、別の活動として見るならその話や語りが適切になりうる地点で、ある種の話や語りが問題なく普通に不在になっているシークエンスであることが重要である。こうした不在が、その場で理にかなっているということに2つの論点がある。

　第1にこうした不在は、当刻の話や語りのユニットが、進行中のより大きなシークエンスの1つの構成要素であることから生じている。したがってこれはそれぞれの順番が、より大きなシークエンスに指向していることを示している。第2に、制度と会話という観点からは、より重要なのだが、こうした不在は特定の活動と結びついたシークエンスの実現を促しているのである。ある項目が「システマチックに不在」だとする特徴づけは、さまざまな制度の場を比較することによって可能になる。これについては、次節で例示する。ここでは、具体的には制度についての会話分析が以下の3つの手順を踏んでなされるということを指摘しておく。すなわち、研究者が、①手元のシークエンスを形式的に特徴づける。②問題となっている部分が、別の状況では普通に生じることを示す。③いま扱っている状況の集合においては、その項目が、普通に不在であると示す。それぞれのシ

ークエンスの特徴は、こうした一見、帰納法に類似した手順から得られている。だが、もとをただせばそこに発見されたシークエンスの特性は、それぞれの状況に埋め込まれた活動のシステムが、その範囲に通有的にもっており、その活動をそれとして成り立たせていた特性なのである。このようにエスノメソドロジー研究による会話分析という手法は、社会的な場、制度から得られた経験的なデータを周到に比較することによって、日常において実践的かつ暗黙裡に知られており、リソースとされている活動の特性をトピックとしてシステマチックかつ明示的に定式化するのである。

3 制度と会話についての諸研究

◇来歴——エスノグラフィーからエスノメソドロジーによる会話分析へ

エスノメソドロジー研究において、会話分析という手法が花開く前にも、社会制度における話や語りを扱ったいくつかの先行研究がある。たとえば、エスノメソドロジー研究という名称自体、1950年代に行われたガーフィンケルの陪審員研究に端を発している。研究の中で、彼は「話や語りというものは『場の存在によって成り立つ、場についてのものでありながら、語られている当の場を構成している』」といったことに気づき、そういったものをエスノメソドロジーと呼んだ (Garfinkel [1976b]) (第1章、第10章参照)。60年代には、サドナウが、救急病院でのフィールドワークに基づいて、話や語りと関わるさまざまな事例を報告している。たとえば、ある人が亡くなったということをどういった順序で、どうやって親族や知人に知らせるのかといったことは、普段はその重要性に気づかないが実際の場では重大な帰結を生みかねない事柄である (Sudnow [1967=1992]。ブックガイド参照)。また、エスノグラフィーと会話分析を結びつけて用いているものに、ヒュー・ミアンによる教室場面についての70年代の調査研究がある。これは、質問-答え-評価といった3つの順番を基本的な構成要素とするシークエンスの存在が、教室という制度とそこでの有能さと深く関わりがあるということを示した研究として有名である (Mehan [1985])。

すでに述べたように、会話分析は、現象としてのシークエンスの組織化を同定した。これによって、それまで社会学的な探求の「リソース」であったもの（たとえば言語や実践的推論）を「トピック」とするというエスノメソドロジー研究の

実践を,さらに一歩推し進めることになった。すなわち,サックスは,シークエンスの組織化という領域を1つの研究の「トピック」として確立したばかりでなく,さらにそこでの知見を,日常的な活動を達成するプロセスを研究し続けるための「リソース」として使えるものにしたのである。現在では,これが会話分析という確固とした研究プログラムとなっている。そしてさらに,同じ「リソース」を活用することで,日常会話で使用されているものの一部が「システマチックに不在」になったり,付加的な要素が付け足され「拡張」されたりするバリエーションによって構成される,制度の場に特徴的な話や語りの形式に目を向けることも可能になってきている。

すでに述べたように,制度の特性とされるものは,隣接対に基づいて「目にすることのできる不在」を特定したのと厳密に同じ方法で導き出されるものではない。制度の場を研究している会話分析者は,比較研究を重要な手法としている。そしてそれを通して,そこで展開されている相互行為のさまざまな可能性に対して,それがどう展開していくのかについてシークエンスに注目して分析を試みるのである (Drew & Heritage eds. [1992])。また,エスノメソドロジー研究の伝統に従って制度場面を研究しようとしている会話分析者も数多く存在する。伝統的に会話分析で用いられてきた手法にこだわらず,さまざまな手法を用いて,外見上,自然な会話のパタンとその産出と維持に含まれる構成のプロセスを経験的に再発見しようとする方向性である (Maynard [2003=2004])。社会学が伝統的に制度と呼び習わしてきた領域を経験的かつ具体的に取り扱うために,今後ますますこうしたアプローチが用いられることになるだろう。

以下で事例と呼ぶものは,説明のために過度の単純化がなされている。そういった単純化は,エスノメソドロジー研究と会話分析のもともとの趣旨に反する。だが,制度における会話を研究して得られる知見の大まかな見取り図を得るため,紙幅の許すかぎり,蛮勇を奮い例示していこう。

◆ 事例——制度場面での評価の不在とバリエーション

教室での話や語りによく見られるのは,「教師による質問 – 生徒の答え – 教師による評価」といった3つの順番を基本的な構成要素とするシークエンスであった。3番目の場所を占めるものが「よくできました」といった「評価」であるというのが公的な授業の特徴であるとされた(以下の①)。知りたいことがあって,

その内容についての情報提供を求める質問であったなら，普通は，この3番目の場所には，（明示的なものとは限らないが）情報内容を理解したということを示す言葉や質問に答えてもらったことへの謝意の「ありがとう」（以下の②）が続くと期待されるだろう。

① 何時ですか―8時30分です―「よくできました」
② 何時ですか―8時30分です―「そうですか。ありがとう」

「質問」をする前提には質問する側の情報の欠如があるはずである。にもかかわらず，「よくできました」と「評価」することは，そうした前提に違反しているように思える。それゆえ①は教室のような場に置かれないかぎり奇妙なシークエンスである。すなわち，3つの順番を基本的な構成要素とするシークエンスにおいて3番目の場所に評価があることは，違和感なくそれが行われている場面自体の特性をさし示しているものであるように思われる。さらにいくつかの制度の場に特徴的なシークエンスを比較することで，こうした直観について解明を進めていこう。

さて，問い‐答えを情報の要請と提供であると考えると，その後，以下の③のように，「あぁ」（あるいは「まぁ」「あっ」など，以下同様）を序にして発話することで，情報を得たという「知識状態の変化」を示して，それに無理なく接続することができる。これは，①と比べてとても自然なシークエンスであるようにみえる。またここで注目すべきは，「あぁ」を序にした発話には，②での「謝意」がそうであるように，問い‐答えで始まったシークエンスをそこで切り上げてしまうという性質があるということである（岡田［2002］）。すなわち，「あぁ」を序にした発話は，要請した，あるいはそれ以上の情報が得られたとして3つの順番をひとまとまりのものとするように働くことができるのである。

③ 何時ですか（Q）―8時30分です（A）―「あぁもうそんな時間」

さらに，別の制度の場を考えてみよう。テレビで目にするニュースインタビューにおいて，インタビューをしている人と受けている人との間で，しばらくの間，「質問‐答え」というシークエンスが続くことがままある。この場合，インタビュアは知識状態の変化の「あぁ」や評価をめったに発しない。3つの順番を基本的な構成要素とするシークエンスというものがあるとすると，3番目の場所に評

価がないことで，シークエンスがとぎれずに質問-答えというシークエンスが続いているということになるだろう。また，こうした3番目の場所での評価の「システマチックな不在」は，中立的にニュースを聞き取るという制度の存在を刻印しているともいわれる (Clayman & Heritage [2002])。

場を変えて，さらに比較を重ねることができる。就職時の面接（インタビュー）や面接によるテストにも同じように修正や評価の不在が認められている。しかしこの場合は，ニュースインタビューとも少し違ったシークエンスの特徴が見られるという。それは，たとえ，面接を受けている人が，質問に対して適切さをもたないような答えをしても，それを「面接を受けている人独自の答え」とするため，面接官は，知識状態の変化の「あぁ」や「評価」だけでなく，以下の④のように，「修正」すらしないというのである (Button [1992])。

④　何時ですか (Q)―8日です (A)―「はい」

このように，さまざまなインタビューや教室という，その制度の中で，質問者は，そこでの活動の特性によって独特の形で情報に関わっている。質問者が，個人的に情報内容に関心をもっているのではないという点は共通しているが，それぞれの情報への独特の関わり方は，3つの順番を基本的な構成要素とするシークエンスの3番目となる場所のあり方に刻印されている。

順を追ってみてきたように，いくつかの例と対比させることで，①のようなシークエンスから，根拠をもって，いくつかのことを観察することが可能になる。(1)質問者は情報内容を知りたいではなく，答える人が情報内容を知っているということが知りたいのである。さらに，質問者が，評価の可能な場所をつねに確保し続けていることから，(2)必要とあれば答えの内容を吟味し，そこで話を断ち切らずに引き受けて，教授を続けていくことを可能にするやり方を採用している。ここからは，授業の進行という先を見通した指向が読み取れるかもしれない。そして①のようなシークエンスによって成り立つ活動は，④と同じ形式が面接によるテストとして実際に同じ教室で用いられることはあるにせよ，④の例のように，答える人が何を答えてもかまわないというシークエンスによるものとはまったく対照的な活動である。

このようにさまざまな制度の場と比較することによって「制度と会話」について再発見がなされている。それによって，たとえば，先の2節で，論理文法分析

あるいは成員性カテゴリーの分析によって示した「生徒の理解度を確認し、さらに説明を続けていくために教師が質問する」ということが②③④ではなく、①のようなシークエンスによって、成し遂げられているということが経験的に再発見されるのである。

◆ 119番通報と死の告知——積み重ねられる話や語り

　制度場面においては、日常生活にある活動の特定の側面が強調されて、その場での課題を果たすような相互行為が進行していく。エスノメソドロジー研究による会話分析では、そういった場面にシステマチックに要請されている緊急性や慎重さといったものが特定のシークエンスの形と結びついていることの再発見と特定化がなされている。たとえば、119番通報では、日常の通話には普通にあるものが「システマチックに不在」にされるといったメカニズムが活用され、現場での課題が遂行されている。典型的には、冒頭の挨拶の部分がつねに不在にされ「火事ですか救急ですか？」といった言葉で通話が始められることが場面の性質を自ら明らかにしている。さらにいうならば、119番通報や110番通報に制度として埋め込まれている「かけなおし」のシステムは、かかってきた電話が切れるという意味での応答の不在に「緊急事態の可能性」を見出しているものである（岡田［2001］）。

　これとは対照的に、言葉を重ねることで慎重さが見て取れる場面もある。それは、「告知すべき出来事」があり、それを告げるという課題が「お伝えしたいことがあるのですが」といった「前触れ」を用いることで遂行されていく場面である（Sudnow［1967＝1992］；Maynard［2003＝2004］。ブックガイド参照）。この前触れのシークエンスは、構造上、そのあとにくるベースとなるシークエンスの「第2成分」（2章31-32頁「隣接対（対となった発話）」）に作用し、制約を加える。告知についていうなら、これは、前触れが受け入れられると、告知が受け入れやすくさせられるということである。

　同様のメカニズムは、発話以外の「行為」によっても成り立つ。たとえば、死亡の告知をする前に、家族に心電図のモニタを見せ、脈がないことを確認するといった作業がそれにあたる。筆者が観察を許された救命救急というフィールドの場合（岡田ほか［1997］）、実際の死の告知に至るまでに、そこで起こっていることの意味がさし示され、次に起こるであろうことの予期を生み出す、さまざまな過

程が見られた。家族にとってそれは以下のような過程であるかもしれない。まず，突然，家族のある人が，事故や病気で入院したという電話が受入れ先の救急病院からかかってくる。病院に着き待合室で待っていると，ナースに呼ばれ部屋に入る。このとき，医師やナースから人工呼吸器や心電図のモニタなどの機器について説明を受けると同時に，まだ暖かい受傷者の身体に触るように促されるということがあるかもしれない。そうした段階を経るなら，その過程で徐々に家族は，「8時30分　ご臨終です」と言って黙禱する医師の発話の意味が理解できるようにされていくだろう。語りや会話は制度の中にあり，家族は順を追って自分たちが遺族になることを受け入れる準備をさせられていくのである。

4　まとめと展望

前半では「不在」を，後半では比較を中心にして，社会制度と会話について考察してきた。これを要約的にいうなら，制度と会話を扱うエスノメソドロジー研究による会話分析は，制度の場における活動の文法（テーマセッション3参照）を，順番とシークエンスという点から経験的に示していくものであるということである（第6章，第8章参照）。これが今，伝統的に社会学が設定する問題関心である「制度」を研究していく中で花開き，おびただしい数の研究が今まさに蓄積されつつある。フィールドワークに基づいて社会組織について研究していく流れとともに（第4章，第13章参照），エスノメソドロジー研究による会話分析は，成員性カテゴリー分析を用いた研究（Watson［1983＝1996］）を含め，経験的なエスノメソドロジー研究の主要な部分になっている。

本章でこれまで述べてきたように，会話，そして話や語りに照準して制度や組織を研究することは，一見言葉という表層を扱っているようでありながら，じつのところ，一段と深いところに視点を定めて，社会制度というものについて解明していくことになっている。これは，今後も，多くの実りをもたらしつつも，伝統的な社会学に対する根底的な挑戦であり革新であり続けるだろう。

■ブックガイド

会話と制度について，エスノメソドロジー研究によって扱っている先駆的な文献に，デヴィッド・サドナウ［1967＝1992］『病院でつくられる死』岩田啓靖ほか訳，

せりか書房がある。まずは，参照してほしい。同書は，医療社会学の古典の1つにあげられるものである。救急病院という場をフィールドワークして，実際に起きている出来事の細部を，現場での業務と具体的な相互行為との結びつきを丹念に解明していくという作業によって明らかにしていく。とりわけ第5章「悪い知らせ」は，「告知すべき出来事」をめぐる言葉と語りに焦点を合わせて，医療の現場を会話という視点から見るうえでの豊かなヒントに満ち溢れている。実際のフィールドワークの成果を，録音・録画データの分析以外の形で作品にしていく，さまざまな可能性に開かれた著作である。

　また，**ローレンス・ウィーダー**［1974＝1987］「受刑者コード」（『エスノメソドロジー──社会学的思考の解体』山田富秋ほか訳，せりか書房，155-214頁）は，中間施設をフィールドワークして，具体的な制度の場での話と語りの姿を明らかにしており参考になる。手法としては，伝統的なエスノグラフィーとエスノメソドロジー研究によるエスノグラフィーとが対比的に用いられている。まずもって，制度場面のフィールドワーク自体が興味深いものであるが，制度場面で「何が語られているのか」というよりも，その現場で「話や語りによって何が成しとげられているのか」という点，そして会話と制度の相互反映的な側面に焦点が合わせられているという点が意義深い。このように実際の日常的な相互行為のもつ一般的な特性に注目するという視点は，初期のエスノメソドロジー研究の特徴でもある。

　さらに会話という側面を深めていこうとすると，**ダグラス・メイナード**［2003＝2004］『医療現場の会話分析』樫田美雄・岡田光弘訳，勁草書房がとても参考になる。この本では，実際の臨床の場でのデータがエスノメソドロジー研究による会話分析によって解析されている。たとえば，医療場面を中心とする臨床の現場で，さまざまな良い知らせと悪い知らせが「ニュースを伝えるシークエンス」によって伝えられる姿が明らかにされている。病院という制度の場における会話の具体例に満ちており，ぜひ一読をお勧めしたい。

第8章

電話の会話分析
―― 日本語の電話の開始

西阪　仰

> ➤会話なんかに社会学者がなんで関心をもつのか。社会にはもっと「大きな」問題がたくさんある。戦争もあれば耐性菌による環境破壊もある。しかし考えてみよう。閣僚たちの間で戦争はどう提案され，その提案はどう受け入れられるのか。診察室で抗生物質が処方されるのはどのようにしてか。これらはすべて何らかの「会話」の中で行われているはずだ。わたしたちは「会話」なしには何もできない。この「会話」がどう組織されているかを丁寧にみること。そこから何が引き出せるかを見定め，あるいは展望すること。これが本章のねらいである。本章は「会話分析」としてはまだ雑駁すぎる。それでも会話分析について，何かを感じとってもらえればと思う。

　実際の会話を録音することに関心をもったサックスとシェグロフは，まずは電話の録音を集め始めた。当時ビデオが現在のように利用できなかったので，電話の録音は当事者たち自身にとって利用可能な情報すべてが分析者にも利用可能になるという利点が，確かにあった（より詳しくは，Schegloff [2002a]）。しかし，電話でのやりとりはそれが機械に媒介されているがゆえに，当然「通常の」やりとりとは異なったものになっているに違いない。しかも，彼らが最初に集めていたのは，自殺予防センターへの自殺志願者がかけてくる相談の電話であったり，警察にかかってくる電話もしくは警察がかける電話であったり，いわゆる「日常」会話ではなかった。相談や通報の電話もまた，やはり日常（「通常の」）会話が何らかの形で順応・変化したものに違いない（本書のテーマセッション1を参照）。にもかかわらず，まずはそこで相互行為がどのように行われているかを見ること，それが相互行為である以上，その組織化はそれ自体で1つの独自に研究されるべ

き現象であること，このことをサックスとシェグロフは主張した。本章では，シェグロフが英語の電話について観察したこと（Schegloff［1968］［1970b］［1979］［1986］［2002a］［2002b］など）のいくつかを確認しながら，日本語の私的な（つまり会社の電話など不特定多数に開かれたものではない）電話について，とくに受け手とかけ手の，それぞれの最初の発話について考えてみたい。

1 受け手の最初の応答

例①はいかにもありがちな電話の開始である。シェグロフ（Schegloff［1968］［2002b］）のいうように，受け手の最初の発話は，呼び出し音による呼びかけに対する応答になっている。

例①
((呼び出し音))
01　A：　(.) はい もしもし［:.
02　C：　　　　　　　　　［はい もしもし::.
03　A：　［どうも:: ?,
04　C：　［.hhhhhh ええとですね:, nhnhn ((咳払い))

受け手（A）は「はい もしもし」と応答している。日本語の電話では「はい もしもし」もしくは「もしもし」が典型的な，受け手の最初の発話である。「はい」という応えも結構ある。シェグロフの観察（Schegloff［1986］）によれば，続いて，互いに相手が誰であるかの認識を達成するやりとりがあり，ついで，挨拶の交換，ときに機嫌伺（「How are you?」）の交換が続き，最初の話題（電話の用件）に入っていく。例①でも，02〜03行目で互いの認識を達成している。しかし，一方，03行目では受け手が挨拶表現を用いているものの，かけ手のほうが挨拶を返すことのないまま04行目で最初の話題に入っていく。例②も似たような開始になっている。

例②
((呼び出し音))
01　A：　はいもしもし:

```
02  C:  あ,加々美ですけれ［ども∷
03  A:              ［あ∷わたしです∷［:
04  C:                         ［やあ∷ hahhh
05  A:  あのね∷,
06  C:  うん.
```

01行目で受け手が応答したあと，02〜03行目で相互認識が達成される。04行目で挨拶表現が用いられるものの，ここでも挨拶が返されることはないまま，「あのね」と言って，受け手のほうが最初の話題に入っていく。さらに，次の断片のように挨拶がまったくない場合もある。

例③
((呼び出し音))
```
01  A:  はい,もしもし∷.
02  C:  あ,もしもし,みさこ,桃子です［けど∷
03  A:                      ［あ,はいはい (.)［うん
04  C:                                  ［.hh
05      良太いる∷?
06  A:  いるよ∷∷,
```

例③は，02〜03行目で相互認識が達成されたあと，04〜05行目で別の人への取次ぎが依頼される。その間，(かけ手と受け手が知人どうしであることが明らかになるにもかかわらず) 挨拶表現はいっさいない。挨拶の交換が「ない」ことは，英語の電話との対比で (第三者としての) 分析者にとって明らかになるものの，日本語の電話の場合，当事者たちにとくに「欠如」として知覚されるようには思えない (英語の場合だと，挨拶の欠如は，たとえばとくに「急いでいる」と知覚されるかもしれない)。なぜか。早急に文化の違いを持ち出したがる向きには，ウェーバーがミルトンとダンテの態度の違いを「国民性」に訴えて説明しようとする人たちに向けた言葉を，いま一度思い出してもらおう。「国民性に訴えることは，無知の表明であるだけではなく，この場合は端的に間違っている」(Weber [1920=1989])。

シェグロフがいうように，最初に言葉を発するのは，たいてい受け手であり，それは，呼び出し音の「呼びかけ」に対する応答になっている。そのとき，実際にどのような「素材」が用いられているか，手元のデータから列挙してみよう。

「はい，もしもし」「もしもし」「はい」「○○です（でございます）」「はい○○です（でございます）」「もしもし，○○ですけど」「はい　もしもし　○○です」。すぐ気づくことは，いずれもすぐれて電話に固有な応答のやり方になっている点である。後ろから名前で呼びかけられたとき，あるいは会議中に横から「ねえ」と呼びかけられたとき，上のいずれかで応えることがあるだろうか。あまりないように思う。「はい？」と音を上げて応えることはあるかもしれないけれど，音調を下げながら「はい」と応えることは，（病院の待合室で呼ばれるようなときを除いて）やはりあまりないように思う。もちろん，本当にあるのかないのかが問題なのではない。このように応答することで何をやっているか，これが問題である。

◆「もしもし」
　電話の応答でもっとも特徴的なことの1つは，呼びかけに対する応答のために，しばしばそれ自体呼びかけに特化した素材（つまり「もしもし」）が用いられることである。この点と関連して，シェグロフが「呼びかけ」と「応答」の連鎖について観察していることを振り返っておこう。彼は次の3つの特徴をあげている（Schegloff［1968］［2002b］）。1つは「条件つき適切性」。呼びかけが行われるならば，次に応答がくることが一般的に期待できる。つまり応答が，呼びかけの事実に条件づけられて適切に（つまり，なすべきものと）なるというわけだ。これが「条件つき適切性」である。言い換えれば，「呼びかけ」と「応答」とは2つの発話の連鎖として1つの「連鎖タイプ」を作っている。だから，もし呼びかけがあったにもかかわらず，応答がないならば，その不在（「ないということ」）が知覚可能となり，その「なかった」応答を求めて，しばしば呼びかけが反復される。もう1つは「非終結性」。「呼びかけ」と「応答」はそれだけで完結した連鎖になるけれども，その連鎖そのものは，別の行為の一般的な先行連鎖となっている（Schegloff［1995］も参照）。つまり，誰かに呼びかけた以上，応答をえたならば，その呼びかけた者は，次に必ず何かを言わなければ（もしくは，しなければ）ならない。一方，応じたほうは，次に語られること，もしくは行われることに耳を，あるいは注意を傾けなければならない。このような義務が，呼びかけ・応答の連鎖に仕組まれている。この「先行連鎖」としての性格が，「非終結性」である。そして最後に「非反復性」。もしいったん応答が与えられ，呼びかけ・応答の連鎖が完結するならば，呼びかけ（・応答の連鎖）は反復されない（もし呼びかけが

反復されるならば，それは，応答が聞こえなかったから，などと理解されよう）。さて，問題は，呼びかけのための表現を応答の素材に用いることが，この2つの性格，とくに後者（非反復性）に何をもたらすかである。

呼びかけにさまざまな素材（名前，挨拶表現，謝罪表現（「失礼します」「すみません」など），「おーい」，「ねえ」，「もしもし」，「あの」，手を振ること，肩を叩くこと，呼び鈴，など）を用いることができるのと同様，応答にもさまざまな素材を用いることができる。与えられた呼びかけに対してどのような素材で応答するかによって，じつは，その呼びかけが開始しようとしている相互行為のさまざまな性質を応答者がどう予想しているかが明らかになる。一義的に「呼びかけ」となるような素材を応答に用いることは，そこで開始される相互行為のどのような性質を会話者が志向していることを明らかにするのか。

シェグロフが呼びかけに関して観察していることに，もう1つある（Schegloff [2002b]）。呼びかけることができるのは，必ず次のような場合である。つまり，呼びかけが開始しようとしている相互行為に，呼びかけられる者は参加する用意があるかどうか，これが不確定である場合だ。面と向かいあっている相手に呼びかけることはあまりない。たいてい，相手が別の活動に携わっていて，自分がその人とともに行いたい活動（会話を含む）にその人が参加してくれるかについて，一定程度の不確定さがあるとき，呼びかけはなされる（まったく参加の用意がないことが明らかな場合も，呼びかけはなされないだろう）。電話の場合は，相手がいま何をしているか基本的にわからない以上，呼びかけはいつも適切である。一方，電話の場合，かけ手および受け手は，受け手側の会話参加への用意に関する不確定さだけではなく，じつは物理的な意味で声が聞き届けられるかどうかの不確定さ，すなわち，コミュニケーション・チャンネルの不確定さに志向しているように思える。この点を以下述べていこう。

応答に呼びかけ表現が用いられているとしても，それは第一義的にはあくまでも応答であって，それ自体が必ずしも呼びかけである必要はない。一方，受け手の最初の「もしもし」は，呼びかけである必要はないが，呼びかけであってはいけないわけでもない。たとえば，実際，途中で一方の話し手が電話の傍らにいる別の人物と話を始めて，しばらくして電話に「戻ってきた」ときなど，明白に，最初の「もしもし」は呼びかけで，次の「もしもし」はそれに対する応答として聞く（例④）。

例④
((電話の中断))
01　A：　もしも::::し.
02　B：　もしも::::し.

　注意しなければならないのは，例①のように「もしもし」が2つ連なるかぎりにおいては，応答が不在であるがゆえに呼びかけが反復されたというふうに，わたしたちは聞かない，ということだ。例①では，最初に呼び出し音による呼びかけがなされたあと，もう一度かけ手により「もしもし」と呼びかけがなされている。しかし，それは第1の呼びかけ（呼び出し音）への受け手による応答が「なかった」もしくは「聞こえなかった」からではない（それに対して，もしかけ手の2つ目の呼びかけ〔第3の呼びかけ〕のあとに，受け手がさらに「もしもし」と言うならば，わたしたちはきっと，受け手はかけ手の「もしもし」が聞こえなかったに違いないと思うだろう）。次の例⑤の場合，いったん01行目で呼びかけ・応答の連鎖が完結しているにもかかわらず，もう一度02～03行目で呼びかけ・応答が反復されている。しかも，だからといって，応答が聞こえなかったというふうでもない。

例⑤
((呼び出し音))
01　A：　もしもし.
02　C：　もしもし::,
03　A：　はい.
04　C：　あの，浜野さんのお宅ですか.
05　A：　はい.
06　C：　あの::,湯川と申しますが::,さつきちゃん，いらっしゃいますか.

　実際にこの01～03行目のやりとりは何をやっているのだろうか。（受け手による）最初の応答は電話がつながったこと，最初の呼びかけ（呼び出し音）を聞いたこと，そして自分がとりあえず電話の会話を続けることの可能な状態にあることを端的に示している。一方，受け手が音声を発するのは01行目が最初である。（かけ手による）第2の呼びかけ（02行目）は，受け手の呼びかけに対する応答であるかぎりにおいて，受け手のその声を聞いたことを示すことになる。また，かけ手が自分の声を最初に発するのは，02行目である。つまり，かけ手はそこで

相手に呼びかけることで，自分の声が聞こえたことの確認を求めてもよいはずだ。受け手による第2の応答（03行目）は，かけ手の声を聞いたことを示している（もし受け手の最初の「もしもし」が応答であると同時に呼びかけでもあったとしても，次にその第2の呼びかけに対してかけ手が「呼びかけ・応答の連鎖」を完結するような応え方をすることはできない。そんなことをすれば，呼びかけが先行的に投射した会話を受け手が開始しなければならなくなる。そうだとすれば，かけ手にできることは，同時に新たな発話連鎖を開始する応答を行うか，そうでなければ，もう一度呼びかけ表現によって応答するかであろう）。このようにして，チャンネルの不確定な環境において，互いの声が聞こえるかどうかの確認は，おそらく基本的に最長（期待可能な「最長」）3つの順番で達成される。だから，それ以上，呼びかけが反復されるならば，チャンネル上のトラブル（機械的なものであれ人的なものであれ）があったとみなされるに違いない（ちなみに，わたしたちはチャンネルの不確定な環境で呼びかけに呼びかけで応えるやり方をほかにも知っている。たとえば，遠くの人に「おーい」と呼びかけたとき，その応えもしばしば「おーい」である。西阪［1999］参照）。

◆「○○です」

呼び出し音への応答に姓を述べることが用いられることがある。「○○です」という応答は，電話の着信点をその電話のおかれている「家族」もしくは「住人」の姓によって示している（受け手が誰かを示しているわけではないことに注意しよう。実際，互いが誰であるかの認識は別のやりとりによって達成される。次節参照）。呼びかけへの応答において着信点を示すこと自体，コミュニケーション・チャンネルの不確定さへの志向の現れであるに違いない。もちろん，着信点を示すのに姓を名乗る必要はないかもしれない。電話番号，住所，など他の指標も当然ありうる。しかし，一方，かけ手の話したい相手の使用している電話に着信したかどうかを，かけ手に対しもっとも単純に示すことができるのは，その電話を所有している（もしくは共有している）家族もしくは住人の姓である。なぜなら，わたしたちは個人の識別をまずは（名よりも）姓によって行っているからだ。とはいえ，着信点という意味では，あくまでも個人の特定ではなく電話の所在の特定が重要なのだから，たとえば，話したい相手の父親が電話に出てきて，姓名ともに名乗られても，ちっともうれしくない。だから，個人の識別を姓に基づいて行う習慣のない社会では，姓を述べて着信点を示すことができないだろう。かといって，

名を述べても意味がない。実際，アメリカの私的な電話では，名乗りによる応答はあまりない。しかし，アメリカで名乗り型の応答が稀なのは，個人の識別の仕方が姓によらないからに違いない。日本では名乗ることが大切にされているからなどという単純な話ではない。

◆「はい」

　おそらくもっとも単純な応答が「はい」である。ただし，単純だというのは単に短いといったたぐいのことではない。この応答が示しているのは，単に呼び出し音を聞いたということ，自分はいま電話で話す余裕があるということだけであり，たとえば，「もしもし」のように逆に呼びかけであるようなもの（自分の声が聞き届けられないかもしれない可能性を示唆するもの）はないし，「○○です」のように着信点を示しているわけでもない。「はい」は，「もしもし」と比べて何かが欠如しているという感覚を生じさせるかぎりにおいて（そして「もしもし」は「○○です」に比べて必ずしもそのような欠如感を生じさせないかぎりにおいて），日本語の電話の場合，受け手の最初の応答の素材として「もしもし」を用いることが「もっとも普通のやり方」になっているといえるかもしれない。

　一方，たとえば，食堂で呼びかけられて「え？」「はい？」「何？」と音調を上げながら応えるときは，呼びかけた当人を本題となる発言もしくは行為へと積極的に促している。それに対して，下降音調の「はい」は，相手の次の行為には無関心であるように聞こえる。あくまでも単に自分が存在していることだけを，つまり，自分がいま話すことのできるというその状況だけを，まずは示している。もし電話でいきなり「え？」「何？」と応えにくいとすれば，それは，おそらくまだチャンネルが十分開いていないからに違いない。呼びかけ表現（「もしもし」）であれ，着信点表示であれ，「はい」であれ，いずれの応答に用いるにせよ，呼び出し音に対する応答は，いま開始されようとしている会話が，電話という機械に媒介された会話（『テレ』フォニックな会話）であることに敏感な形で組織されている。おそらく，このように組織された応答であるからこそ，その応答に対してふたたび呼びかけによって応じることが可能になっているという言い方が，より精確だろう（実際，受け手による最初の応答が「はい」のときも，そのあとかけ手が「もしもし」と呼びかけることもある）。

◇ 素材の配列の組織

　上に列挙した受け手の最初の応答の素材の中には、いま見てきた3つのものが複合したものもある。たとえば、わたしたちは、「はい」と「もしもし」を複合させるとき、「はい　もしもし」と「はい」を先に発し、けっして「もしもし　はい」とは言わないだろう。それは、受け手の最初の順番が、何よりもまずは呼びかけに対する応答だからである。もし複合が生じるならば、まずは単純な応答が先にきて、ついでそれ以上の機能を担う素材がくるべきなのだ。「はい　○○です」も同様である。「もしもし」と「○○です」の複合の場合は、あまり「○○です　もしもし」とは言わないだろう。すでに何度も述べているように、チャンネルの不確定な環境にあっては、呼びかけで応えることは、呼びかけに対する応答として適切なやり方である。そのような意味で、応答において着信点を知らせることのほうが、応答において呼びかけることよりも、呼びかけ・応答の連鎖の中では、より付加的な機能であるに違いない。だから、「もしもし」のほうが姓の名乗りよりも先にくるべきである。「はい」と「もしもし」と「○○です」の3つが複合する場合は、「はい　もしもし　○○です」の順序で発話されることになろう。

2　相互認識連鎖

　シェグロフのいうように、呼びかけ・応答の連鎖のあと、日本語の電話でも、しばしば相互認識達成のための連鎖が続く。もちろん、例⑤のように相互認識がそもそも期待されていないような場合もある。が、互いが知人どうしであるならば、例③のように、たとえ最初の受け手が、かけ手の実際に話したい相手ではなかったとしても、相互認識が行われるように思う。ただし、シェグロフがアメリカのデータに即して観察したのは、相手による認識（他者認識）のほうが自分からの名乗り（自己名乗り）よりも優先的だということだった（Schegloff［1979］）。しかしながら、わたしの手元のデータでは、しばしばかけ手は、親しい相手に対して自ら名乗る。例②がその例である。次の例⑥も、同様の展開になっている。

例⑥
((呼び出し音))
01　A：　はい梶田です

```
02  C：  あ宮野ですけれども
03  A：  あども
04  C：  どうもどうも
05  A：  うん
06  C：  あのさぁ,
```

　例②と⑥とでは，最初の受け手の応答のやり方は違っている。が，02行目のかけ手の最初の発話（順番2）は，両方とも「あ」プラス「○○ですけれども」という形になっている。さて，ここから，いきおい，日本語の電話では，シェグロフの観察したような自己名乗りに対する他者認識の優先関係はない，といえそうでもある。本当にそうか。これも文化の違いだなどと言うならば，結局は何も言ったことにならない。まずは，やはりこの位置でこの素材を用いることが何をすることになるのかを，見ることから始めよう。

◇ 順 番 2

　別のところで述べたように（西阪［2001］），かけ手が，その最初の発話（順番2）において名乗るとき，「（あの）○○と申します（けれど）」と言うことが，しばしばある。これと比べてみたとき，「（あ）○○です（けれど）」は際立っている。第1に，受け手の最初の発話から，受け手が誰であるかがわかったことを主張している。第2に，自分がいま述べている名前（および声質）から，自分が誰なのか受け手にも認識可能であることを主張している。それに対して，順番2において「○○と申します」と言うとき，かけ手は，第1に，自分が相手を認識したかどうかについては何の主張も行わないし，第2に，自分が誰かの（相手による）認識可能性については，むしろ，そのような認識の可能性が低いことを主張している。例⑥では，02行目の自己名乗りのあと，03行目で受け手は，「あ」と言うことでいま相手を認識したことを主張しながら，挨拶をすることによって（「ども」），順番2におけるかけ手の相互認識の主張（受け手の認識および自分の認識可能性の主張）を承認する。ここに相互認識が達成される。「○○と申します」という表現が用いられるときも，かけ手の主張とは無関係に，受け手が次の順番でただちにかけ手を認識したのを主張することもある。次の例⑦では，02行目でかけ手が「申します」を用いて自己名乗りをしたあと，03行目で受け手は，かけ手を認識したことを主張する。ただし，例⑤と比べたとき，「あ」と「どうも」の間に

「はい」が2つ挟み込まれ，その主張は強調されたものとなっている．

 例⑦
 ((呼び出し音))
 01 A： はい，宮野です::．
 01a   (.)
 02 C： あの，松川と申しますけれども::
 03 A： あ，はいはい，どうも..hh
 04 C： こんばんは:[:
 05 A：   [はいはい，[こんばんは
 06 C：   [わかりますか::？

 それだけでなく，いったん相互認識が達成されたあと，06行目でかけ手は，自分がすぐには認識されなかったかもしれない可能性に言及している．
 それに対して，例①の順番2におけるかけ手の発話は，名乗りではない．が，単なるかけ手の2回目の呼びかけでもない（その点で，例⑤と比べて際立っている）．「はい」が付加され，発話全体の音調は下降している．そのため，ほとんど「○○です」と名乗るのと同様，第1に，自分がすでに受け手を認識したこと，第2に，声（およびその話し方）から自分が誰か（相手により）認識可能であることが主張されている．03行目で，受け手は（例⑥と同様に）「どうも」という挨拶によってかけ手の主張を承認している．例①のような際立ったやり方は別として，順番2においてしばしば，「もしもし」が「声標本」（Schegloff［1979］［1986］など）として用いられる．たとえば，次の例⑧では，順番2の「あ，もしもし」のあと，03行目で，受け手はかけ手を認識したことを（「あ，はい」および挨拶によって）主張している．

 例⑧
 ((呼び出し音))
 01 A： もしもし:::？
 02 C： (.)あ，もしもし::．
 03 A： あ，(.)はい，おはようご[ざいます::．(   )
 04 C：   [あ，おはようございます::．

 もちろん，順番2で用いられる素材は，ほかにもある．が，それについてはこ

こでは立ち入らない。

◆ 順 番 3

　いままでおおむね2つのことを見てきた。第1に，順番2は，まだ呼びかけ・応答の連鎖のうちにあるかどうかにかかわらず，同時に相互認識達成の連鎖の最初の発話になっていること。第2に，順番2における発話は，「○○です」のように，相互認識の主張を含む場合と，「もしもし」や「○○と申します」の場合のように，単に「声標本」として機能する場合とがあること。上に引用した例においては，（例④と⑤以外は）いずれも，順番2に続く順番3（つまり受け手の第2の発話）で受け手は相手の認識を主張していた。例①～③の順番3では，それぞれ「どうも」「あ，わたしです」「あ，はいはい」というように，挨拶表現，「あ」プラス名乗りの変異体，「あ」プラス強調された（繰り返された）「はい」がそれぞれ用いられている。いずれも，順番2におけるかけ手の声もしくは名乗りから，そのかけ手を認識したことを（受け手）主張している。ここでは，順番3をもう少し詳しく見ておこう。

　順番3で「はい」や「うん」という「弱い」形式が用いられることがある。この形式が「弱い」のは，たとえば，例⑤のように順番2でかけ手が「もしもし」だけを産出したあと順番3で「はい」だけが産出されても，かけ手を認識したことの主張にはならないからだ。それに対して，例⑧では，順番2で同様に（それ自体相互認識に関するいかなる主張も含まない）「あ，もしもし」が産出されたあと，「あ」や挨拶を「はい」とともに産出することで，受け手はかけ手を認識したことを主張している。しかしながら，順番2で受け手の認識および自分の認識可能性が主張されたあとであれば，順番3の「はい」は，そのままその（かけ手の）相互認識の主張の承認になっているように見える。たとえば，次の例⑨では，02行目で「○○です」という名乗りが用いられ，03行目で「はい」が用いられている。

例⑨
((呼び出し音))
01　A：　もしもし．高木ですけど．
02　C：　あ，もしもし::．学内学会の石田です：[：．
03　A：　　　　　　　　　　　　　　　　　　[はい[：．

```
04   C：                              ［こんばんわ：：：：．
04a             あのですね：：：，
```

　04〜04a 行目でかけ手が，挨拶をして，そのまま用件に入っていくとき，彼女は相互認識がすでに達成されたことを主張している。つまり，03 行目の受け手の「はい」は，02 行目におけるかけ手の主張の承認として受け止められていることになろう。次の例⑩では，02 行目でかけ手は名前を用いているわけではないが，基本的に「○○です」と同じ主張を掲げている。そして，03 行目で受け手は，「弱い」応答（「うん」）を用いている。かけ手は，例⑨の場合と同様に，その弱い応答により相互認識が達成されたと受け止め，04 行目で用件に入っていく。

例⑩
((呼び出し音))
```
01   A：   はい，立川でございま：す＝
02   C：   ＝あ，ぼくだけど：
03   A：   (.) うん
04   C：   あのさ：：
```

　一方，順番 2 で「○○と申します」や「もしもし」が用いられたとき，順番 3 における「はい」は，相互認識達成の連鎖を完結しない。次の例⑪では，順番 2 でかけ手が「○○と申します」を用いたあと，順番 3 で受け手は「はい」とだけ言っている。ここでは，例⑨や⑩とは異なり，そのあと 04 行目でかけ手は，受け手にとってより認識しやすいやり方で，つまり，より詳しい説明（「哲学の教科書……」）を加えながら名乗り直している。受け手は，その説明の部分が終わるとただちに，かけ手の名（「桃子」）を呼ぶことで，かけ手を認識したことを，単に主張しているだけでなく，示している。

例⑪
((呼び出し音))
```
01   A：   はい，もしも：：し，
02   C：   あ，(.) もしもし，明治学院大学の井筒と申しますが：：，
03   A：   は［い：：，
04   C：      ［.hh あの，哲学の教科書のこと：：：：‐を，
```

```
04a            貸している井［筒
05   A：              ［あ，あ［あああああ］桃子？
06   C：                    ［あ：：：：ん］
07   C：   うん，桃［子ですけど］
08   A：       ［はあああ］，うん。
```

次の例⑫と⑬では，順番2でかけ手が「もしもし」と言ったあと，順番3で受け手は，やはり「はい」だけを言う（例⑬では「はいはい」という「より強い」形式が用いられているが，ここでの論点に影響はない）。ここでも，このあとただちに用件に入ることはなく，04行目でかけ手はこんどは「○○です」と名乗っている。

例⑫
((呼び出し音))
```
01   A：   はい，もしもし［：
02   C：              ［あ，もしもし：
03   A：   はい．
04   C：   松川ですけど［：：．
05   A：          ［あ：，こんばんは：
```

例⑬
((呼び出し音))
```
01   A：   はい
02   C：   (.) もしもし？：［：
03   A：               ［はいはい．
04   C：   (.) 後藤です＝
05   A：   ＝あ，後藤か：：
```

以上から次のようにいえよう。順番2で相互認識の（強い）主張がなされるとき，順番3において弱い形式だけで，相互認識の連鎖を完結することができる。そうであるならば，「○○です」と自ら名乗ることは，相互認識に関して，受け手にとってもっとも負荷の少ないやり方であり，そのかぎりで，かけ手は順番2でこの形式を用いることの動機づけをもつかもしれない。しかしながら，だからといって日本語の電話では自己名乗りのほうが他者認識より優先的だということにはならない。むしろ，順番2で自己名乗りが多く用いられることは，他者認識

のほうが優先的であることと両立可能である。実際，例⑬は，その点示唆に富んでいる（西阪［2001］，143-44 頁も参照）。04 行目でかけ手が「○○です」と名乗るとき，03 行目の受け手の「はいはい」との間にわずかな間合いがある。かけ手は，03 行目の「はいはい」のあと受け手がさらに続けることを期待していたに違いない。04 行目の名乗りは，その期待したものの欠如に対する補塡として産出されているようにも見える。その名乗りに続いて，05 行目で受け手は，相手を認識したことをただちに主張するが，とくに，相手の名前のあと音調を上げずに「か」と言うことで，あたかもこのかけ手がいま電話をしてきたことが意外であったかのように応じている。言い換えれば，あたかも自分が 03 行目でかけ手を認識できなかったのに訳があった（つまり予想していない電話だった）かのような言い方になっている。例⑬で起きていることは，すなわち，次のようなことだ。順番 3 で受け手が（順番 2 における「声標本」から）かけ手を認識しそこなったことが知覚可能となり，05 行目で受け手は自らその失敗に言及しているのである。単に事実として相手の認識が遅延されているだけではなく，他者認識の欠如が知覚されている。この「欠如の知覚」が可能なのは，声標本が提示されたとき，もし可能であれば，すぐに相手を認識したことを主張（もしくは表示）するべきだという期待の枠組が用意されているからにほかならない。

　他者認識が可能なところでは，自己名乗りを待たずに，他者認識を主張ないし表示するべきだという期待は，日本の電話においても（たとえ弱い形であっても）生きている（Park［2002］も，日本語の電話と韓国語の電話を吟味しながら，日本語の電話においても，相手による認識の優先性が基本的なところで維持されていることを主張している）。実際に，このような一般的な期待があるからこそ，他者認識の機会を相手に提供することは，相手の負荷を大きくすることでもある（相手に失敗するかもしれない機会を与えることでもあるから）。実際の相互認識達成の連鎖において自己名乗りが用いられるか，それとも声標本だけが提示されるかは，さまざまなことがらが具体的な状況の中で考慮されて決定されるはずだ。自己名乗りに対する他者認識の優先性は，そのさまざまなことがらの 1 つにすぎない。

3　おわりに

　一見生活習慣の違いによるように見える「振舞い上の差異」は，しばしば単に，

利用可能な素材の違いに基づいているにすぎない。日本語の場合，とくに呼びかけだけのために用意された表現（「もしもし」）が利用可能であることが，おそらく重要である。

呼びかけ・応答の連鎖であれ，相互認識達成の連鎖であれ，利用可能な素材はさまざまである。たとえば，英語の挨拶表現である「Hello」が，呼びかけもしくはその応答になりうるのは，それがどのような状況におけるどのような位置に置かれるかに依存している。同様に日本語の挨拶表現も，会話のどの位置に置かれるかによって，それは，むしろ，相互認識の主張の承認でありうる。たとえば，例①の「どうも」がそうである。順番3における挨拶表現が，一方で挨拶でもありうる以上，その挨拶に挨拶が返されることもある。たとえば，例⑥である。ただ，この場合問題なのは，このように挨拶連鎖が独立の連鎖として成立してしまった場合，それが完結したあとにくるのは，受け手の順番である。だが，この位置でなされるべきことは，最初の話題（電話の用件）の導入にほかならない。用件を導入できるのは，通常，かけ手のみである。そのため，例⑥では，05行目で受け手は，順番をとるのをいわばパスしなければならなかった。それに対して，例①では，かけ手は，挨拶を返すのをいわばスキップして，そのまま用件の導入を試みていく。このようなスキップが可能なのは，順番3における挨拶表現が，まずは相互認識の主張の承認であり，「主張・承認」の連鎖の完結点を構成しているからだろう。

例②は，さらに複雑である。順番3は相互認識の主張の承認であるのだから，かけ手は，そのまま04行目で用件を導入してもよいはずだった。ところが，この電話は，折り返しかけられた電話で，この会話をそもそも「仕掛けた」のは受け手のほうである。であるならば，用件を導入できるのは，かけ手ではなく受け手である。一方，順番3（「あ，わたしです」）は，「○○です」の形式をとっており，それ自体，自分が認識されうることの主張になっている。かけ手は05行目で挨拶表現によりそれに対して承認を与えることで，次の順番（06行目）で受け手が用件を導入できるチャンスを与えている。

こうして最初の「なぞ」が解けていく。日本語で「もしもし」という呼びかけ表現が順番2と3で（英語では挨拶表現の行う仕事，つまり声標本の提示をするのに）利用可能なこと，および日本語でも挨拶表現がさまざまな連鎖上の位置で挨拶以外の仕事（つまり相互認識に関する主張）のために利用されていること，このこと

が，おそらく日本語と英語の電話の開始における挨拶のやり方の「振舞い上の」違いを（少なくとも部分的に）説明してくれるように思う。

　〔謝辞〕　カリフォルニア大学ロサンジェルス校（UCLA）の岩崎志真子氏には，最初の草稿に対して，非常に細かい丁寧なコメントをいただいた。記して感謝したい。

第9章

子どもの分析
—— 大人が子どもを理解するということ

山田 富秋

> ▶子どもは確かに心理的にも経済的にも大人に依存している。しかも、社会化論の多くは子どもを大人に指導される受動的なものと考えてきた。ところが子どもは、大人に依存するだけでなく、独自の文化を作り出す能動的な存在でもある。本章では子どもの文化を再評価したサックスの考え方を出発点として、社会の変化や歴史の変遷によって、子どもという存在自体が変化するものであることを、アリエスらの社会史の視点によって明らかにする。この社会構築主義的な視点を立脚点としながら、子どもが社会を作り出していく能力（コンピタンス）に着目し、会話分析の成果を取り入れた微細なフィールドワークによって、子どもの所有権をめぐる争いのエピソードを具体的に見ていこう。

1 はじめに——保護される子ども

◇ 子どもという政治的カテゴリー

　サックスが早くから指摘していたように、現代産業社会における「子ども」というカテゴリーは「大人への依存」を含意した政治的なカテゴリーである（Sacks［1979＝1987］）。つまり「子ども」は彼ら自身だけでは自立したものと見なされず、その意味では、大人の保護や観察の対象として有徴化されている。たとえば、子どもが事件を起こすと、子ども自身の権利が主張されて久しいにもかかわらず、いったい保護監督者は何をしているのかという言説が出てくることもまれではない。サックスの慧眼によれば、事件の説明がたとえ子ども自身によってなされたとしても、それは本人が語る権利をもつ説明として扱われるのではなく、大人の「まね」かテレビなどメディアの模倣として扱われるのである（山田

[2000]）。そしてこれにフーコー的な関心を付加するなら，精神医学的管理が顕著な現代社会においては，少年少女の「語り」は「異常な心理状態」を示す記号となり，この記号を解読する権利をもつのは，少年少女自身ではなく，精神科医や犯罪学者など専門知識をもった専門家なのである。このような「子ども」カテゴリーの政治的な含意は，たとえば，セックス・ワーカーなどスティグマを付与されたジェンダー対象に向けられるまなざしによく似ている。つまり，セックス・ワーカーもまた長い間「保護監督」されたり，「処罰」すべき対象としてまなざされてきた。セックス・ワーカーが労働する権利をもった労働者（ワーカー）として扱われるようになってきたのはごく最近である。

◇ 子どものコンピタンス

　以上から，子どもを研究しようとするとき，まず最初に明らかにしなければならないのは，「子ども」というカテゴリーの政治性である。フーコーが犯罪者と子どもは「下降方向の個別化」というスティグマを付与されると指摘しているが（Foucault [1975＝1977]，邦訳 194-95 頁），子どもをめぐる調査や研究自体が子どもの保護監督の手段として実施されることによって，このスティグマ付与に力を貸してきた。そしていま，子ども独自の活動とされる「遊び」が，そこから比較的自由な研究対象として，いわばカッコでくくられてきたのである。近代の子ども研究の批判的検討から出てくるのは，政治的カテゴリーとしての「子ども」と調査の作り出す関係性を問い直す必要性である。それはこれまでの研究のように，調査され保護される客体としての「子ども」を再生産するのではなく，子ども自身がローカルな状況で，社会関係を作り出すコンピタンス（能力）をもっている存在としてとらえ直すことにもつながっていく。子ども自身のコンピタンスを研究の中心に置く立場は，近年イギリスを中心とした「子どもと社会的コンピタンス（Children and Social Competence）」学派が提唱している。(Huchby & Moran-Ellis eds. [1998])。そして，この視点の転換には，エスノメソドロジーや会話分析の貢献が大きいことも確かである。すなわち，エスノメソドロジーに影響を受けた微細なフィールドワークは，子ども自身が具体的な社会状況において，他の子どもや大人たちとどのような相互行為をしているのか，次々と明らかにしていったからである。こうしてコルサロが主張するように「文化を自らの視点から解釈しながら，再構築していく」存在として子どもをとらえることができるように

なる (Corsaro [1997])。

2 社会的構築物としての「子ども」

◇ 社会史における子ども

わたしはこれまで「子ども」カテゴリーの政治性と，調査研究による「下降方向の」個別化の問題を指摘した。ところが，これに対抗するために，「子ども」自身のコンピタンスを認めようとしても，他方では子どもをつねに抑圧された存在としてとらえる罠が待ちかまえている。この問題を解決するためにはどうしたらいいだろうか。それには「子ども」カテゴリーが歴史や社会によって変化する社会的な構築物 (social construction) であることを示すことが役立つだろう。

まず「子ども」カテゴリーの歴史的変遷に目を向ければ，ドンズロやアリエスの歴史社会学が明らかにしているように，近代の「子どもの誕生」は小家族化した核家族という近代家族の誕生と一体化している (Donzelot [1977=1991]; Aries [1960=1980])。すなわち，近代社会は初期の女性・子ども労働者を「保護」の名目のもとに「市場」から放逐し，代わりに家長を「家族」の代表として雇用するという歴史的プロセスをとった。こうして「近代的核家族」と「主婦」が誕生する。牟田和恵が指摘するように，この過程は同時に国家の代理人として子どもを保健衛生的・教育的に監督し，保護する主婦＝母親の誕生を意味する（牟田 [1996]）。また，同時に推進された「生-権力」としての福祉・衛生政策（＝ポリス・ポリツァイ）もまた，ドンズロの指摘するように主婦＝母親を中心に規格化された家族を作り出すのに貢献したことはいうまでもない (Foucault [1976=1986])。そして近代社会は，国民国家形成の途上で「国民」を産出するために，徴兵制と並んで，画一的な教育制度を義務化し，子どもを学校制度に沿った長い「子ども期」にとどめおくことになる。こうした政治的・社会的変動の中で，20世紀の初頭には12～13歳で子どもから大人へと移行していったと考えられるのに対して，現代日本では最長は高校卒業まで「子ども」として扱われるようになったのかもしれない。子ども期の延長である。

◇ 社会的構築物としての子ども

ここから出てくる結論は，「子ども期」が自然な現象ではなく，むしろ，歴史

的に変動する社会的構築物であるということになる。この視点に立てば、「子ども」がさまざまな文化や社会的状況によって、想像以上に多様な仕方で社会的に構築されていることがわかる。たとえば近年問題になってきている、家庭における子どもの性的虐待の報告が示していることは、パーソンズのように家族をつねに安定した社会化の根拠地として前提することが誤りであるばかりでなく、家族がつねに避難所として機能すると考えることも誤りになる。ある時代の家族や「子ども」像を普遍的なものとして固定化したとたんに、現実の多様性が捨象されてしまう。ここで善悪の価値判断をいったん脇において、現代の世界における子どもの生き方の多様性をみていくと、たとえば兵士として子どもが訓練される社会もあるし、アジアやラテンアメリカ諸国のように、戦争や貧困などの理由で子どもたちがストリート・チルドレンとして生きる社会もある。さらにまた、パーソンズの仮説を裏切るように、ワンペアレント・ファミリーが全家庭の半分以上を占める北欧諸国で育つ「子ども」たちもいる。わたしたちはこうした「子ども」の多様性について具体的に明らかにする必要があるだろう。

　ここから子どもの世界の研究方法が提唱される。もっとも重要な目標は、子どもの視点に立って、子どもが生きている世界にアプローチすることである。さらにこの方針に基づくフィールドワークは、「子ども」を調査する研究者自体にも自己言及的な省察を要請する。というのも、研究者も大人である以上、その場の制度的状況が子どもに及ぼしている社会的権力に研究者自身も一体化していることが往々だからである。そして、当該研究者がどのような大人の権力と一体化しているのか、それ自体を自己言及的に解明する必要がある。さらにまた、これまで明らかにしてきたように、「子ども」カテゴリーが当該の文化や社会を越えた普遍的な概念ではない以上、ある文化や社会の内部にいる研究者自身が暗黙裡に持ち込んでいる「子ども」観自体も明らかにする必要がある。このためには、大人が現在生活している社会を自明視するのではなく、大人と子どもも含めた現在の社会・政治的状況を相対化しながら批判的に検討する姿勢が必要になる。こうして、研究者には周囲の大人の視点から離脱し、子どもたち自身が集合的に体験している現実を、子どもたち自身の視点から明らかにする第一歩が獲得されるだろう。

　前節で紹介したコンピタンスの概念にこの研究方法を応用するなら、コンピタンスを大人を頂点として獲得されるものととらえるのではなく、むしろ「状況依

存的に達成されるもの」としてとらえるのである。ハチュビーによれば「子どもの日常的な人間関係を通して，コンピタンスがどのように周囲に認められたり，あるいは子どもによって表現されたり，また別の場合には，それが隠蔽されたりするのか」を問題にする必要がある (Huchby & Moran-Ellis eds. [1998])。彼の例を紹介しよう。たとえば学校においては，先生に従順に従うというコンピタンスが半ば強制的に習得されるが，このことばかりに注目すると，学校以外の場で自然に表現される他のコンピタンスがわからなくなってしまうという。学校以外の場所では，たとえば友達と仲よくなるといった，自主的に人間関係を樹立していくコンピタンスなどが，それに代わって優勢となるだろう。

3 子どもの所有権主張の分析

◆ 子どもという成員カテゴリー化装置

子どもというカテゴリーと子ども時代 (childhood) は，人間集団の自然で普遍的な特徴ではなく，むしろ社会的に構築されたものである。したがって「子ども」は歴史が違ったり，文化が違えば変わってくるものであり，社会階級やジェンダーやエスニシティといった要因と切り離すことはできない。にもかかわらず，子どもたちの社会関係と文化は，大人の視点や利害関心とは独立して存在しており，それ自身の見地から研究に値するものである。たとえば以下に紹介する例は，子どもの所有権をめぐる争いについてのあるエピソードである。これは大人からみれば「遊び」に分類されるものかもしれない。なぜなら，金銭を稼ぐ労働と直結していないからである。「遊んでる」という表現が大人にとっては何もしないでぶらぶらしているという意味を含み，「笑われたり」非難される可能性をもっているが，他方子どもは労働から排除されているため，子どもに特有の文化的活動であると認識されている (山田 [2001])。しかし，以下の子どもどうしの相互行為をみるなら，大人の考えるような「他愛ない」遊びが展開しているというよりはむしろ，誰に「ファミコンの説明書」が帰属するかという所有権の問題をめぐって，きわめてシーリアスな相互交渉が展開していると考えることができる。子どもたちは大人も含めた周囲の人々と相互行為しながら，自分たちの社会生活を作り出す積極的な主体でもある。

◇ 所有権をめぐる子どもの争い

　以下のエピソードは大学附属幼稚園（1986年当時，山口女子大学附属幼稚園）の遊び場において，学生が卒業論文のための調査の最中に偶然収録したものである（なお登場する子どもの名前はすべて仮名であり，実際の名に近いものに変形してある）。このエピソードは最初に女の子どうしの友人M「みか」とS「さち」が園庭で見つけたファミコンの説明書を興味をもって見ていると，そこにSI「しょうた」，MA「まさる」，T「たけし」，U「ゆうた」の4人の男の子のグループがやってくる。のちに判明することは，この説明書は最初に「おれのよ」と言ったUの所有物であるようだが，MとSはそれがさちの兄の所有物であると主張し，いったんはその場に居合わせた4人の男の子を説得することに成功する［局面①］。ここで2人の女の子はしばらくそれで遊ぶが，すぐにUの所有権主張を裏づける「目撃談」（Uが落とすのを見た）をもって，Tが他の3人の男の子たちを連れてやってくる。ここでファミコンの説明書が本当は誰の持ち物なのか，女の子たち対男の子たちといったジェンダーによる対立構図ができあがる。ところが，Mの作り上げたSの兄の所有であるという物語は，ファミコンについての前提知識を問うSIの巧妙な攻撃に敗れ，作り話であることが暴露される［局面②］。その結果，SがMにだまされたとしてMから離れ，女の子のチームは崩壊する。最後はMが残りの全員と対立することになり，ようやくUに説明書をしぶしぶ返す［局面③］。

◇ 参与の枠組とけんか

　このエピソードを分析するために，ここでは参与の枠組（participant frameworks）の概念を導入しよう。会話分析の観点から争いやけんかを考えると，その一般的な形式は「非難／応酬」の隣接対の無限連鎖になるだろう（隣接対については，好井・山田・西阪編［1999］参照）。つまり，非難と応酬の関係に入り込んだ2人の参加者は，この隣接対を終結させることが難しい状態になり，また，他の参加者がこの隣接対に参加することも難しい，いわば一種の「閉じた状態」が継続する可能性が生まれる。ゴッフマンによって最初に考えられた参与の枠組（Goffman［1981］）の概念がこの状態を説明するのに役立つ。つまり，けんかにおいては非難する者と応酬する者だけを排他的に参加させる参与の枠組が働いていると考えられる。そして，その場にいる他の者たちは，2人のけんかを見る観

衆として位置づけられることになる。しかしながら，けんかを有利に進めるためには，観衆を何らかの方法を通して，自分の味方に引き入れる（連携する）ことも必要であり，そのためには原則として二者間に限定されているけんかの参与の枠組を変形して，観衆をけんかに参加させることが必要になる。ここで考察したいのは，子どもたちがどのようにして観衆を参加させるような参与の枠組の変形を行っているのか，その点にある。この視点から子どもたちのけんかを分析したのはマジョーリ・グッドウィンである。彼女は，進行中の二者間のけんかの中に，物語や間接的な陰口を導入することで，現在の参与の枠組を変形させ，進行中のけんかを観衆にも評価させるかたちで参加させ，その結果味方に引き入れることに成功するという，手の込んだ戦略を明らかにしている（Goodwin, M. [1990]）。

◇ 実際の相互行為から

以下に会話の抜粋を示しながら，このエピソードの展開を3局面に分けて，細かく見ていこう。トランスクリプト記号は，（）は沈黙で，数字は沈黙のだいたいの秒数を示す。//は割込みの箇所で下の段の者が発言・割込みをしている。[は同時スタート。::は音の伸ばし。………は発話はあるが，聞き取れない箇所を示す。＝全角イコールは発話が続いていることを示す。発話者はM：みか，S：さち，SI：しょうた，MA：まさる，T：たけし，U：ゆうた，K：こうへい，である。

［局面①］　女の子たちの成功した所有権主張「さっちゃんのよ」
01　M　：　さっちゃんのよ：(3.0)　さっちゃんのよ　ねえ
　　　　　　(7.0)
02　SI　：　もっと見せてっちゃ：
　　　　　　(3.0)
03　M　：　[さっちゃん　これちょうだい
04　SI　：　[はやこね　これ
05　MA　：　ファミコン　なんてかいちゃるんか，これ
　　　　　　(2.0)
06　MA　：　ねえねえしょうた君，ファミコンな：んて　[書いてあるんか
07　M　：　　　　　　　　　　　　　　　　　　　　　[だめよね：
08　SI　：　おねがい，おねがい

```
09  U  :  おれのよ
10  SI :  いい？
11  M  :  だめ　//　だめ　//　だめ
12  SI :  　　　　　　　いい？　　いい？
13  M  :  さっちゃん，いけんのよね，おにいちゃんのだから，いけんのよね，おにい
          ちゃんのやから
14  SI :  なら，おまえもだめじゃ：
15  M  :  (2.0)  でも，さっちゃんのおにいちゃんさ：知っちょる人だけいいんじゃ
          もん，わたし，さっちゃんち来る人は，ええんじゃもん。さっちゃんち知っ
          ちょる？
16  SI :  知っちょるって？
17  M  :  しょうたくん，知ってないわ：ねえ
```

ファミコンの説明書の取り合いからこの相互行為は始まる。説明書を見ているM（みか）とS（さち）の2人を，4人の男の子が取り巻いている。そのうちSI（しょうた）とT（たけし）の2人はこのあと，女の子チームと対立する中心的な人物となる。1M（みか）は，男の子たちに対して，ファミコンの説明書がS（さち）のものであると即興的に主張する。しかしこれはあとでわかるように，M（みか）がS（さち）を巻き込んで説明書を独占しようとする作り話である。この架空の物語を書き上げているのはM（みか）である。その内容は，3M（みか）の「さっちゃん，これちょうだい」からわかるように，説明書をいったんS（さち）のものにしておいて，彼女から自分がもらうという手の込んだものである。これに対してSI（しょうた）は2 SI, 8 SIにおいて，自分にも見せてほしいと訴えている。おもしろい点は，9 U（ゆうた）において本当の持ち主である「ゆうた」が自分のものであると言うと，映像では確認できるが，SI（しょうた）は今度は彼のほうに向かって見せてほしいと頼んでいる（10 SI「いい？」）。しかし「ゆうた」の主張は，11 M（みか）でのSI（しょうた）に対する拒否「だめ」によって，事実上無視される。そのことは，12 SI以降SI（しょうた）の懇願はM（みか）にだけ向けられていくことでもわかる。そこでM（みか）は，この説明書が「さっちゃん」のお兄ちゃんのものだから，見てはいけないという理由をアドリブ的に提示する（13行目）。しかし，それがM（みか）自身にも適用されることを14 SI（しょうた）で指摘される。するとM（みか）はさらに，S（さち）の兄を

知っている人だけ見ることができるという理屈を考え出す（15行目）。このやりとりを通して女の子チームは男の子チームを排除することに成功し、説明書を独占する。ここでおもしろいのは，所有権をめぐって対立するチームが男の子 対 女の子というジェンダーによって形成されている点である。

［局面②］　男の子たちの反撃
39　T　：　そうよ，今のおれ走りよったらな：ゆうたくんのポケットからドスンと落ちた。
　　　　　　　(5.0)
40　SI　：　わぁ：：ぼくもゆうた君がさあ
　　　　　　((全員すべり台に上がる))
41　SI　：　ちがう
42　S　：　さっちゃんのよ
43　SI　：　わからんよ：
44　S　：　だって，さっちゃんのにいちゃんが持ってきただけだもんねえ。
45　SI　：　でもさあ，たけしがゆうたのポケットから落ちたって言ったよ。
46　T　：　本当じゃもん。落ちたもん。ぼくちゃんとこの目で見とったもん。
47　S　：　(3.0)
48　SI　：　だから，ち//がう
49　M　：　　　　　　　でもこれは，さっちゃんのです。
50　SI　：　だめ：：ちがうよ：：　なら//……ないのに
51　M　：　　　　　　　　　　……　　　なら，ゆうたくんがさ：：
52　M　：　=ひろってからさ：さっちゃんがさ，もうとってから，ゆうたくんの
53　SI　：　ちがうよ：ゆうたくんがポケットから落ちたって言ったんやもん
54　M　：　(3.0)　だって本当やもん
55　SI　：　(3.0)　うそつき
56　M　：　本当じゃもん

ここで劇的に状況が変化するのは，39 T（たけし）の目撃談によってである。いったんは無視された「ゆうた」君の発言は，T（たけし）の目撃証言によって再浮上する。そしてそれを支持した SI（しょうた）は，すべり台の上で再度女の子チームと対決することになる。ここで興味深いのは，女の子だけの閉じた参与の枠組がこれによって変化し，彼女たちを取り囲む形で，SI（しょうた）と T

(たけし)がそこに入ってくることである。そしてここで最初に男の子チームの対抗的主張に反論したのは，最初にこの物語を書いたM（みか）ではなくS（さち42 S）である。ここでS（さち）はM（みか）のシナリオに忠実に反論している（44 S）ように見える。そして47 S（さち）で反論につまったとき，M（みか）が代わりに登場してくる（49 M，51 M，52 M，54 M，56 M）。

次にこの参与の枠組の内容が変化するのは，この非難/応酬の潜在的無限連鎖を74 SI（しょうた）の「ねえ，ファミコン持っちょる？」という所有の前提知識を問題にする問いかけである。

[局面③] 所有権の前提への問いかけ
74 SI： ねえ，ファミコン持っちょる？
75 S： 持っちょるよ
76 SI： なんのファミコン？
77 S： ……//
78 M：　　　　 持っていったんよね。
79 S： カセット//
80 SI：　　　　 ファミコンなに持っちょるんか？
81 T： めずらしいの，しょうちゃ::ん？
82 M： そうやってね
83 T： [めずらしいの，しょうちゃん，くれるん？
84 S： [いろいろなもん，持っちょるんよ。
85 SI： いろいろなもんじゃわからん。(3.0) なら，スパルタン持っちょる？
86 S： 持っちょるよ
87 K： ぼくの………しよう？
88 T： ドッキングカー［オブスリー
89 M：　　　　　　　［しよう？
90 S： は？
91 T： ドッキングカーオブスリー
92 SI： スリー
93 T： ドッキングカーオブスリー
94 SI： ゆうたなんか，持っちょるんど，ドッキング//スリー
95 T：　　　　　　　　　　　　　　持ってないも::ん
　　　 (3.0)

第9章 子どもの分析　139

96	SI	：	ならドッキング………れば？
97	S	：	………
98	SI	：	あ………　　　は？　あ，ちがう……カンフーンってどういうの？
99	T	：	持っちょる？
100	S	：	やってないも：ん，まだやってないも：：ん，にいちゃんまだ……
101	SI	：	だから………だからあれは，おまえのじゃありませ：：ん………ね，ゆうた。

　ここでの応酬は，S（さち）が中心に対応している（75 S，77 S，79 S，84 S，86 S）ようだが，その途中で M（みか）はこの「集まり」から退出する（89 M）。M（みか）と入れ違いに，争点になっているファミコンの説明書の所有者である U（ゆうた）が，単なる聴衆の位置から，この集まりに参加するポジションに移動する。そして 94 SI（しょうた）において，この局面において指さしを受けながら，はじめて引き合いにだされる。そして 100 S（さち）までの苦しい答弁に対して，101 SI（しょうた）の結論「だからあれは，おまえのじゃありませ：：ん……ね，ゆうた」が最終的に出される。ここで興味深いのは，ファミコンを持っているかどうかという前提に関わる議論において，U（ゆうた）が発言はしないものの，この参与の枠組の中で SI（しょうた）と T（たけし）の議論を支持し，証明する位置づけを与えられていることである。このやりとりにおいて，S（さち）と M（みか）の女の子チームは決定的に敗北を喫することになる。

　［局面④］　裏切りと所有権の委譲
　最後は裏切りと M（みか）の敗北である。まず 109 SI において S（さち）を懐柔しようとする動きがなされる。それに S（さち）は応じ（110〜111 S），M（みか）との決裂は決定的になる（117 M/118 S）。こうして M（みか）と S（さち）という女の子チームの中での非難／応酬の連鎖が始まる（120 M〜127 M）。参与の枠組が決定的に変化する局面である。だがこれは 128 T（たけし）の割込みによって中断され，129 S（さち）の「かえさんや：おこるよ：」によって一気に最終的な解決へと持ち込まれる。最後の場面で「泣きそうな」U（ゆうた）が参与の枠組の中に持ち込まれ，実際に泣くことによって，その場の中心的登場人物となり，M（みか）はしぶしぶ U（ゆうた）にファミコンの説明書を投げて返す。

109	SI :	さっちゃん,こういうわけ,いい？(2.0) ねえ？
110	S :	ゆうたくんのやけどねえ,(2.0) ゆうたくんのをひろって
111	S :	＝みかちゃんにあげるって言っとって
112	SI :	あっ,やっぱり。いまさっちゃんがはなしたよ (2.0)
113	SI :	ゆうたくんのポケットから落ちたから,さっちゃんがひろってから,
114	SI :	＝さっちゃんが,みかちゃんにあげたって,そう言っとったよ,ねえ。
115	M :	(4.0)
116	SI :	[ほら
117	M :	[でもさ,でもさ:ゆうたくんにはさ,さっちゃんのにいちゃんがあげたんだもん
118	S :	ちがうよ,さっちゃんのにいちゃん,あんなん持ってないよ。
119	SI :	ほれ,ほらみろ
120	M :	さっちゃん,よくもうそついてくれたね
121	S :	あんなの,さっちゃんちにないも:ん
122	M :	あら::ね,//このまえ,持っちょった:ね
123	S :	ない
124	S :	あれは//ちがうの,ちがうのじゃ:ね
125	M :	さっちゃん,持っちょったよ,いっしょのよ:いっしょのやったもん
126	S :	ちがうもん
127	M :	あれいっしょに//……
128	T :	ぼくちがうと思う
		(4.0)
129	S :	ゆうたくんにかえさんや:おこるよ:

◆ま と め

　この分析で明らかになったことは，最初はジェンダーによって閉じられていた参与の枠組が男の子のチームによって挑戦されることで崩れ，それに伴ってファミコンの説明書の所有権も移動していったことである。実際の持ち主のU（ゆうた）は参与の枠組の変化によって，局面①では単なる聴衆になり，局面②では男の子チームの主張を裏づける証拠として頼りにされ，最後は泣くという中心人物になる。U（ゆうた）の所有権がこの相互行為を通して認められていくことをみれば，所有権は実際に所有している者に自然に与えられるわけではなく，まさに

社会的な交渉を通して確立されるとはいえないだろうか。

　子どもは大人と同じ社会に生きている以上，社会の変化やジェンダー構成などによって大きな影響を受けながら生活している。しかも経済的な意味でも，安定した保護と養育を必要とするという意味でも，子どもは大人に依存することが，一定の年齢まで必要不可欠でもある。にもかかわらず，このささやかなエピソードが示しているように，子どもが自分たち自身の文化をもち，それを彼らの仲間集団においてつねに維持していることも明らかである。それは大人から見た「遊び」というカテゴリーに集約するには，あまりにも多様な文化ではないだろうか。

第10章

法現象の分析

樫村志郎

▶人はさまざまな程度で「規範」に服従している。本章では，規範に服従することと区別される，規範を管理し，維持するという仕事に注意を向けていく。その仕事とは，人がそのやり方の中で「従う」命題を発見し，それに「権威」の源泉としての地位を与え続けることである。それは，誰にでもできるやり方に基礎をもつが，とりわけ専門家による仕事となりやすい。本章で展開する法に対するエスノメソドロジーのアプローチは，1960年代の2つの研究に基礎をおいている。本章の最後では，規範を管理し維持する作業を解明する仕方について具体的データを用いて例示する。

1 行為の規律あるやり方

◇規範性

「法」という言葉で読者は何を思い浮かべるだろうか。訴訟や裁判，議会の立法や国や自治体の行為，警察による犯罪捜査，経済上の取引契約などであろうか。読者が思い浮かべる「法」はさまざまであるかもしれない。しかし，そこには，いつも，何ごとかが定まっており，自分たちがそれに服従しなければならないという観念，そしてその定まったこと（規範）に服従することが正しいことだという観念，が含まれているように思う。

けれども，わたしたちは，いつも自分の行為をこのように見なしているわけではない。「行為の規範」は，「行為の規律あるやり方」(disciplined ways of doing) の中で，発見され，利用されるものである。

「行為の規律あるやり方」は，「服従」と「権威」という2つの顕著な特徴をも

つ。たとえば,「書く」という行為を規律あるやり方にする方法の1つは,手本に従うことであろう。「接客する」という行為を,規律あるやり方にする方法の1つは,接客マニュアルを用いることであろう。行為の規律あるやり方においては,そのやり方で行為を行うことが「正しい」という観念を含んでいる。「正しい」という観念は,「権威」という存在と関わりをもつ。

　ある行為の正しいやり方の表現は,一般にその行為の「規範」と呼べる。「模範」「手本」「マニュアル」「テキストの正しいやり方」等の語は,「規範」を示す。「正しさ」ないし「権威」という観念は,行為者が,ある行為の中で,その行為の「規範」に従うことの,理由を示す。「規範」に従う理由については,行為者を解釈する他者が問うこともあるが,行為者本人が問うこともある。

◆ エスノメソドロジーのアプローチ

　エスノメソドロジーが現象をとらえる方法はいくつかあるが,本章では,人々が行為によってなすことは,現世的な方法論による,条件依存的で,継続的な仕事であるという観点からとらえるものだと見る。この見方を法に当てはめるならば,われわれの問いは,人々が法という現象を生み出したり維持したり利用したりしていることに内在する,共有された,日常的な方法論はどのようなものだろうか,ということになる。いかにして人々が「規律」と「権威」,要するに「行為の規範」という存在を生み出したり維持したり利用したりしているか,という問いである。本章では,法は上の意味で,「行為の規範」を発見することを本質的に含むものであると見る。この仕事を,規範性の発見・管理・維持と呼ぼう。

2　規範性の解明可能性

　本節では,エスノメソドロジーの2つの業績を紹介しつつ,規範性を解明するための1つの接近の仕方を説明する。法律を扱うエスノメソドロジーの方法は,本章に述べるほかにもある(会話分析の方法による接近については,樫村［近刊a］で扱っている。法社会学とエスノメソドロジーとの理論的,実際的関連性についての概観は,樫村［1998］にある。法現象へのエスノメソドロジーの手法と視角の適用可能性について,一般的には,樫村［1989］,樫村［1990］でより詳しく論じている)。

◆偽カウンセリング実験

『エスノメソドロジー研究』(Garfinkel [1967a]) の第3章「社会構造の常識的知識——素人と専門家の事実調査におけるドキュメンタリー的解釈方法」において，ガーフィンケルは，「偽カウンセリング実験」と呼ばれる「実験」結果を報告している。それは，「カウンセラー」と「被験者」の間での「カウンセリング」を模した実験であって，「被験者」は，自分の悩みごとに関して「カウンセラー」に10個の質問をするように指示されている。他方で「カウンセラー」は，「被験者」の質問に対して"Yes"または"No"のいずれかの答えをランダムに与える。「カウンセラー」の答えがランダムに与えられていることは「被験者」には知らせない。この状況で「被験者」がいかに助言を受け取るよう行為していくかを，観察とインタビューによって解明する，というものである (ibid., pp. 79-80。日本語による紹介として，クロン [1996]，80-100頁〔原著はCoulon [1987]〕，ライター [1987]，232-238頁〔原著はLeiter [1980]〕)。

偽カウンセリング実験では，「被験者」は，「カウンセラーが実際に何を助言しているか」を，「『被験者』の問いに対して『カウンセラー』が"Yes"と"No"と答える」という，明らかに限定された状況の中で，見出さなければならないものとされている。こうすることで，事実を見出すという行為の特徴が誇張され，観察可能にされるとガーフィンケルは考えたのである (Garfinkel [1967a], p. 79)。

ガーフィンケルは，限定された証拠を用いて「実際に何が起こっているか」を知るという作業において，人は，「実際に何が起こっているか」のパターンを想定し，得られた情報をその想定に組み込むという方法をとることを見出した。こうした利用の中で，その情報は「証拠」と呼ばれるものとなる。社会学的探究においても，日常的行為者も，さまざまな組織的・社会的制約の中で，「実際に何が起こっているか」を一般的・類型的に知るという作業に，さまざまな規律の度合いで，従事している。ガーフィンケルは，その作業を「証拠に基づく理解の方法 (documentary method of interpretation)」と名づけた (ibid., pp. 89-94)。

◆証拠に基づく理解の方法

ガーフィンケルは，彼の観察を11の項目にまとめている (Garfinkel [1967a], pp. 89-94)。

(1) 10個の質問を行い続けることは容易であった。

(2) 「答え」は「質問-答え」として知覚された。
(3) 質問は計画されていなかった。その代わりに、その時々に変動する、現在の状況に関する回顧的-展望的な可能性の中で、次の質問は行われた。
(4) 回答は、それに適した質問を探るためにも、用いられた。
(5) 回答の、不完全性、不適切性、矛盾性等は、管理された。回答の真正性が疑われると、相互行為からの離脱の傾向が見られた。
(6) パターンは、最初から「助言」として知覚されており、相互行為の間中、その「探索」が継続された。
(7) 回答は、見ることのできる源泉（質問）から生じたとされた。
(8) つねに状況はあいまい性をもっていた。
(9) 集合体の制度化された様相が解釈の枠組として利用された。
(10) 回答の真正性の保障は、助言に知覚された通常の価値を与えることと同一であった。
(11) 知覚された通常の価値は、探究の継続中、つねに、定立され、検証され、再検討され、保持され、記録され——すなわち、管理された。

まとめていうと、次のようになろう。事実を発見するということは、見ることのできる特徴から出発して、科学的帰納法や仮説演繹法を用いて、その規則性を見出すということではない。それは、特徴を、始めから、ある「パターン」の「証拠」と見なそうとすることである。その際、人は、行為の前後関係、将来と過去への開かれた地平、状況のあいまいさ、アドホックな説明、社会の制度的様相、共通に知られた事実やそのパターンを、再帰的に、また指標的に、用いる。その探究の、条件依存的で、継続的な達成として、「社会の事実」は、「事実として」管理され続けるのである。

なお、ガーフィンケルは、『エスノメソドロジー研究』のその直後の章で陪審の評議を取り上げ、規範性を帯びた事実認定や価値判断形成が、法的な組織的制約を帯びた状況のもとで、「一般的な事実探究活動の部分的変形」として行われることを示した。

◇ 法律家の仕事

初期の論文「法律家の仕事（The Lawyer's Work）」（Sacks [1997]）で、法学専門教育を修了したばかりのサックスは、法律家の仕事を2つの種類に分けている。

第1の種類は，日常的な仕事の分野であって，通常化の管理（the management of routinization）である。第2の種類は，裁判に向けた仕事の分野であって，継続性の管理（the management of continuity）である。

本論文に付されたシェグロフの注釈によると，この研究は，前項でみたガーフィンケルの研究の影響を受けて，1960〜62年ごろに，執筆されたらしい（ibid., p. 49）。事実，この研究は，参照文献としてガーフィンケルの上記研究（それは1962年に論文として公刊されていた）を挙げている。

まず，サックスは，法律家の仕事が，人々が秩序を当然のものと見なしている世界，何が生み出されるかは人々の行為の志向するところではなく，むしろ秩序を批判的でなく受け入れることがその維持の条件であるような世界で，行われることに注意を向けている。ところが，法律家は，理由はどうあれ，秩序をそのように見なさない。法律家とは，社会の日常的秩序を日常的態度に依存することなしに維持するにはどうすればよいかという問題に直面する人々である（ibid., p. 43）。

サックスによると，法律家は，①ものごとが日常的に進んでいくものだという信念を停止し，②そのうえで，通常性をもつ相互行為の必要的構成要素の完全な特定を目標とするような行為形式を用意するように努める。たとえば，書面化，整合性，明晰性，包括性，中立性，予測可能性が強調される（ibid., p. 43）。

◆ 法の人格中立性

法律家の構築する人格中立的な世界は，他者の動機，利害，地位等への尊敬に依存しない社会秩序の形成の可能性を開く。サックスによれば，

> 「日常世界の行為と法的世界の行為定義の間に結合（一方的結合）があるかぎりは，他者の私的世界を公的世界の一部（地位，動機，価値等）として受け入れる必要がないのである。目的，条件，根拠等の移転は，標準化された目的，条件，根拠により，標準化された意味（法的システムが準備する意味）のもとで行われる。こうした「インパーソナルな」交渉，自己を投入する必要のない交渉，の発展は，脱伝統化する社会のもとで決定的に重要な意味をもつ」（Sacks［1997］, p. 44）。

サックスによれば，第2の領域においては，法律家は，他の職業等とともに，継続性の管理に従事している。ここでも，主として問題になるのは，「日常的」

な安定的な関連性枠組ではなく,法が特別に維持しようとする,相互行為者の人格中立的(impersonal)な様相の関連性枠組の安定性である。法律事件というものは,紛争を変形させて,周知の日常的条件の様相に訴えることなしに,争点を解決できるような,枠組に当てはめるための,安定的な方法なのである(ibid., p. 45)。

> 「法によるこの安定的な枠組の維持は,さまざまな他の動機づけと正当化を生産し保障する諸システム(教会,思想等)から,また,近年では,本当に何が起こっているのかを再定義することができると主張する専門的システム(たとえば,心理療法家)からの圧力を受けている。この圧力は,なぜわれわれの時代の多くの重要問題が客観的基準から主観的基準への移行の可能性を含んでいるのかを説明するのに役立つだろう。心理療法家が,人の精神状態を定義する彼の能力を主張するとき,彼は,単に古い問題に新しい答えを与えているのではなく,当事者の主観的状態が真に何であるかという問いが本当に重要なのではないかという問題を提起している」(ibid., pp. 45-46)。

その一方で,法律家が管理・維持する人格中立的な関連性枠組は,日常生活の諸条件に向かって開かれている。この論点において,サックスは,ガーフィンケルの陪審研究と同様の論点——専門性と日常性の異種混合的な関連性体系という現象——に触れている。サックスによれば,法律家は,どの特定のケースにおいても,彼の専門的技能(=通常性への完全な意識的見方)を全面的に適用することはない。法律家は,そうすることを認められているのだが,もしすべての側面でその仕方を貫くならば,法のシステムは崩壊してしまう(ibid., p. 46)。

法と社会との開かれた関連性を論じて,サックスは,法の社会的機能は,人々のある種の問いに対して答えを提供することだと結論する。

> 「非常に広く考えられている法の機能,つまり,規範によって行動を規制することは,おそらく第二義的である。第一義的なのは,「なぜ」という疑問に対して答えを出してもらうようメンバーを社会化することである。宗教と法におけるこの社会化が興味深いのは,この機能が,複雑な社会の発展のたいへん初期において,特殊の技術をもつ集団の管理のもとにおかれたこと,その集団が,彼らの間で,彼らが素人のメンバーにあたえる答が適切かどうかを決め,答えを生産し,維持していることである」(ibid., p. 47)。

ガーフィンケルは,専門的法律家の仕事を分析しなかった。サックスは,その

影響のもとに専門的法律家の仕事の分析に着手したが，いかにして人格中立的な法の関連性枠組が維持・管理されるかの詳細を明らかにするには至らなかった。わたしたちは，両者を組み合わせることにより，あらためて専門的法律家の仕事の分析に，より接近することができるであろう。

3 「ルールを見出す」作業

◆ ルールの発見はいかにして可能か

「わたしがルールブックだ」といった野球審判がいた。素人は場合により，法律家はつねに，「わたしがルールを決める」という言い方を好まない。法律家がこの言い方を好まない本質的理由は，前節までの議論から推測できる。

第1に，ルールは社会構造の重要な要素であるから，「実際に何がルールであるか」は「証拠に基づく理解」へと動機づけられた探究によって発見されると想定される。第2に，サックスの分析からは，その「ルール」というものが，常識的・日常的な世界から区別されたものとして維持・管理されていると理解される。

ルールを用いる者がルールの内容を決めることができるという主張は，ルールが何であるかに関わる，素人の，または専門的な探究の実際についての，素人および専門家の想定された実践と矛盾するのである。

法理論の世界でも，ルールの存在をその主張者の決定に依存させるという主張は，とうてい主流ではない。法を自然の発展や発露だとする自然法の考え方による者（Fuller [1969=1968]）はもとより，法を人間の工作物であるとする法実証主義の考え方による者（Hart [1997=1976]），法は特殊な社会的制度だとする者（Pound [1960=1969]; Geiger [1964]; Weber [1922=1976]）も，社会的ルールは，その社会の制度や慣行に埋め込まれて存在すると主張してきた。これらの考え方には互いに差異があるが，明白な共通性もある。それは，ルールが，社会の特定可能なパターンとして存在し，その場その場の個人や相互行為としてのみ見なされてはならないということである。これは，まさに，社会の中に一般的パターンを発見しようと探究を行う人々が感じていることであり，素人または専門家としてのその人々の探究行為を適切に動機づけているものでもある。

◇ **エールリヒの法理論**

　だが，エスノメソドロジーも共有する「リアルな」見方から，こうした結論に反対した有力な法理論家もいる。

　その1人に，法社会学という言葉を作り出した1人であるオーストリアの法学者エールリヒを挙げることができる。エールリヒは，法が個々の紛争事例に関する社会のメンバーの実践的決定の累積にすぎないと主張した。そのうえ，彼は，その決定によって生み出されてきたルールの量が，現在の社会で発生する決定機会の量に比べて，きわめて少ないと評価した。したがって，法理論家や法実務家あるいは法社会学者が，必要なルールをその事例ごとに新たに設定しなければならない（またそうしている）という結論に至った（Erhlich［1913＝1984］,［1925＝1987］）。

　アメリカの裁判官フランクは，上級裁判所に比べて下級裁判所の活動は，より事実の認識に近いが，法的事件の事実を確定することが困難であるため，下級裁判所の活動は，既存のルールによって統制されることがより少ないとした。そのため，下級裁判所の実務では，ルールも事実も，裁判官の広範な裁量により確定されなければならない（また実際にそうなっている）と主張した（Frank［1963＝1974］）。オーストリアの法哲学者ケルゼンは，法は事実とは明確に区別される規範的存在であり，独特の観点からのみ認識されると考え，法は，義務の「純粋な」体系として把握されるべきだとした。当然ながら，ケルゼンは，こうした義務の体系が複数ありうると考え，その体系の1つが現実に妥当する根拠は「政治的決定」に求められるべきだと考えた（Kelsen［1934＝1935］）。これらの理論家は，法はつねにその根本において人間の行為の産物であることを否定できない（また実際そうである）と主張した。

　ここで，エールリヒの理論とエスノメソドロジーとの学説史的な関連について簡単に触れておく。エールリヒの法学は1930年代に英語圏に紹介され影響を及ぼした。サックスは，エールリヒの社会学的法学（法社会学のこと）に関するエッセイを書いたことがあるという（Sacks［1997］，シェグロフによる注釈）。また，アメリカ経営学の祖，バーナードは，彼の組織科学の発想をエールリッヒの法社会学の構想から得ている（彼の主著『経営者の役割』序文）。このほか，エールリヒへの言及は，組織社会学・法社会学のセルズニック（サックスのバークレーでの指導者），新制度派経済学のウィリアムソン等に見られる。これらは，エスノメソド

ロジーと，思想上，社会学史上，無縁ではない分野である。

4　規範の発見と維持──その具体例を通じて

◆「ルールの撮影」実験
　エスノメソドロジーは，その振舞いの現場を観察することによって，次の問題を，つねに新たな問いとして，問うものだといえよう。いかにして，われわれはルールが存在するかのように振る舞うのか。その基礎にある問題は次のものである。いかにして，われわれは，ルールの社会的存在を発見するのか。
　筆者は，2名の学生に対して，「社会のルール」というパターン化された存在を証拠によって他の学生に説明するという作業を要求してみた。これは，2000年度の法学部の筆者のゼミの学生12名が集団的に行ったものである。
　2人の学生にデジカメを渡し，「暗黙のうちに守られている社会のルールと思われるものを撮影してくるように」要求した。「社会のルール」がどう定義されるかは，筆者からは明らかにせず，それぞれの学生が判断してよいものとした。ただ，それが守られていることが「一見して分かる」ものを撮影するよう要求し，「社会のルール」とされるものもいろいろあるが，よく「見なれたルール」を撮影することが望ましいと指示した。他の10名の学生にはその2名の学生がどんな課題を与えられたかは教えなかった。撮影者の学生には，撮影時にそれぞれの写真がなぜあるルールの存在を示すと言えるのかをメモにするように指示しておいた。
　1週間後，撮影担当の学生は8枚の写真を撮影してきた。そして，12名の学生全員で写真を見ながら，依然として課題の内容は明かさずに，写真に何が写されているかを述べあった。最後に，撮影者の学生が写真の意味を明らかにした。
　ほとんどの写真について，それが「社会的ルール」を撮影したものであることを知らせずに議論すると，10名の学生はそのことに気づかなかった。
　次にそれがルールの撮影という課題の遂行であることを知らせてから写真の意味について議論すると，ほとんどの写真について，「撮影者が述べるルールの写真であることは理解できること」，しかし「撮影者が述べなかったルールの写真であると見なす余地があること」について，全員が同意した。いくつかの写真については，それがルールを写したものであることに多数が反対した。

これらの議論の後，12名の学生全員に「来週までにルールが明らかに観察できると思われる状況をフィールドノーツの形式で書いてくるよう」要求した。12名の学生がそれぞれ「社会的ルール」が観察できる報告をまとめてきた（実験のこの部分については，樫村［近刊b］で取り上げている）。

◆「ルール」発見の様相
　次に，そのうち2枚の写真を検討してみよう。読者は，この写真が，「一義的に『社会的ルール』を示す証拠となっているか」と問うことで，「社会的ルール」という社会的パターンを，眼に映るものの中から発見するために，自らが利用している手続きを見ることができよう。
　それらの写真のうち，2枚を掲げる。
　まず，わたしたちは，これらの写真が何を写したものか，という問いには，簡単に答えられることに気づくだろう。たとえば，写真10-1は，「駅前」「駐輪場」「道ばた」等を写したものといえよう。写真10-2は，「店先」「スーパー」「レジ」等と答えることができよう。こうした答えは，日常的な文脈で〈普通の実践に役立つ (for all practical purposes)〉答えである。たとえば，待合わせをするという目的のためには，とりわけこの写真の場所を知っている人の間では，この写真は十分な情報を与えているであろう（なお，ガーフィンケルの用語法では，〈普通の実践に役立つ〉という語は専門的文脈における実践性もカバーしている。Garfinkel［1967a］, p. vii）。
　これに反して，これらを見て，「社会的ルール」を写したものだという判断に達することはきわめて難しいに違いない。また，それが「社会的ルール」を写したものだと述べられた後でも，どのような「社会的ルール」を写したのかという問いには，うまく答えられないのではないだろうか。「社会的ルールを証拠に基づいて発見すること」と「日常的場面の意味を証拠に基づいて発見すること」の間に重要な相違がある。2つの種類の「証拠による事実認識方法」は，異なるパターンを生成するのである。
　このことに関して，また，注目してよいことは，わたしたちは，どの社会的ルールを写したものかという問いに答えられなくとも，この写されたような場面で社会的ルールに違反することで制裁を受けるという恐れも抱かない，ということである。社会的ルールに従えるということと，特定の社会的ルールを証拠によっ

写真 10-1　　　　　　　　　　　　　写真 10-2

て発見することとは，端的に異なることなのである。

◆ 証拠に基づく「ルール」の発見

では，どのようにして社会的ルールを証拠によって発見することができるのだろうか。このための方法のもついくつかの側面をごく簡単に検討しよう。

写真 10-1 と写真 10-2 を撮影した学生（同一人）が，撮影時にメモして，与えた説明はそれぞれ次のものだった。

　①「駐輪場」　JR 六甲道駅南側の駐輪場。駐輪場のすぐ向こうに，大量の違法駐輪がされている。駐輪場の中にも，代金を支払っていない違法の駐輪がある。しかし，違法駐輪の自転車も合法の駐輪の自転車も，そのほとんどが，きっちり同じ方向を向いて並んでいる。できるだけ多くの自転車が止まるように，同じ方向を向けてできるだけつめて駐輪するという「きまり」が守られている。

　②「レジ」　レジで客が店員に代金を支払っている。紙幣や貨幣に一定の価値を認め交換の仲立ちとするという「きまり」が当然のこととして守られている様子。

ここから，次の様相を観察することができる。

(1)　状況の誰もが知ることのできるものとしての写真の特徴を利用すること

　たとえば，写真 10-1 の説明では，「ほとんど〔の自転車〕が，きっちり同じ方向を向いて並んでいる」という特徴を，誰もが写真の中に見出すことができると，撮影者は主張している。

(2)　ルールを守るという観念との関係で写真の特徴を利用すること　　たとえ

ば，「ほとんど〔の自転車〕が，きっちり同じ方向を向いて並んでいる」ことは，その背景に見られる「駐輪場のすぐ向こうに，大量の違法駐輪がされている。駐輪場の中にも，代金を支払っていない違法の駐輪がある」という状況の混乱した特徴と対比されることで，「ルールに従っていること」が際立たされている。

(3) 誰もが合意できる目標という観念との関係で写真の特徴を利用すること
　「ほとんど〔の自転車〕が，きっちり同じ方向を向いて並んでいる」ことは，「できるだけ多くの自転車が止まるように」という目標に結合される。そこから，写真の具体的な特徴は，「同じ方向を向けてできるだけつめて駐輪する」という「努力」を含意する「規範的」命題にパラフレーズされている。

(4) 誰もが知っている制度的特徴を利用すること　たとえば，写っている人は「客」「店員」と叙述され，行為は「代金を支払っていること」と叙述されている。その理解のうえにたち，「貨幣や紙幣への信頼」という主観的要素を含意する規範的命題が構成されている。

(5) その他「ルール」を用いることに関わる様相を利用し，そうでない特徴を無視すること　重視される様相には，意図性，努力，慣例化，制裁，他者からの評価，論争可能性，感情，等であり，無視されたり対比されたりする様相は，人の個性，逸脱の存在などである。そうした説明の仕方は，上の例とともに，次のような例に現れている。③〜⑧はそれぞれ，写真10-3〜10-8に撮影者が与えた説明である。

　③「駅の切符売り場」　電車に乗るためにわざわざ自分で切符の代金を調べ，機械に並んで切符を買うのは客にとっては手間だが，全員が行えば駅の人の流れはスムーズになる。電車に乗るためには切符を買わねばならないという決まりが守られている様子。

　④「通りすがりの人がごみを捨てているところ」　飲み終えたペットボトルの空を分別して捨てるという行為は，法で律してはいないものの，環境保護などを念頭におくと，ある程度定着した行いであるし，もし誰かに咎められた場合，言い負かすのは難しいであろう。ゆえにこれは暗黙のルールといえると思う。

　⑤「友人が煙草を道の灰皿に捨てるところ」　いまやCMでも「私は捨てない」と暗にプレッシャーをかけられ，携帯灰皿というものが市場に出回り，それを持っているということが「マナーのよい大人」視されていることに間違いはない。煙草を道端に捨てる人にその行為の非常識さを説明することは，チンピラの理論で迫られないかぎり，

写真 10-3

写真 10-4

写真 10-5

写真 10-6

写真 10-7

写真 10-8

第 10 章　法現象の分析　155

私にもできそうである。多分。

　⑥　「犬の散歩にビニール袋を持ち歩く人」　犬を飼うということは犬のしでかしたことすべてに飼い主が責任をもつということである。それは訴訟なども起きていることから判断し，社会的に認知されていることである。

　犬のフンは汚物である。このことに間違いはない。そして汚物で公共の道路を汚したままにしておくことは非常識である。ゆえに，犬のフンを回収する袋を持って散歩することは社会の決まりといえる。

　⑦　「煙草の自動販売機の補充をする人」　煙草の自動販売機でもジュースの自動販売機でもそうだが，それは煙草とジュースのお店と同然だ。お店に入って，「すみません。煙草もジュースも全部品切れなんです」では納得がいかない。だったら閉めろという話だ。それは極端にしろ，なるべく商品の切れがないようにマメに足すのが商売人のギムだと思われる。

　⑧　「バスに並ぶ人々」　割込みは，頭にこないときもあるが，急いでるとき，または態度が余りにふてぶてしいときに怒りの衝動が湧き起こらない人がいるだろうか。言うまでもないルールである。

(6)　規範の発見は，法典，慣習，習律，等のコーパスへの所属の論証ではなく，規範利用のコンテクストの中に，その規範を継続的に所属させ続けることから成り立つ　わたしたちが，規範を発見するのは，これらの説明を読み進む中においてである。これらの説明は，論争の開始でありうる。多くの人々が，異なった規範を発見するのであり，それらを調整するための対話の継続が動機づけられる。新たな事情の発生が，新たな規範の探究を促すことは，よく知られている。こうして，規範は，他の類型的パターンと同様に，ある時点でその規範性が確定されるというよりは，その規範性が管理され続けるのである。

◆ 法のエスノメソドロジーを実践するために
　本章では，社会的ルールと法とを連続的にとらえる方法を示した。
　通常，人は，正しいやり方を無意識にとっているが，それを主題的に意識しつつ行為してはいない。行為がこのような状況にある場合は，「規律されないやり方」と呼べる。「規律されないやり方」は，日常的に説明可能な行為を生み出すが，行為がどのような規範に従っているのかを，把握することを含んでいない。

行為がそもそも規範に従っているのかどうか，また，どのような規範に従っているのかは，問われることがあまりない。

人が従っている規範を発見することは，動機づけられた探究である。そこでは，証拠に基づく事実発見の方法がとられている。「社会的ルール」を証拠に基づいて発見する方法を観察可能にするために実験状況を工夫すると，そこでは，「ルールに従うこと」というパターン（による報告可能性）を，事実発見の過程で，維持し，管理するという実践が観察できる。

法律家の行為は，規範を発見することのみを内容とするものではないが，規範を発見するために外界への探究を行うことを本質的な要素として含んでいる。エールリッヒが述べるように，社会的ルールは，法の基礎的な事実である。法律家が行う決定，評価，記録，計画，調整等の合理的活動は，少なくとも規範の事実としての発見可能性を前提として行われている。

法的交渉，法的相談，法的闘争，法的決定，法的決定評価，法的理論化，法的記録等，さまざまな法律家の行為は，規範的事実探究の限りないバリエーションを示している。法律家の行為は，素人の行為と一対となって行われる（樫村[1998]）。法律家の行為と素人の行為との対応関係の分析は法のエスノメソドロジーの重要なテーマである。さしあたり，わたしたちは次のことを確認しておきたい。すなわち，法というものが，現世で行われる，法律家と素人による規範的事実探究の行為の中の，観察可能な様相として存在しており，それ以外のどこか別のところに見出されるものではないということである。

テーマセッション 2

実践の中の視覚
―― 身体的行為と見ることの分析

浦 野　茂

▶視覚について考えるとき，ついついわたしたちは，一方では見る者にそなわる身体的・心理的メカニズムに，他方では見られる物じたいに，注目しがちである。けれども，見ることは具体的な状況ぬきにはけっして生じえない。だから見る者と見られる物とは，この具体的状況の部分的切片にすぎない。そして見る者と見られる物とがその部分となっているこの具体的状況とは，すでにしてさまざまな概念的了解をつうじて多様な形で編成されている社会的実践の領域なのである。ここでは，こうした領域にアプローチする際に必要なことを，いくつかの研究を参照しつつ明確にしておきたい。

1　はじめに

　視覚とは，心の働きである。すなわち物を見るということは，光が眼に飛び込んできた結果として生じる網膜像に，心が意味付与なり情報処理をすることである――視覚についての哲学や心理学でおなじみのこうした説明の問題点を考えるにあたり，メルロ－ポンティは，わたしたちが身体として存在している点を強調していた。
　たとえば見ることにとって，物との隔たりが不可欠である。眼が届かないほどに物が離れていたら見ることができないのは当然だが，まったく隔たりなく眼に密着した物を見るなどということもできない。だから見るということにとって，物が・そこに・あるということ，すなわちある奥行きの中に置かれているということが，根本的な前提をなしている。そして身体がそこにではなくここにあるということにおいてはじめて，こうした奥行きの次元が開かれるのである。

とすればこの奥行きは,そしてそれゆえに見るという経験そのものは,網膜像に対する心の作用の結果として構成されるのでは,けっしてない。むしろそうした説明が可能になるためにも,それに先だってわたしたちが身体としてすでに具体的な環境という奥行きの次元の中に物とともに置かれており,その具体性を生きてしまっているという端的な事実がなければならないはずなのである。このようなわけで,身体のこの具体的ありようの記述がすなわち視覚の経験そのものの記述となるのである (Merleau-Ponty [1964=1966])。
 こうした関心を共有しつつも,しかし彼の記述を追っていくとそこからはある限界を感じざるをえない。わたしたちの身体と視覚の具体性はすでに,さまざまなメディア技術に媒介された環境の中に複雑に入り組んだ形で,他者とともに置かれている。つまりそれらは,彼の記述から大きく隔たったところに存在してしまっているのだ。エスノメソドロジーにおける視覚研究を導いてきたのは,このような関心と問題意識なのである。
 たとえばリフレキシビティ (reflexivity) という着眼点。これは,見られる物とその見られ方が,それを見る身体の置かれた具体的な状況とともにあり,またその状況をまさにその状況として成り立たせるのに不可欠な一片であるという事態を,言いあてている。そしてここからはメルロ-ポンティが見抜いた事態を読みとることもできる。とはいえしかし,この具体的状況とは,すでにしてさまざまなメディア技術をうちに含み,また社会的意味を帯びた状況であらざるをえない。こうした状況こそが,見られる物と見る身体を取り囲んでいるのである。
 とすれば,たとえ遠回りではあれ,このような複雑で社会的な状況の中で生きられている身体と視覚のありようを記述していく必要があるだろう。そしてこうした作業の一端を読み解いていくのが,ここでの目的である。

2 カテゴリー化の問題と視覚──都市を生きる視覚

 カテゴリー化の問題とは何か。それは,ある人々や物などの同一性(アイデンティティ)を特定のカテゴリーによって同定してしまうことの帰結として生じる政治的問題であると語られるのをよく耳にする。けれどもこの問題の本当の核心はそこにはない。むしろ,互いに異なった視点を含みもつ複数のカテゴリー集合からのカテゴリーによってそれぞれ,その人々なり物に同一性を与えることができてしまい,したが

ってどのカテゴリー集合からのカテゴリーでそれを行えばよいのか選択できるしそうしなければならない，という事態をさしている。そして，特定のカテゴリーによる同定の帰結がことさら問題視できるようになるのも，こうした事態のうえでのことなのである（カテゴリー化については，本書第2章1節を参照してほしい）。

ともするとこの問題は，場所や状況・時代にかかわらず，わたしたちがつねに直面せざるをえない普遍的問題のように——ゆえに理論上の問題として——語られてしまう。けれどもこの問題自体，ある社会的状況の刻印を強く帯び，またその状況そのものと切り離しがたいものとして現れる現象なのだ。たとえば次のような状況である。

都市の通りのあちこちにできる集まり。そこでは，見ず知らずの人々がともに共有するような積極的脈絡もなく集まっている。人々の視線はそこでは不確かな形で入り組み，またその全容を把握しようとしてもしきれない。ゆえにまた，これらの視線に対して示されるわたしたちの振舞いもよじれたものとならざるをえない。この点はゴッフマンの記述でおなじみだろう（Goffman［1971］）。

とはいえこの視線がもつ性質について，とりわけその時間的射程に注目しながらさらに内在的に検討してみよう（Sudnow［1972］）。集まりの中にいるとき，わたしたちは誰から見られているかわからない状態にある。また，集まりの流動性・一過性ゆえ，この視線はいつとは特定できないある一瞬となるはずだ。いわば匿名のそして時間的に不特定な一瞥という可能性のもとにわたしたちは置かれており，同時にまたそれに加担してもいるのである。しかもこうした一瞥は，わたしたちが何者であるか，そして何をしているかを，瞬時に見分ける一瞥である。何気ない一瞥によってわたしたちは何者かとして，そして何をしているなどと同定され，また同時に同定するのだ。とすれば，この一瞥の可能性とは言い換えれば一瞥による理解可能性なのである。

こうした可能性の全容を，誰も一望のもとに把握し司ることはできない。である以上，この可能性は個別には特定できないような一般性という特徴を帯びることになる——これはその意味で，フーコーが記述した「パノプティコン」と呼ばれる監視装置における視線の特徴と類似したものとなる（Foucault［1975＝1977］）。そしてこの可能性のもとにあるとき，わたしたちはカテゴリー化の問題に直面することになる。この可能性がカテゴリー化の問題を提起するからこそ，わたしたちはつねに自身が何者なのか，そして何をなしているかを，一瞥で理解可能な形

として示すことを行わねばならないのだし，また人々によって示されたものによってまずは同定を行わねばならないのである。

　このように入り組んだ視線のもと，わたしたちは自らとその振舞いを理解可能なものに仕立てあげ，互いに示しあう。一般化された可視性というある種の監視状況のもと，管理されたお互いの振舞いを通じてはじめて集まりと呼ばれる社会空間が目に見える形で浮かび上がってくる。これはいわば，社会空間を可視化する方法なのである。ちなみに補足しておけば，こうした方法の専門的管理役にあたるのがたとえば警察だろう。この人々は，こうした方法に依拠して街に現れ，なおかつ人々がこうした方法に自覚的であること——ゆえに濫用の可能性があること——自体を念頭におきつつ，監視と解読の作業を行うことになるだろう (Sacks [1972b])。

　一瞥による理解——これは観察とも注目とも異なる視覚の方法である。何よりその時間的射程に違いがある。ゆえにこれは不正確で劣ったものと考えられがちでもある。けれどもこの一瞥は，一過性と流動性という性質をもった集まりという状況と切り離しがたく，いやむしろ集まりをまさにそれとして成り立たしめる不可欠な方法なのである。一瞥による理解の可能性こそが，それに対して示される振舞いのあり方を用意させ，集まりはそうした振舞いを通じてはじめて成り立つのだから (Sudnow [1972], p. 261)。

　したがって一瞥は，いわば都市の集まりを生きる視覚の方法なのである。もちろんこうした方法は，産業化され交通の激化した都市の歴史的あり方と切り離しがたく結びついている (Sennet [1974＝1991])。しかしそうした都市自体，このような方法を通じて生きられる中ではじめて存在しているのも事実である。

3　写真という実践

　身のまわりには写真があふれている。新聞や雑誌，街頭の看板，財布の中の免許証……。さまざまな場面でわたしたちはそうした写真を目にし，またそれをさまざまに用いている。そして写真を見ることには，いくぶん集まりの中の一瞥と似た性質がある (Sudnow [1972])。この点をジェユッシの議論によりつつ明確にしてみよう (Jayyusi [1991])。

　たとえば新聞を手にとりつつ紙面の写真に目をやるとき，わたしたちは写しこ

まれている光景をすでにある構えのもとに見ていることになる——「そこには何
かがあるはずだ」。すなわちそれを目にする者は，関心の有無以前にすでに，撮
られるに値するものがそこにあるはずとの構えに立っているのである。というの
も写真とは，すでにそこにあること自体において，撮られるに値するものがここ
にあるということを自ら指し示しているからである。

　キャプションや記事，そして見る者の関心の有無という事柄以前に，すでに写
真はそこに写しこまれている光景を注目すべきものとして枠づけつつ現れている。
つまり写真は，撮られるべくして撮られているのだということ，したがってそれ
は今ではないあるとき，ここではないある場所の光景についての撮影者によるイ
ンデックスあるいは引用だということになる。したがって，この写真の光景とそ
れを見る者の間には，時間的に持続した積極的脈絡がないという意味で，ある隔
たりが存在することになる。かつてのある場所といまこの場所とを写真は断ち切
りつつ，また接合しているのである。

　この切断は，ほかでもなく写真を見るということ，さらにいえば写真を撮る‐
撮られるということを含めた写真という実践全体を成り立たしめるのに不可欠な
要素である。

　この切断が持続的な積極的文脈の欠如というものを意味する以上，写っている
人々なり物を同定するカテゴリーには，ある恣意性の余地が存在している。この
切断は，見る者にカテゴリー化の問題を提起しているのである。すなわち，いず
れかのカテゴリー集合からのカテゴリーで同定はできるのだけれども，そのいず
れですればよいのかは一義的にすでに決まっているというわけではないのである。
であればこそ，撮る者もこの点を念頭におかざるをえない。

　「決定的瞬間」（カルチェ‐ブレッソン）を待ちつつファインダーを覗き込む。あ
るいは，被写体と共同でそうした光景を作り上げたりもする。これ見よがしにデ
フォルメされたポーズと配置は広告写真などでおなじみの光景だ。そしてわたし
たちも現にスナップ撮影の被写体として，場所と配置を決めたうえでシャッター
の不確かな一瞬を待ちながらぎこちなくポーズをとってみせたりもする。これら
の行いも総じて，写真による切断が提起するカテゴリー化の問題ゆえのものなの
である。

　けれどもだからといって，いっときのバルトのように，写真の光景は見る者に
とって本質的に意味を欠いた対象だなどと言いたいわけではない（Barthes［1964

=1984］)。もちろんそうなることをめざして撮られる写真はあるものの，そうした試みがなされるのも，現実には上のような営みの中に埋め込まれつつわたしたちが写真を一瞥で理解できてしまえるという事態あってのことなのである。写真はここにおいて，ひとたび切り離したかつてのある場所といまこの場所とを接合しているのである。

　もちろん理解するといってもいろいろあるだろう。しかし最低限わたしたちは，写っているのが何者で，何をしているかを，カテゴリー的に同定することはできてしまえる。そこには一定の場面，道具が写っているかもしれない。また人々がある特有の形で配置されており，その人々が特定の外見を示しているかもしれない。さらにいえばこうした写真がわたしたちの目に触れる際には，それぞれ特有の配置のされ方がなされている。記事に取り囲まれキャプションが添えられていたり，キャッチ・コピーとメーカー名が埋め込まれていたりする。

　とすればどうだろう。たしかに写っているのはいまこの場所とは隔たった一瞬の光景だ。けれどもこれら具体的要素ゆえにわたしたちは，何者が何をしているかを，時間的に厚みをもった持続として，その光景の中に理解することができるのである。写真はやはり一瞥で理解可能なのである。

　写真のこうした理解可能性は，写真という実践全体の中に埋め込まれ，その中の一片として存在している。たんに写真を見ることだけではなく，撮る－撮られることならびにそこで行われる多様な営為，そしてその機会を報道や広告，スナップなど多様な目的で利用すること，さらにいえばそれを具体的な状況においてさまざまに用いること――こうした写真をめぐる実践連関全体の中に埋め込まれる中で，この理解可能性ははじめて存在しえているのである。言葉をかえれば，1枚の写真に写しこまれた光景の理解可能性とは，ほかならぬ写真というメディアを支える多様な実践連関の理解可能性の中にあって，はじめて存在しえているということである。そしてその個々のありようは，「見ること一般」とか，さらにいえば「写真を見ること」などと一括してしまうことが不適切に思えるほど，多様な形をとっているはずである。

4　自然を可視化する実践

　同じことは自然現象についての図像にもいえるだろう。自然科学の専門論文を

目にしたことがない人でも，そこには自然の構造について描写したと思われる数多くの図像やグラフがあることくらいは想像できるだろう。そして対応するように，自然科学という知識自体が自然の構造を写しとった表象（representation）と見なされてもきた。

これはおなじみの世界と表象という二元論である。もちろんこれに反対することもできる。表象のための装置はあくまでも装置であり，すでにして文化的産物である。そして人間は自然をつねに表象としてしか知りえない以上，そうした自然とは文化的に構築されたものであらざるをえない。このような論点は，実在論と反実在論（社会構築主義）の対立として論議の的になってきた（Hacking［1983＝1986］）。そして次のような例に触れるだけでも，この論議がいくぶんかは妥当なものと思われてくるかもしれない（Lynch［1985a］）。

たとえば爬虫類・両生類についてのフィールドガイドに掲載されたトカゲの生息領域を示した図。そこには何匹かのトカゲのそれぞれの生息領域が示されている。たしかにこうした図は初歩的なものかもしれないが，やはり自然を写しとった表象であることには違いない。けれども他方，この図は作り上げられたものでもある。トカゲの個体それぞれを識別できるよう，足の指の切り方をそれぞれ変えてマーキングし，それぞれにコードを割り振る。トカゲの行動圏に適切と目される間隔で生息領域に杭を打ち込んでやることで，二次元的な座標空間としての観察フィールドを作る。そのうえで定期的にトカゲを捕獲し，コード化された各個体を捕獲された座標上の点として位置づける。こうした結果としてこの図ができているのである。とすればこのようにして表象される自然とは，自然を写しとったというよりも，それ自体文化的に構築されたものではないかとも思われてくる。

しかしこうした考えは，世界とその表象という批判されるべき図式に引きずられるあまり，依然としてあまりにも単純化された見方になってしまっていることに変わりないように思う。というのもこの図は，リンチが示しているように，何よりもまず実践そのもののインデックスとして，その実践と切り離しがたく存在するものだからである。

たとえばトカゲへのマーキング。これは，それぞれユニークなものとも見なしうる個体を一律にコードの担い手すなわち標本とすることにほかならない。また図の座標化された特性は，単なる図の特性なのではなく，実際の地形のうえに具

現された座標空間でもある．したがってそれを作ることは，個別的でユニークなものでもありうる地形を，一般性を帯びた観察フィールドへと変換する操作そのものなのである．そしてそのあり方には，観察されるべき自然——トカゲの生息領域——の性質とその観察の仕方とがあらかじめ汲み入れられている．最後に，座標空間上の点としてのトカゲの位置．これは個々の捕獲という出来事を，互いに等価な座標点の位置の観察へと等置することである．捕獲という出来事の個々の多様性は無関連なものとされ，コード化されたトカゲの座標空間上の位置だけが観察されるべきものとして指定されるのである（同様の論点は，Goodwin [1994] も参照してほしい）．

とすれば，この図は何よりもまずひとつの実践のあり方を具現したインデックスであるというべきだろう．言葉をかえればそれは，こうした一連の操作の中にあり，同時にその操作そのものとして存在しているのである．すなわち，観察されるべきフィールドを作り，観察されるべき対象の形式を指定し，一定の様式のもとに観察を規格化する．そしてそのもとにおいて自然は理解可能なひとつの形へと変換される．もちろんその理解可能性は，特定の学問的実践へと差し向けられまたその中において，存在しているのである．

こうした事態をさして，なおも文化的構築を云々することもできよう．けれども注意してほしい．そうした見方は，その言わんとすることの射程があまりにも一般的すぎて，個々の具体的事例についてさして語るべきことをもたないということ．そしてさらに，個々の事例をそれが埋め込まれている一連の実践連関から引き剝がしてしまうかぎりにおいて言われることにすぎないということ．しかしながら，ひとつの図が自然の表象なのかそれとも人為的に構築されたものかという問題は，その実践連関の中にある規準に基づいて問われるかぎりにおいて，はじめて意味をもつ事柄であるはずなのである（Lynch [1985b], pp. 119–121）．したがって，多様な形で存在するこうした個々の実践連関とその規準をぬきにして示されるような一般的立場など，実際には宙に浮いた説明にすぎないというべきだろう．

5 おわりに——多様性としての視覚の実践

見られる物とその見方の具体的ありようは，それを見る身体のおかれた状況と

ともにあり，またその状況を成り立たしめる不可欠な一片としてある。そしてその状況とは，多様なメディア技術と社会的状況に取り囲まれる中で存在している。これがエスノメソドロジーにおける視覚研究を特徴づけるポイントである。ただしその多様性ゆえに，ここで触れることができなかった論点も数多い（とりわけ会話などの焦点の定まった相互行為における視覚について触れることはできなかった。その着眼点と概要については本書の第2章3節とテーマセッション1，3および西阪［2001］を参照してほしい）。とはいえ最後に，視覚の実践の多様性についてはさらに念を押しておきたい。

　たとえば集まりでの一瞥。これは観察とも注目とも異なり，また写真を見ることとも異なった固有の実践を形作っている。その性質とそれが不可欠な一片となっている実践のあり方には，他には還元しえないそれ固有の性質がある。別の言い方をすればこうなるだろう。「一瞥すること」と「注目すること」，「観察すること」と「探すこと」，「描画を見ること」と「写真を見ること」，さらには「報道写真を見ること」と「広告写真を見ること」……。これらはそれぞれ互いに異なる状況における異なる実践として組織されている。その何よりの証拠は，当たり前であるからこそ無視されがちだった次の事実にある。すなわちわたしたち自身が現に，それぞれを異なる概念とその連関によって記述し把握しているし，またそうした記述のもとで実際の実践を組織しているという事実である。そしてもしそうだとすれば，それぞれの実践には固有の状況と組織のされ方が備わっており，なおかつそれぞれを区別して記述し把握する実践上の規準が現に存在しているはずなのである（Coulter & Parsons ［1991］）。

　視覚の実践のこのような多様性はおそらく，「視覚」とか「見ること」といった概念で一括してしまうのが不適当なほどであるはずなのである。したがって日ごろわたしたちが用いているこの概念も，しょせんは便宜的なものにすぎない。つまり「視覚」とか「見ること」という概念は，これら多様な諸実践の「家族的類似性」（family resemblances）を言い表した見出し以上のものではありえないのである（Wittgenstein［1953＝1976］, §67）。逆にいえば，それぞれが近接しつつ存在している視覚の実践の多様性を，それらすべてに共通する過程——たとえば網膜像と心の意味付与という過程——へと還元し，それによって説明しつくしてしまうことなどできはしないということである。なぜなら，こうした説明は現に存在している視覚の実践の多様性とそれぞれがその中でもっている個別性とを消

し去ってしまうからである。いわば，説明すべき対象の存在を当の説明自体が消し去ってしまっているのである。

このようなわけで，必要となるのはむしろ，わたしたち自身が現にそのもとで生きている視覚の実践の多様性とそれを形作る概念的多様性とを，見出しの共通性がともするともたらせてしまう還元的説明の誘惑に抗して記述し，解明していくことなのである（その試みについては本書の以下の各章を参考にしてほしい）。そして付け加えておけば，視覚の実践についてこれから記述していくべき事柄はまだまだ数多く残されているはずなのである。

■ **ブックガイド**

日常的な概念の用法に着目することを通じて社会的実践を経験的に解明していくという研究方針については，ジェフ・クルター［1998］『心の社会的構成』西阪仰訳，新曜社をまずは参照しておいてほしい。そこで示された方針から，本文でも紹介したクルターらの指摘は導き出されている。すなわち，一口で「視覚」とか「見ること」とついつい言いがちだがそれがじつは異種混成的な現象からなっているという指摘である。

この点をきちんと踏まえておいたうえで，概念的了解と「見ること」との関係については，西阪仰［2001］『心と行為——エスノメソドロジーの視点』岩波書店のとりわけ第2章を参照してほしい。けれども，焦点の定まった相互行為を超えたこの現象の広がりと多様性とを把握するには，未邦訳だか本文で言及したD. サドナウの論文（Sudnow［1972］, "Temporal Parameters of Interpersonal Observation"）に挑戦してほしい。ともすると理論的問題へと切り縮められがちなカテゴリー化の問題が，固有の状況における現象としてある点を正確に踏まえたうえで，それが集まりの中の一瞥と振舞いに対してどのような関連性をもっているのかが鮮やかに示されている。

また，メディア表象について現在進められている解明の作業は，未邦訳ながらP. ジャルバートの編集による論文集（Jalbert ed.［1999］, *Media Studies: Ethnomethodological Approaches*, University Press of America）がさしあたり参考になる。ただし注意しておいてほしい。ここに収められた論文の多くは，わたしたちの経験においてさまざまなメディアが存在しているということ自体は自明にしたうえで，カテゴリー分析をさまざまなメディア表象に対して適用していくという分析にとどまっている（もちろんそれだけでも大変な仕事なのだけれど）。したがってこれらは，そもそも肝心のメディアの経験そのもの自体には接近しえていないのである。

この点からいえば，本章でも紹介したL. ジェユッシの論文（Jayyusi［1991］,

167

"The Reflexive Nexus: Photo-practice and Natural History") は啓発的だろう。この論文は,写真というメディアを経験するということが,どのような社会関係と了解,そして実践的課題を経験することとして存在しているのかという点を掘り下げていった点で,メディアの経験そのものに迫りえたきわめて貴重な仕事だと思う。こうした点を広告について検討していく本書の第11章とあわせて,ぜひ一読をお勧めしたい。

第11章

メディア分析

是永 論

▶本章では，メディアに対するエスノメソドロジー的な研究方法の一例として，日常にある「広告」がどのように理解されているかを考えてみたい。以下では，まず従来のメディア研究の中で広告がどのような特徴をもって扱われてきたのかを見ていく。次にエスノメソドロジー的な立場から新たに「社会的実践」という視点を考えながら，それが広告の理解を考える場合に，従来の研究について見落とされている部分になっていることを述べる。そして最後に，あるテレビ CM を題材にしながら，そこで行われている社会的な実践の具体例について説明することで，「広告」を見ることが一定の特徴をもった社会的実践であることについて示していきたい。

I 従来のメディア研究における広告

◇効果論的アプローチ

従来のメディア研究において，広告はマス・メディアで行われる言語的な行為（言説）として考えられてきた。その「マス・コミュニケーション」という形式のうえで，比較的長い間とられてきたのがいわゆる「メディア効果論（media effect）的アプローチ」である。

これは一般的なマス・コミュニケーションの形式として，広告主などの（多くは単一の）「送り手」と消費者などの不特定多数の「受け手」がいることを前提に，前者から後者に対し，こんな商品があるといった「情報」やこの商品を使ってほしいといった「意図」を，ある広告を通じていかに「効果的に」伝達することができるかを考えるものである。

ここでは広告効果についての実際にはとくにふれず，こうした「効果」という

考え方にある特徴的な点をまず指摘しておきたい。それは，1つに，特定の「送り手」と「受け手」というものが存在し，それぞれが個々の関係を結んで，（送り手が使っているものをそのまま受け手が使うなどの意味で）商品を使うといった行動（または意図）の「受渡し」をしているということが考えられている点である。そしてもう1つは，その「受渡し」の成立が，そのまま何かの社会的な行為の発生を意味していると考えられていることである。それは極端にいえば，広告に関して「送り手」と「受け手」というそれぞれの独立した役割をもつ人たちがいる，1つの閉じられた空間ができあがっていて，そこで意図や何かの「受渡し」が行われた，という事実の成立を見れば，広告が社会的な行為として成立しているかどうかを見ることができる，と考えていることを意味する。

　この意味での広告は，「送り手」であるタレントがおいしそうにビールを飲むといった行動を，そのまま「受け手」である消費者に「受渡し」をすることで，実際の社会でそのビールが飲まれるという目的を達成していると考えることができる。仮にビールが飲まれていないとしたら，それは「受渡し」がうまく（効果的に）行われていないからだ，と考えることになる。

◇ 記号論的アプローチ

　しかし，単純に考えてみてもわかるように，このような考え方だけによって実際の社会で「広告」として成立しているものを扱うことは難しい。なぜなら，空を飛んだりするとか，とりあえず商品とはまったく関係のない（現実にもありえない）「行動」が行われている広告はけっして珍しくない。また，行動の「受渡し」ということをもう少し厳密に考えるなら，ビールの「味」を宣伝する場合など，他人とまったく同じやり方（感覚）でビールを「味わう」などということになるように，確かに他人と同じように「飲む」ということはできても，それ自体の「受渡し」が不可能に近い場合もある。

　その一方で，近年のメディア研究もまた現実的な伝達効果のレベルだけで広告の成立を語ることができないことにそれなりに対応してきた。それが，「記号論（semiotics）的アプローチ」とされるものである。

　「記号論」についてはさまざま考え方があるが，とりあえず，ここでは独自に「目の前にあるもの（表示）が，目の前にはないものへの関係を示す（共示）ことができる作用」をもっているものを「記号」としておく。たとえば，映像として

図11-1 表示と共示のレベル

表示/共示3	「高原のようなさわやかさ」		「さわやかな味のビール」
表示/共示2	「高原」	「さわやかさ」	
表示/共示1	映像（緑）	高原	

　ある緑いっぱいの風景（高原）が描かれた（表示）ビールの広告があるとしたとき，ビールの味はとくに目の前にはないが，目の前の広告で描かれている「高原」が「さわやかさ」を示す（共示）ことで，その「さわやかさ」という関係からビールの味を示すことができるという意味で，この高原は「記号」となる，といったものである。

　このことをもう少し原理的に考えると，図11-1のように，映像がまず高原であるという関係を示し，さらに「高原」が「さわやかさ」とつながる関係を示し，そしてさらに「高原のようなさわやかさ」が「さわやかなビール」の関係を示すという，共示のレベルがいくつも層を重ねることで拡大しているものと考えることができる。

　記号論は，このような表示からの共示が多層にわたって繰り返されることが，実際の広告が社会的に成立するための１つの仕組みであることを示してきた。

　この立場から，広告についてふだんからよくいわれる「イメージ」というものを考えることができるだろう。つまり，空を飛んだりする行動はとくに表面上のレベル（表示）で伝達されるべきものでなく，それが示している「空を飛ぶように」「気持ちがいい」といった「イメージ」のレベル（共示）で伝達されていると考えることができるのである。

2　社会的実践としての広告

◆日常において「広告」を理解すること

　以上の議論は，確かに最初から「広告」とされているものを取り出して考えようとするとき（つまり「広告とは何か」と考えるとき）は，どれも間違っているとはいえないだろう。しかし，それはあくまではじめに「広告」があると（前提的に）考えているかぎりにおいてのことであって，逆に日常場面にある広告について，

それがどのようにして「広告」として理解されるといえるのか，と考えるとき，事態は少し異なってくる。

たとえば，われわれはテレビをつけた瞬間しばらくして，何が映っているのかということについて，その画面にいちいち「これは広告です」のようなことが書いていなくても，それが「何である」かということを知ることができるだろう。そのとき，それがどうして「広告である」かということは，「その時点」にテレビ画面に映っているものだけから「受渡し」されているのではなく，画面以外のさまざまなものが関連している中で，その理解を作られていると考えられるのである。たとえば，その時点について**夜**に**家**で**テレビ**を見ているという状況があって，**いま**は**ドラマ**を見ているところで，そこでときどき**途中**に **CM** が入ることがあるということがわかっている（じっさい韓国などでは通常番組の途中に CM は入らない），など。以上の太字のものに関して日常の中で行われているさまざまな理解をここでは「概念」と呼ぶことにするが，いま目の前にあるものが「CM」であるかどうかを理解するためには，少なくとも CM というものが，そうした概念と，状況に応じてどのように関係しあうかが理解されていなければならないだろう。

さらに，たとえばある人が「いまドラマを見ているから忙しい」といいながら，その時間にたまたま挿入されている CM を見ているからといって，普通はその瞬間をさして「ドラマなんて見てないじゃないか」ということはないだろう。逆に CM という概念もまた，こうした日常に繰り広げられているドラマなどに関するさまざまな概念の結びつきの中で理解されていると考えられる。このような形で，人々が日常に行っている，それぞれの状況に応じて概念どうしの関係を結びつけていく（あるいはつけないようにする）やり方を，エスノメソドロジーでは（社会的）実践と呼ぶ。

このとき，「広告」を見るということは，閉じられた空間で何かを「受け渡す」ことに終わらない，さまざまな社会的実践に対して開かれていることがまず指摘できるだろう。

◆ 社会的実践による達成としての「広告」

以上でみたように，「広告」を見るということが日常のさまざまな実践の中にあるという点に加え，「広告」を目の前にあるものとして語ることもまた，それ

自体が固有の社会的実践として成立しているということを，さらに指摘する必要がある。

　その1つとして，逆説的であるが，「広告であること」が直接には送り手側にも受け手側にも積極的に語られない，という実践を日常的に伴っているということがある。このことは従来の広告研究においても，「広告なので，買ってください」とわざわざ語ること自体が1つの「ウソっぽさ」を出してしまい，その信頼性をかえって損ねてしまうという点として実際に指摘されていることでもある（辻［1998］）。

　そこから，画面に映る映像が「CMであること」（または「広告である」とする理解）をわざわざ主張することはそれだけで何かの意味をもつのではなくて，その「CM」に関わる概念が，ある「やり方」で適切に結びつけられる実践を伴うことではじめて自然に理解されることになる。逆に，そのような実践を伴わないでただ単に「これはCMだ」ということは何がしかの不自然さがつきまとう。つまり，わざわざそのように言うことは，ただ目の前にあるものが広告なんだという以上に，（画面に映っている以外の）何か他の概念を結びつけながらそう言っているということを他の人に指示（参照）させることになるのであって，むしろそのような実践なしに純粋に「広告」を指示することには困難がある。こうした参照が場面それぞれについて適切に行われるかどうかということは，何らかの「伝達」をするための情報や，あるいは「記号」として示すものがその映像中に必ず（本質として）認められるということに一方的に依存しているのではないだろう。

　たとえばあなたがいま，たまたま家のテレビである映像を目にしていたところ，ちょうど友人から「いま何してる？」というメールが入ってくる場面があるとする。そのとき，その返事に最初から「CM見ていたんだ」とわざわざ書くなら，あなたと友人はそこから続くやりとりの中で，確かに，新しいビールが出たといった「情報」や，さわやかさなどの「イメージ」といった概念を参照することで，その「広告」としての理解を適切に作り出すことはできる。しかし同時に，だからといって，そういう情報やイメージを必ず参照しないと「広告を見ていた」ことを自然に理解されないということではないだろう。むしろ，日常でわざわざそんなことを書くなら「よほどヒマしてたんだ」とまず理解されるのが自然であるように。

　この点で「伝達」や「記号」といったものは，「広告」という理解の前提にあ

るのではなくて，その映像に関して人々が実際に行う社会的実践を通じて，さまざまな概念の関連が，その時点で適切に作り上げられること（達成）によって，認められるものにすぎない。広告がこのような「達成」によって理解される以上，あなたは目の前に机があることを示すようなやり方で，そこに「広告がある」ということを示すことはできないのである。

◇ 広告に埋め込まれた実践

　以上の点を踏まえたうえで，ここでようやく「広告」を理解することがどのようなものであるか，という問いそのものに向かうことができる。このとき，まず，1つの広告作品（テキスト）については，それは前提的に（本質として）「広告」であるのではなくて，そのテキストの構成に沿った人々の社会的な実践によって日常的な概念の結びつきが達成されるかぎりにおいて，はじめてそれが「広告である」という理解が生じてくる，と考えられる。そしてその場合，テキストが外部にある社会的な状況から閉ざされたまま，ただ何かをそのまま「受渡し」するのではなくて，「広告」について結びつけられる概念の関係づけが，テキストの「構成」を通じて，理解を行う場面について1つの実践を導くために「埋め込まれて」いるものとしてとらえられる。

　ここでいうテキストの「構成」とは，とりあえず映像，音声，言語といったものに分けられるさまざまな要素を通じて作り出される場面設定や登場人物などの関係を示している。しかしながら，ここでは，記号論でみたように，要素それぞれが何かの「イメージ」といったものをそのまま表す（共示する）という考え方をするのではない。実際に記号論に関する議論でも，テキストの内部に直接的に何かのイメージを作り出す源泉があるとすることについては，明らかな批判がある（難波［2000］）。その一方で，人々がテキストを解釈する場面について，その場面の外側にあって見えない個人の「意図」しだいで，テキストからさまざまな理解が無作為に取り出されるだろう，という考え方もしない。先にみた，あるものを「広告である」と語ろうとする振舞い自体がそうであったように，「広告」に関する概念どうしの関連づけは，日常の状況について特定の方向づけをする力（規範）に従っていると考えられるからである。この規範は，「論理文法」（Coulter［1979b］，本書第3章，テーマセッション2などを参照）と呼ばれるように，言葉の使われ方によく似ており，日常で誰もが実際に従っているが，意識しないとで

きないというものではない。その意味で、ここで考えられている実践は個人の「意図」とされるものとは別の次元にある。

以上のように、広告が何らかの概念どうしの関係についての日常的な規範をもって社会的に成立しているという考えにのっとり、次の節では、具体的なCMを題材にしながら、そこで「広告」として理解する適切な「やり方」として、どのような概念の結びつき方が実践として埋め込まれているのかという、いわゆる広告についての「論理文法」を明らかにしていく。

3 「広告」として理解するということ——あるCMを事例として

ここでは表11-1のような韓国語のテレビCMを取り上げながら、筆者が以前ある研究として実験的な状況で人に視聴をさせたとき（是永［2004］）に、そこで実際に理解のために用いられたものを中心に、このCMの構成について見られる具体的な実践のいくつかを紹介していく（読者の多くの方が韓国語を理解しないものと思われるが、その方はまず訳語を読まないで、CD-ROMにあるCMを何回か見てから、内容がどのくらいわかるか、そしてどうしてそれが「わかる」のか、を試しに考えてみると、以下の意味が通じやすくなると思う）。

◆「成員カテゴリー化装置」による実践

このCMの理解に際して、まず着目できるのが、「誰が何をしている」という意味での、登場人物と行為の結びつきであろう。S4が皿の柱のように見えるものに対して何をしているかは別として、ここでまず、画面にいるS4が、S1にとって「ママ」、S2にとって「君」と呼ばれていることが示されている。ここには、「成員カテゴリー化装置（membership categorization device）」（本書第2章参照）として、S4がS1やS2とある概念のもとに関連づけられていることがわかる。つまり、ある人を「お母さん」というカテゴリーで呼びかけるということは、呼びかけている人がその「家族」そして「子ども」であることを意味している。

ここではただ当たり前のことをなぞっているのではなく、重要なのは、あくまでテキストの構成に即した「呼びかけ」という実践によって、そうした関係を概念として示すことが可能になり、さらに示されたその概念が新たな行為や関係を

表 11-1　韓国の CM トランスクリプト

V1		（音楽） （テーブルの上に何重にも重ねた皿）	V7		（皿を倒す S4）
V2		（音と共に皿が倒れかかる） S1：엄마도 오세요. S1：ママも来てよ！	V8		（床で音と共に砕け散る皿）
V3		（S4の手元のアップ）	V9		S4：아, 시원하다. S4：あーすっきりした.
V4		（靴にさわる S4） S2：당신도 이리와. S2：君もこっちへ来なよ！	V10		S3：설거지와 멀어지면 가족이 가까워집니다. S3：お皿洗いから遠くなると家族が近くなります.
V5		（ふたたび音と共に皿が倒れかかる）	V11		（電子音と共にスイッチを入れる）
V6		S3：그래요. 설거지보다 이젠 가족에게 돌아가세요. S3：そうでしょう。皿洗いなんかよりこれからは家族のほうにもどってください.	V12		（手を叩いて腕を組む S4） S3：○○ 식기세척기 S3：○○ 食器洗浄機 字幕：설거지와 멀어지면 가족이 가까워집니다. 字幕：お皿洗いから遠くなると家族が近くなります.

（出所）　URL：http://rm.chosun.com:8080/ramgen/cf/agency/magic1.rm

示す実践のための「元手」(リソース) になるということである。たとえば恋人のいる男性が，恋人の父親の前で結婚の承諾を得るときに「お父さん！」と呼びかけて，父親に「お前にお父さんと呼ばれる筋合いはない！」という言われ方をする状況が劇などでよく描かれることがある。この場合，父親は，日本語として「他人」をそう呼ぶことも正当な使い方である (先生が家庭訪問先で生徒の保護者を「お母さん」と呼ぶ場合など) にもかかわらず，わざとその呼びかけが示す「家族」という関係づけのほうをとっている。このとき父親は，むしろそれを「元手」として，男性側の「恋人と結婚したい」という意味を先取りしつつ，相手の男性を (この場合「お父さん」以外の呼び方が難しいことも含めて) 封じ込めるために使っているものとして見ることができる。「呼びかけ」はこのようにして相手を (ただ目の前にいる以外の)「何もの」かとして実践的に「見る」ことにもつながっている。

　映像に戻ると，これらの「呼びかけ」はこうした「家族」の関係をリソースとして，Ｓ４を「主婦」というカテゴリーとして示し，柱になっている「皿」にＳ４が「主婦」として「関わるべきもの」になる，という関係をさらに参照することができる。その意味で，カテゴリー化実践とは，特定の場面での行為者における特定の「活動」が，社会的カテゴリーに結びつけられているものとして解釈する１つの実践であるともいえる (Sacks [1972c]，上谷 [1996])。

　この「皿洗い」に「関わるべきもの」(支えるべきもの) として見なされるＳ４の身体は，しかしながら，それが示しているカテゴリーとは一方で違った関係を見せている。それはその身体にある「マニキュア (の爪)」や「ハイヒール」という特徴が，「家の外でされる行為」として「皿洗い」という「家の中でされる行為」にカテゴリカルに対立しているという点である。しかしながら，これらの特徴はけっして後づけ的に見出されるのではなく，Ｖ３のように「マニキュア」が画像としてクローズアップされたり，Ｖ４のように身体活動として明示的にＳ４が靴を触るなどのテキストの構成によって，その場面にとっての関連づけをもたらされている。この「ハイヒール」-「皿洗い」というカテゴリカルな対立を示す関係を仲立ちとして，「皿」は「主婦」としてのＳ４が関わるべき対象であると同時に，またＳ４の身体について対立的な要素になっていることが場面において示されている。

◆フッティングという実践

　以上の関係に関連するが，さらに続いてＶ６からは，それまでＳ４自らが支えていた皿を床にたたきつけるという，同一人物によりまったく反対の方向をもった行為がなされている。この「支えられるもの」がそのまま「壊されるもの」に逆転する転換については，「支える」という部分を，先の項でカテゴリカルに示された「主婦」として「関わるべき」行動と考えるだけでは，普通の「主婦」の行動として不自然であるだけでなく，そのままでは転換として理解ができない。

　それに対して，ここでは，この転換がＳ３からの「呼びかけ」をきっかけとして行われているように観察されることに注目したい。つまり，Ｓ３は呼びかける順番（turn）を確保しながら，同時にそのことで「主婦」が「皿」に関わる行為について，「見たまま」のもの（たとえば「皿を積む作業をしている」など）として行われていない次元（主婦が皿に関わることの「忙しさ」など）がその行為にあるということを参照しているのである。

　さらに，Ｓ３の呼びかけにある「皿洗いなんかより家族に戻ってください」という「メッセージ」が「そうでしょ」という言葉によって，Ｓ１とＳ２からのカテゴリカルな呼びかけに呼応しながら行われていることに注意したい。このような「メッセージ」は，いきなり現れても場面に関して関連性をもつことは難しく，あくまでこのような登場人物のいる次元を「足場」にすることで，スムーズにその違う次元の足場を確保することができている。このような行為が行われる次元の切替えは，まさに「足場」という日本語に通じるように「フッティング（footing）」（Goffman［1981］）と呼ばれている。この足場にのっとって，Ｓ４は「皿」に対して「関わらない」という立場の表明として，皿を壊したうえで「すっきりした」と言う資格をもつことになると同時に，また皿に対する「主婦」としては別の関わり方として，Ｖ11以降に食器洗浄機に皿を入れて「スイッチを押す」という行為を行うことになる（Ｖ11ではそこで同時に「マニュア」が強調される）。

　以上のような形で，このＣＭは，画面の登場人物として「主婦」を成立させながらも，同時に（「主婦」だから「洗わなければならない」といった）カテゴリカルに求められる「皿」に対する関わり方に対して，「家族の近く」にいる「主婦」という足場を切り替えた別の次元を成立させている。そして，そのような実践的な手続きのうえに，「主婦」以外としての皿に対する別の関わり方（「皿洗いから遠くなる」こと）を示していると考えられる。ここにおいて，その次元を示すこ

と自体もまた,「主婦」の身体的特徴に対立した「マニキュア」や「ハイヒール」などの身体的な特徴に関連づけられることで,実践の中で達成されていることが指摘される。

　こうしたさまざまな実践にそって,「皿に関わって忙しい」はずの「主婦」が食器洗浄機という商品によって「マニキュアやハイヒール」を楽しめる(そうした身体になれる)という「解放」が,直接わざわざ語られることがないにもかかわらず,この「広告」における「訴求点」(アピールするイメージ)になっていることが1つの理解として現れてくる(達成される)だろう。

4　おわりに——言説バランスの実践的な維持

　以上にみたように,1つの広告作品においては,同じ画面上の言説であっても,それぞれの行為がよって立つ足場は,それぞれによって異なっていることがわかる。逆にいえば,このテキストを「広告として見る」ということは,このような足場を適切なやり方で切り替える実践によって,言説を「登場人物の次元」と「メッセージの次元」それぞれに分けて,なおかつ両者のバランスを維持しながら理解を達成していることにほかならない。

　逆に,このテキストが「広告」として見えなくなるということもまた,けっして個人の気まぐれによるものではなく,あくまでこうした「概念」を前提としながら,その関連づけから外す実践として行われていると考えられる。その際に重要なのは,これらの言説次元間のバランスが実践の中で破綻してしまうことによって,「広告」として規範的にあるべき理解から離れてしまうということである。つまり,見たままに「ハイヒールを履いた主婦」としてとらえれば,「こんなのありえない」ということになるし,まったくの仮想上として見れば,当の食器洗浄機の存在そのものも,現実から離れて(商品でなくなって)しまうことになる。

　したがって,日常の場面であるCMについて「これは広告です」とわざわざ語ってしまうことは,それ自体が一定の規範に基づく「広告」理解の場面的実践から離れてしまうことで,逆に以上のような「広告」としての理解のバランスを脅かす危険をはらんでいるともいえる。

　一方,この映像を含めて,通常CMの中では「洗っている」はずの皿(や身体)がしばしば本当には「汚れていない」ことに気がつかれただろうか。しかし,

それが「不自然」に見えるのは，あくまで「広告として見る」ことの達成がなされないかぎりにおいてであり，普通わたしたちはそのようなことにも容易に気がつかないくらい自然に広告を見ているのである。

　本章に関連するデータが付録 CD-ROM に収録されています。巻末の「付録 CD-ROM について」を参照してください。

第12章

博物館研究

山崎 晶子・菅 靖子

➤博物館の方向性の多様化(バーチャル・ミュージアムやハンズオン展示の発展)につれて,博物館研究は「展示」の観客の「受容」という問題を1つの焦点とするようになった。それまでの,「量的」調査だけではなく,「自然体の」観客の行為を検証するために質的調査に関心が集まるようになった。近年では,観客の鑑賞行為をエスノメソドロジーの観点から分析するやり方が,日本やイギリスにおいても脚光を浴びるようになってきている。この章では,観客の鑑賞行為をビデオ撮影し,それを分析する方法について述べている。とくに,評価,予期,共有空間,参与の枠組や,シークエンスというエスノメソドロジーの概念を当てはめることによって,観客の何気ない鑑賞行為が何を示すのかをデータを例にとって示している。

1 「量的」研究から「質的」研究へ

博物館研究(museum studies)は,戦後の欧米で発達した学問領域である。ミュージアムという呼称は近代ヨーロッパで一般化し,とくに18世紀以降,大衆教育の場としての意図を強くもって数多く設立されている。日本では幕末に「博物館」の語がミュージアムの訳語に当てられて以来,欧米とは異なり,美術系を「美術館」,それ以外を「博物館」と称してきたが,「博物館研究」と言うときには英語の「ミュージアム」と同じく広義の意味で用いる。

博物館事業の3本柱は「収集」「保管」「展示」である。従来はその収蔵品の研究,または教育的効果の研究が主であったが,近年では博物館は教育学のみならず,文化史やデザイン史,カルチュラル・スタディーズの領域でも「展示」の部分が研究対象となった。とくにピーター・ヴァーゴによって「ニュー・ミュゼオ

ロジー (new museology)」が提唱され (Vergo [1989])，博物館のイデオロギー的側面に注目が集まるようになって以来，さまざまな角度から博物館という人為的空間が扱われてきた。しかし，「展示」の領域がどのような文化的・社会的磁場を形成するのか，観客はどのように展示された空間を経験しているのか，またより厳密には，そこから何を情報として得ているのか，その情報をどのように確認し消化しているのか，という博物館の「展示」の具体的な「受容」の側面に関しては，依然として解明されるべきことがらは多い。

　これまで博物館の「受容」の問題は，観客の動員数や観客が作品の前に何回，何秒の間立ち止まったかなど，統計的な，あるいは「量的」とも呼べる調査が主流であった。ある特定の展覧会における観客の動きを追い，具体的な動線を確かめること，また，展覧会を鑑賞し終えた人々にアンケートを依頼することは，展示作品の効果，あるいは空間デザインの効率性を知るうえで重要である。

　ただし，そこには限界もある。「自然体の」鑑賞行為が明らかにされてこなかったことである。たとえば，同じ作品の前に立ち止まっていたとしても，視線は別の作品に向けられている可能性もあり，実質的に目の前の作品を鑑賞しているとは言い切れない。これは増加の傾向にあるインタラクティブな展示作品に関しても同様である。昨今のインターネットの普及とともに，博物館も「さまざまなモノを収集し，ラベルを貼って陳列する」だけのハコから，オンタイムに情報へアクセス可能な端末が展示室内に設置された，建物にとらわれない性質のものへと変貌を遂げた。加えて，ハイテク化，デジタル化に伴い出現した「バーチャル・ミュージアム」はまさに場所に限定されない博物館鑑賞をもたらしており，近年ではネットを活用したさまざまなプログラムを提供する博物館も多い。

　こうしてますます複雑な構造へ発展を遂げつつある博物館では，その受容自体が多様化しており，これを充実したものにするために，博物館研究も発展していく。とくにバーチャル・ミュージアムに関する研究・実験は盛んである。1997年からは毎年「ミュージアムとウェブ (Museums and the Web)」国際会議が開催されており，そこでは博物館などの文化施設とウェブとの多彩な連関が議論されている。また，従来の「量的」な研究を補完する新たな行為分析・展示デザイン分析の研究方法も活発に模索されている。その主流は，教育学において自主的な学びのあり方を考察する枠組である構築主義（コンストラクティビズム）の理論を応用する方法である。この分野では，ジョージ・ハインが「博物館における教

育や学びを評価する」(Hein [1995]) などの手法を論じている。これは，博物館経験からどれだけを学んだかということから評価を行っている。

では，鑑賞行為そのものはどのように行われているのか。これも，鑑賞の「質的」な部分の解明には必要である。このために有効な方法論として考えられるのが，エスノメソドロジーである。博物館という公共の空間において人はどのように鑑賞行為を行っているのだろうか。人は具体的に作品をどのようにまなざし，それが身体配置や発話行為とどのように関わっているのだろうか。視線や身体配置，発話行為を総合的に分析することを通して，実際に人が展示作品や展示空間から得た情報や印象の性質が明らかとなる。それにより，情報収集がしやすい展示デザインであるか，魅力的だと感じられるものかどうかを分析することも可能だろう。エスノメソドロジーの掲げる「自然体の」行為の検証は，博物館における鑑賞行為の特性を明らかにすることができる。

そこで本章では，主にイギリスや日本で行われている，博物館をフィールドとした観客の行為分析の手法を紹介するとともに，その研究の意義を提示したい。

2 エスノメソドロジーを用いた博物館研究

◇研究動向

博物館研究は，ヨーロッパおよびアメリカで活発になされている。中でもイギリスでは，ウェブや3Dといったバーチャルな環境で，鑑賞者間の社会的コンテクストがどのように維持されるのかを実験した，グラスゴー大学の研究者による「シティ」プロジェクトの報告があり，博物館のハイテク機能とインタラクティブ環境との関連および意義を考察した示唆に富んだ研究がなされている (Galani & Chalmers [2002])。また，フィジカル（身体的）な観客者どうしの相互行為をエスノメソドロジーを用いて論じた博物館研究は，ロンドン大学キングス・カレッジの研究者グループによって行われている。彼らは「展示作品の形成——博物館やギャラリーにおける経験の相互生産」(vom Lehn et al. [2001a])，「相互行為の展示——博物館やギャラリーにおける行動と共同作業」(vom Lehn et al. [2001b]) などにおいて，鑑賞行為が鑑賞者のみによって成立するのではなく，たとえば側を通った人や鑑賞者の連れといった，同じ空間にたまたま居合わせた複数の観客の行為によって形成されていることを論じている。また，こうした先行研究

を踏まえ，日本でも公立はこだて未来大学や埼玉大学を中心に研究が行われている。「インタラクティヴな展示装置を中心とする観客の相互行為」（菅・山崎・山崎［2003］）では，インタフェースの順番取りや，装置を動かす実践者とそれ以外の鑑賞者との間の情報伝達が論じられている。

◆ テーマ設定

では実際にどのような研究テーマが考えられるだろうか。博物館に関わる研究者からは，次のような問題があげられる。

さまざまな形の記憶（歴史系博物館）および価値観（美術系博物館）が，さまざまな政治的・社会的コンテクストの中で選ばれ，それが特定の編集を経て展示される公共の空間として博物館を研究する場合，まずは，

① 記憶はいかに経験されるのか
② いかにそれが他人に伝えられるのか
③ 展示作品はどのように記憶や経験の言説を助け，鑑賞の体験を組織化するのかが問題になる。

インタラクティブな展示物の割合が多い科学系博物館においては，情報は直接展示物のインタフェースを体験することからも多く引き出される。ただし，たいていのインタフェースはボタンやハンドルの数によって一度に体験できる人数が制限されている。そこで，

① 鑑賞者はどのようにインタフェースの順番取りを行うのか
② インタフェースを直接触れる鑑賞者と，その行為を周囲で見ている鑑賞者との間では，どのように情報が伝達されているか
③ インタフェースは鑑賞をどのように助けているのか

などの問題点があげられる。

また歴史系博物館・美術系博物館・科学博物館には共通して，展示作品にキャプションその他の情報が必ず付随しており，鑑賞の手助けをしている。そこで，情報伝達の問題として，

① 情報収集がいかに行われているか
② それが他の鑑賞者へどのように伝わるか
③ その結果どのように鑑賞行為を助けているか

があげられる。

そして鑑賞が個人でなされるかあるいは連れ立ってなされるのか，それに応じて鑑賞行為は違った形でなされるか，またこのような社会的関係性と鑑賞行為のあり方も分析や議論が必要な問題である。

◆エスノメソドロジー的理論関心のあり方——評価，予期，共有空間，参与の枠組，シークエンスの開始と終了

このような博物館に関わる研究に内在する論点は，エスノメソドロジーの特色である「ハイブリッド・サイエンス」からもエスノメソドロジー的に考察されなくてはならないものである。博物館研究における問題点をエスノメソドロジー的に検討し，博物館研究およびエスノメソドロジーの双方の研究として成立するアウトプットを出すことが意義深い。

以下で，鑑賞行為を分析するために有効である理論的概念を示すことにしよう。

(1) 評価　「きれいだ」あるいは「そうだね」などといった評価は，対象物に対して，それぞれの鑑賞者によって独立になされると思われがちである。ところが，博物館には観客は連れ立ってくることも多く，その場合ポメランツが分析したように評価は互いの社会的関係性の中で作り上げられることがありうる (Pomerantz [1984])。

(2) 共有空間——Fフォーメーション，Oスペース，ボディ・トルク　Fフォーメーションとはケンドンが考察した，人間が共同作業を行う場合にとる陣形のことである。お互いの共同作業がうまくいく場合，お互いの作業空間の重なりができる。そしてこのように共同作業がなされている場合には，O-space という空間が生まれる。とくに，科学系の博物館では親子や，教師と生徒あるいは生徒どうしで共同で鑑賞に参加するような，インタラクティブな展示物が配置されていることが多い。その展示が実際にインタラクティブなものであるかどうかを観察するためには，FフォーメーションとOスペースが形成されているかどうかという身体配置は，言語行動だけではなく観察するときのキーとなる (Kendon [1990])。また，観客が展示物以外の方向を見ているようでも，足下はある展示物の前におかれており，またすぐに展示物への鑑賞に向かうこともよく見られる。これは，シェグロフが考察したボディ・トルク（身体を回すこと）という概念である (Schegloff [1998])。観客どうしの参与の枠組の変化を観察するときにこれも非常に重要なポイントである。

(3) **参与の枠組**　ゴッフマンは会話は，話し手と聞き手により共同で達成されるものであることを示し，とくに「発話者」「聞き手」「傍観者でありながら話を聞いている人」などのさまざまな会話への参与のあり方を示した（Goffman [1981]）。また，C. グッドウィンは言語行為だけでなく，視線などの参与者の身体行為や配置が参与の枠組を維持する要素であることを明らかにした（Goodwin, C. [1981]）。

(4) **鑑賞行為の開始と終了**　会話の開始と終了と同様に（Schegloff & Sacks [1973＝1995]），鑑賞シークエンスにも開始と終了がある。どのような言語的行為や身体的行為（上で述べた評価や参与の枠組の変化）をきっかけに鑑賞行為が終了するのかは，博物館研究の中でも重要である。

3　データ分析の一例

　博物館で展示物を鑑賞する場合，複数の情報源から展示物に関する情報を得ることができる。博物館側が用意するのは展示物自体，展示物を説明するキャプション，展示物がグルーピングされたものならそのセクション全体に関するパネル，などである。一方で，展示物の鑑賞者が連れ立って来館している場合には，共同鑑賞者との対話から新たな情報を引き出すことができる。また，複数で発話をしなくても，自分以外の人間が視線をどこに向けているのか，どのくらい熱心にそこに向けているのか，といった身体動作から，その展示物が与えるインパクトを推測し，それに自分の行為を連動させる場合も多くある。博物館という公的な空間において，人は展示物のみを鑑賞しているのではなく，他者を観察してもいるのである。

　前節で述べたように，こうした他者に対する観察意識の大部分は，「人は次にどのような行為をとるか」を「予期」するところに注がれるといってよい。人は継起的に行為を行うため，規範的・社会関係的文脈の中でわたしたちは次の行為者の行為を予期することが可能なのである。もちろん，次の行為者はいまのコンテクストにない行為を行うこともある。その場合は次のコンテクストが形成され，そのコンテクストからまた次の行為者の予期が可能となるのである。

◆「エレキテル」

　この項では，具体例としてわたしたちが現在も行っている共同研究の一端を紹介したい。ここで示すデータは，東京にある「ていぱーく（逓信総合博物館）」において収集されたものである。このデータは，「エレキテル」といい，平賀源内の考案した発電装置の仕組みを学ぶためのインタラクティブな展示装置を鑑賞する観客の行為を録画したものである。ここを撮影するに至った経緯とビデオ撮影の方法に関しては，本書第5章を読み直されたい。当初わたしたちは，とくにインタラクティブな展示に対してどのような相互行為がなされるか，そしてその相互行為がどのように鑑賞行為と結びついているかという研究関心をもっていた。しかし収集が進む中で，鑑賞時にどのような参与の枠組，すなわち社会的関係が構成され，鑑賞の開始と終了そしてその中で下される評価がどのように構成されるのかという問題により関心をもった。男性，子ども1，子ども2で構成される集団，および女性，子ども3で構成される集団は，それぞれ家族であると思われる。前者の鑑賞行為のあり方を，先に示した理論的射程から分析を行いたい。

　この場面は，男性，子ども1，子ども2がエレキテルの前で形成する共有空間が，鑑賞行為の開始とともに成立し，参与者の発話や身体的行為によってそれが解消される過程を分析したものである。

　トランスクリプトに書かれたものの前段階を説明しよう。子ども1がまず画面に登場（フレームイン）し，その頃男性は別方向に歩いている。子ども1の目はエレキテルの装置に注がれたままで，下部のハンドルをつかみ，回し始める。

　男性は後ろの解説パネルにいったん目をやりながら横を歩いていくが，頭は子ども1に向いている。ただし，視線は状況確認をするようにエレキテルと後ろのパネルの間を揺れており，展示物に関する情報を得ていることが観察される（写真12-1）。その後男性は，子ども1が実際にハンドルを回していることを認識すると，足を止め，足と体をエレキテルのほうへと向ける。子ども2も同様に足を止める（写真12-2）。

　　子ども1がエレキテルを操作し，子ども1が指さしながら静電気の位置を示す。
　　子ども2はエレキテルの右に位置する。
　　子ども3がレファレンス側から入る。
01　子ども3：　これみてこれ　（女性は子ども3の動きにうなずく）＊写真12－1
02　男性と子ども1はエレキテルのところ。子ども2は子ども3のほうへ顔を向ける

写真 12−1　　　　　　　　　　　　写真 12−2

```
03  子ども2　：　子ども3が女性に連れられてモールス信号へ近づくのを見ている
04  女性　　　：　フレームイン，モールス信号へ向かう。
05  男性　　　：　これがばちっと（　）ほら，ぐるぐるまわしてみ，ほら
06  子ども1　：　あ，ほんとだ
07  子ども2　：　ねえやらしてよ：
08  男性　　　：　よーく見てみろほら　すごい
09  子ども2　：　((回しはじめる))
10  男性　　　：　今，ほら
11  子ども2　：　うわ：
12  男性　　　：　すごい量の静電気だね
13  ((笑って子ども1に顔を向け見合わせようとする))
14  子ども1　：　((頷いて，上を指さしながら))こんな明るくちゃ見えないよ
15  男性　　　：　それもそうだ((同時に身体の向きを左に変える))
16  男性　　　：　むこういってみようか
17  子ども2　：　((すぐに男性の後を追う))＊写真12−2
```
(( )) は動作を，（　）は聞取り不能を表す。

◆ **共有空間の形成過程**

　トランスクリプトの前段階の説明にあったように，男性は，子ども1が実際にハンドルを回していることを認識すると，足を止め，足と体をエレキテルのほうへと向ける。子ども2も同様の身体行為をとり，2人とも最初は進行方向へ体も

188　第Ⅲ部　展　開　編

足も向けているが，頭がほぼ同時に子ども1の方へ向いている。そして2人とも足を止め，身体の向きを変えて，エレキテルを中心とした身体配置を形成する。

　1行目では，Fフォーメーションがとられ，共有空間としてのOスペースが男性，子ども1，子ども2という参与者の中で成立している。この空間で最初にハンドルをとりインタフェースを実践する実践者は子ども1であり，男性と子ども2は傍観者である。しかし，男性は指さしを行う知識伝達者としてより積極的に参与する傍観者である。しかし，03行目で子ども2はエレキテルへ志向する発話を行う子ども3と一緒にいる女性の方向を見つめている。しかし子ども2の足のつま先はFフォーメーションをとり，Oスペースに志向している。上半身の志向と下半身の志向が食い違うが，ボディ・トルクの概念で説明されるように子ども2の基本的な志向はOスペースに向けられている。子ども1は，静電気の発電を2回成し遂げる。それは発生の音と光で周囲に観察可能なものである。06行目で，子ども1が「あ，ほんとだ」というエレキテルという装置に対する働きかけが目標を達成したという評価のリスポンス・クライを行っている。

　この放電とそれに伴うバチッという音は，エレキテルの鑑賞に対する目的を達成したことを示している。しかし，何度目的を達成したとしても鑑賞行為が終了したかどうかは，05行目の男性の解説の発話に対する06行目の「あ，ほんとだ」という評価の発話（リスポンス・クライ）によって，鑑賞行為が終了場面にあることを観察させ，シークエンスの終了の予期を可能としている。

　そのために，06行目の発話のあと，07行目で子ども2は「ねえやらしてよ：」と傍観者から行為者へと役割を変更しようとしている。それに対して，子ども1はハンドルから手をひき傍観者となり，男性は08行目で「よーく見てみろほらすごい」と引き続き解説を行う情報伝達を行う積極的な傍観者として，参与の枠組を構成する。

◆ 鑑賞の終結

　09行目で子ども2がハンドルを握り，男性，子ども3は，子ども2を実践者として新たに構成された参与の枠組からさらに共有空間としてのFフォーメーションとOスペースを再構成する。男性は10行目で「今　ほら」と子ども2に話しかけエレキテルに関する知識の伝達を行う。11行目で子ども2は「うわ：」と発話し，自らの行為に対して評価を行うとともに，男性の10行目の発話を理

解したことを示す。さらに男性は，12行目でその評価に対して「すごい量の静電気だね」と肯定的である二次的な評価を行い，子ども2が相互行為の中で展望的指標であったものを描写することで理解したことを男性が理解したことを示している。いわば，ここで鑑賞行為が終了してもよい場面であるが，子ども2の鑑賞行為は続いている。13行目で，子ども1の方向に頭を動かし視線を向け，先ほどよりも参与の枠組に消極的な傍観者となっている。ここで，新しい参与者枠組が再編成され，依然としてFフォーメーションはあるもののOスペースに対して傍観者2人が志向を向けない状態となっている。子ども1は14行目で「こんなに明るくちゃ見えないよ」と発話する。15行目の次の順番で，男性は「それもそうだ」といって，今度は左の方向に身体を向ける。

　子ども1は男性の身体の方向が変わったときに，自らの身体の方向を変える。そして16行目で男性は「むこういってみようか」と発話する。その発話後，子ども2は男性の後を追う。

　男性が身体の方向を変えたと認識した瞬間，ハンドル回しを終了し，鑑賞行為を終了する。その後子ども1も同じ方向に歩き始める。参与の枠組が再編成されることが09行目，13行目と実践者の評価や傍観者の二次的評価の発話とともになされていたが，その中でも維持されてきた共有空間であるOスペースとFフォーメーションは解消される。エレキテルの鑑賞行為のシークエンスも終了する。

◆ 議　論

　このデータは，評価と予期，および参与の枠組との鑑賞活動との関係をよく表している。子ども1の鑑賞活動では，「あ，ほんとだ」というリスポンス・クライでもある評価が移行関連場となり，終了を周囲に予期させる。しかし，子ども2の「うわ：」は移行関連場として働いてはいない。むしろ傍観者である男性に対する子ども2の予期的モニターが行為の終結をさせている。行為者当人ではなく，傍観者である男性が鑑賞シークエンスの終了のきっかけを作り出している。

　以上に述べたエスノメソドロジー的分析によって，インタラクティブな展示は，従来観察していたよりも傍観者の役割がより大きいことがわかった。つまり，インタラクティブな展示の前スペースの問題や，より整序化された展示を行うことの有用性が確認できた。

4 博物館研究の意義

 以上のように，鑑賞行為の成立過程を分析していく中から，展示物が具体的に鑑賞者に与える影響や鑑賞者から引き出す反応を考察することができる。これは，データと分析が相まって展示デザインの客観評価を下す際に重要なデータとなろう。また，今後の展示デザインや，博物館教育の発展に大きく参与するデータを提供することは，エスノメソドロジー的手法に基づく博物館研究の1つの学術的意義である。

第13章

病院組織のフィールドワーク

池谷のぞみ・岡田 光弘・藤守 義光

▶病院などの医療組織に関わるエスノメソドロジーの研究は多く行われている。それらの研究は，フィールドワークに基づいた研究と，会話分析に基づいた医療-患者間の相互行為研究の2つに大きく分けることができる。ここでは，救急病院のフィールドワークの成果を紹介しながら，医療実践のように高度に専門化した組織における活動を対象としたときのエスノメソドロジー研究がもつ特徴や，直面せざるをえない方法論的な問題について考えてみたいと思う。

I はじめに

　その草創期からエスノメソドロジーは，診察などを含めた，病院など医療組織における医療従事者のさまざまな活動を，しばしば研究の対象としてきた。ガーフィンケルの著書 Studies in Ethnomethodology を見ただけでも，「アグネス」，病院の診療記録，精神科外来と，3つの章が医療に関わりの深いものとなっている（Garfinkel [1967a]）。また，同じ年にはサドナウが Passing on (原題の直訳『死にゆくこと』，翻訳邦題『病院でつくられる死──「死」と「死につつあること」の社会学』) という，病院をフィールドとしたエスノグラフィーを出版している（Sudnow [1967=1992]）。会話分析の創始者とされているサックスも自殺予防センターでデータの収集を行い，それをもとにして博士論文を書き上げている（Sacks [1966]）。また，同様に初期のエスノメソドロジストたちの多くは，アメリカ国立精神衛生研究所やアメリカ公衆衛生局などから研究助成を受け，医療に関わる研究に携わっていた。

医療組織における医療従事者のさまざまな活動に関わるエスノメソドロジーのこれまでの研究は，大きく2つに分けることができる。まず，手法によって分けると，会話分析に基づいたもの，およびフィールドワークに基づいたものである。そしてこの手法に基づく分け方は，研究の焦点の当て方による分け方とほぼ一致する。会話分析に基づいたものとしては，カンファレンスなどの場面における医師どうしのやりとりを研究の対象としたものもある。だが，診察場面における医師と患者間のやりとりを研究の対象にしたものがその多くを占める。

　他方，フィールドワークに基づいた研究は，診察の場面に限定せず，多様な医療場面を対象とする。たとえばガーフィンケルは，病院におけるカルテの記述がいかにしてさまざまな医療活動と結びついた形で成り立っているかを明らかにしている（Garfinkel［1967d］）。またサドナウは，患者に来るべき死，訪れた死との関わりでどのように医療従事者による医療活動が組織化されるのかをつぶさに記述している（Sudnow［1967＝1992］）。

　以下では，エスノメソドロジーにおける医療の場を対象とした研究のこうした2つの大きな流れを踏まえ，まず会話分析に基づいた研究について概観することにする。そのうえで，フィールドワークに基づいた研究の特徴を具体的な研究を紹介しながら説明していこうと思う。

2　会話分析に基づいた医師‐患者間の相互行為研究

　第2章で紹介されているように，サックスやシェグロフらによって会話分析という手法がエスノメソドロジーの流れを汲んで確立された。その過程で日常の会話を構成している順番取得のシステムなどが経験的な材料から特定化されていった。また，これによって順番を構成している単位とそのシークエンスという視点から，さまざまな相互行為の場面について，それを経験的に比較していくことが可能となっていった。そうして研究を可能にしていくリソースが次々に積み上げられていくと，さまざまな制度的場面で見られる特徴的な順番取得の仕方を具体的にデータに基づいて明らかにする比較研究への機運が徐々に高まってきた。順番取得のシステムを比較のための軸にすることで，それまでの社会学で抽象的にいわれてきた，医療場面の権力性といったもの，すなわち，専門家による素人への支配や男性による女性への抑圧というものの姿を経験的に示すことが可能にな

ってきたのである（Todd & Fisher eds. [1993]；レビューは Have [1995]）。そうして，さまざまな関心に基づき，会話分析という手法を用いながら，臨床の場をフィールドとした医師－患者間の相互行為（Doctor-Patient Interaction：以下，DPI）研究が行われることになる。

　とくに初期の DPI 研究の多くは，一言でいうなら，社会学的な関心を実証する道具として会話分析を用いている。これは上述のような，研究方法と関心との間に少なからず分離が見られるということである。たとえば，社会言語学ないしは会話分析の立場から医療の場を扱っている代表的な研究に，専門家／素人という属性が際立っている場面として，臨床の場を選んでいるように見える研究がある。割込みや質問の回数を指標として非対称性の存在を実証しようといった関心に基づく研究である（West [1983]; Frankel [1990]; West & Frankel [1991]）。現在，こうした研究の指向は，さらに，医療経済学や倫理学が提出したさまざまな問題について，会話分析という視点から，ミクロな場面に照準して解答を与えるという形の研究を数多く生み出している（Morris & Chenail eds. [1995]）。また同様に「当惑」「恥」といった相互行為秩序（interactional order）を成り立たせている現象の詳細を臨床場面に求めるものがある（Heath [1988]）。さらに，録画データを用いた相互行為分析という分析方法を臨床場面に応用し，相互行為の非言語的な側面をつまびらかにしていくというものもある（Heath [1986]）。

　こうした研究群は会話分析のもつ可能性を狭める部分はあるにしろ，それまでの医療社会学に比べ，実際の臨床の場での医師と患者との相互行為について経験的な知見を蓄積してきたという点で，大きな成果を上げている。

3　フィールドワークに基づいた医療活動の研究

　初期のエスノメソドロジーの研究者たちが行った臨床の場と病院組織の研究を概観してまず気づくことは，それらがフィールドワークとして行われていること，あるいはエスノグラフィーの手法を用いた研究である，ということであろう。たとえばガーフィンケルがビットナーと共同で行った病院の診療記録の研究は，「UCLA メディカル・センターの精神科外来において，（患者の治療に関する）選択がどのように行われるのかを数年にわたって検討した」（Garfinkel [1967d], p. 186, 強調は筆者）ものだし，サドナウは *Passing on* の冒頭で「この研究は，

何にもましてまず第一に，一つのエスノグラフィーであり，これまで一度として記述されたことのない『死に関する仕事』の社会組織を描写しようとするもの」である，と述べている（Sudnow［1967＝1992］，邦訳3頁，強調は筆者）。これら一連の研究において彼らが抱いていた一番の関心は，現場で医療に携わっている人たちが，実際に作業を進める様子や手順を，具体的かつ詳細に再構成しようとすることであった。たとえばガーフィンケルは，一見欠陥だらけに思える診療記録が，じつは，そのクリニックにおける医療実践と結びつく形で，現場の実践を滞りなく成り立たせるリソースとしてきわめて「論理的」に構成されていることを提示した。またサドナウは，病院という1つの組織の中で「死」という出来事が，どのように日常的に扱われているのか，どのような活動を通して患者の死が病院の中で取り扱われていくのか，ということに注目している。そこでは，単に会話データや医療記録だけでなく，それぞれの現場で成員がどのように組織され，また彼らがどのような知識のストックをもとに協働するのか，ということが重要になってくる（池谷［2001］）。

　その後，医療組織の場面におけるエスノメソドロジーの研究においては，さまざまな社会的な出来事の詳細を経験的に観察する手法として，会話分析を用いるものが圧倒的に多くなった。近年，それ以外の多様な方法論的への目配りも見られるようになってはきたが（Maynard［2003＝2004］），DPI研究では現在でも，会話分析という手法に多くを依拠するという傾向は続いている。

　他方，マンチェスター大学を中心としてふたたびフィールドワークを主体とした研究が現れるようになった。たとえば，1970年代にクルターがイギリスとスーダンで精神病に関するフィールドワークを長期間にわたって行い（Coulter［1975］;［1979b］），シャロックもまた80年代に入って小児科医のワークフローに関する研究や，病院内で使用されているさまざまなサインや仕事に関する研究などを行っている（Sharrock & Anderson［1980］;［1987］）。最近では，医療とテクノロジーをめぐる研究や看護師に関する研究が，会話やビデオデータを含めた，参与観察によって得られる内容を生かしながら，緻密かつ厚い記述を蓄積してきている。

　これらの研究では，単に会話データや医療記録だけでなく，それぞれの現場における人々の活動がどのように組織されるのかが焦点になっている。言い換えると，フィールドワークに基づく研究では，彼らが活動する組織に固有な，どのよ

うな知識のストックに基づいて互いに，いかに協働するのか，という点を詳細にしようとする。すでにあげた既存の研究の詳細な検討をここではできないが，以下では，フィールドワークに基づいた医療活動に関する研究の特徴というべき点を，救急医療の実践の場に関する研究を例にとりながら示していきたい。

4　救急医療はいかに社会的に組織化されているか

　わたしたちは数年前に，3次救急病院（とくに救命処置を施す体制を備える医療機関）におけるフィールドワークを始めた。救急車で患者が運ばれる処置室での治療の様子や，個々の患者の経過について上級医に説明するカンファレンス，消防庁からの患者搬送の電話連絡に対して医師や看護師が対応していく場面などに居合わせ，そのつど可能なかぎり従事者の方々から話を聞き，しばしば録画や録音も行ってきた（Ikeya [2003]; Ikeya et al. [forthcoming]。その他，救急医療に関する研究には以下のものがある。高山・行岡 [1997]；岡田ほか [1997]；椎野編 [1996]）。
　わたしたちが詳しく注目して見た場面の中に，毎朝行われるカンファレンスがある。このカンファレンスは，当該病院における日々の実践のひとこまでしかない。したがって当然のことながら，このカンファレンスを取り上げることで，この病院における救急医療の実践が全貌できると主張することはできない。しかしながらカンファレンスの場に繰り返し同席し，そのビデオの記録を聞き直し，その一部を文字に起こして医師の方々から話を聞くうちに，救急医療というものの実践を，たとえばカンファレンスという具現化された活動を通して理解することの意義を見出してきた。救急医療の従事者らは，医師を中心として，病院という医療の実践のために組み立てられた組織内に，とくに救急医療の実践のための体制を組織し，医療活動を行っている。たとえばカンファレンスという実践を理解しようと試みることは，そのような組織の中で，救急医療従事者らがいかに具体的な業務を行っていくのかを理解することにつながることがわかってきたのである。そしてこうした理解は，問題とする，実践のために組み立てられた組織について評価を行い，よりよいものに組み替えるというような際に不可欠なことといえる。

◆ ケースのモニタリングをする

　カンファレンスと一口にいっても医療組織によってさまざまな種類のものがあるが，ここで取り上げるのは，各チームが受け入れ，担当している患者がどのような経過をたどっているのか，チームの判断に基づいた治療経過を上級医に報告するものである。別称では「上申」とも呼ばれるもので，全体を監督する立場にある上級医に個々のケースについて最新の情報を知らせ，モニタリングが可能になるようにするための仕組みである。特定の患者を担当しない上級医とチームを構成する医師らとの分業のもとで，その分業を可能とするように当該病院に特有な形で組織化されている。医師らはカンファレンスという場に関する理解に基づいてケースの報告を行い，上級医はそれに対して評価をする。

(1)　**定式化されたケース報告**　　各ケースの報告は，当然のことながら，監督者である上級医がモニターできるように，そして必要とあれば適切な助言を与えられるように，十分に情報を与える形で組織化されていなければならない。実際のところ，各患者に関する諸項目の情報はある一定のフォーマットに沿った形で報告されることによってのみ，1つの「ケース（事例）」として上級医に理解されることになる。そのフォーマットは実際に起きたこと，および将来起きるであろうことを時間系に従って，同時に，医学的な知識によって再構成された因果関係に従って組織化されている。

・患者の氏名，年齢，性別，来院日時
・既往歴
・今回の問題の現在までの経過（主訴，現在の問題がどのように生じたか，どのように当該病院に搬送されたか，来院時の病状，これまでの治療，考えられる原因，経過，現在の病状）
・見通し（治療計画，患者の病状の予測，患者の転院・転床・退院計画）

　時間系に沿って組織化されるというのは，①これまでチームがどのようにその患者に対応してきたか（遡及的），②チームはこれからどのようにその患者に対応しようとしているか（将来的），の2点についての概要を医師は上級医に報告するようになっているからである。まず，患者の氏名，性別，来院日時，既往歴，現在までの経過を述べることを通じて，チームがどのようにその患者に対応してきたかを報告し，後半では，検査や治療の計画，転院や病院内の他科への転床，退

院などの計画を述べることで，患者に関してどのような見通しをたてているのかを報告することができるようになっている。

　同時に，ケース報告の形式は，因果関係によって組織化されていることも見てとることができる。つまり，時間系に沿って項目が並べられるだけではなく，ある症状がどのような原因で生じているかという，科学的な意味での因果性という点からも組織化されている。したがって，たとえば患者の既往歴は今回来院に至った問題との関係で時系列的に説明されるのみならず，現在の症状の原因として説明されることがある。

　しかしながら，こうした形式は業務マニュアルや教科書などに明示的に示されているものではなく，あくまでもカンファレンスに焦点を当てた分析を通して明らかになったものである。そういう意味では，口承として共有された知識であるということができる。

　(2)　**質の管理**　　上述のようなケースの報告を聞いて，上級医はチームが患者に対して提供してきた，そしてこれから提供しようとしている医療の質の管理という観点から評価を行う。報告を聞きながら上級医が確認することは，①チームが手持ちの検査データ間について適切で一貫性のある因果関係を打ち立てることができているか，②そしてそれに基づいた適切な治療を施すことができているか，さらに③適切で一貫した分析により，見通しに関する妥当な判断ができているかなどの点である。また上級医は，問題に対する別の定式化の方法や，データ間について別の関係づけの方法がないかどうか，チームのメンバーに考えさせるように仕向けることがある。それは，明らかにチームの判断に誤りがあるときのみならず，チームの判断に妥当性がある際にも，万が一の間違いの可能性があることを指摘して慎重になることを促し，また他の可能性がないということをあらためて確認することを勧める。救急患者として運ばれる場合には，診断名がついていないことが多く，また既往症などの情報も不足していることも多々あり，即座の診断が容易でないことが少なくない。本来の原因をつきとめるには検査を重ねて時間をかける必要があり，治療と診断が同時に進むこともまれではないという状況から，つねに慎重になることが必要だからである。また，救急医療においては，病状が急変することが多い点も，上級医が慎重さを求める理由である。このようにして，上級医はできるかぎりミスを未然に防止しようとするのである。

　(3)　**ベッドの管理**　　このカンファレンスで上級医は，チームの報告に基づい

て，各々の患者の入退院，転院，転床および死亡などを入院台帳と呼ばれる帳簿に記録する。さらに上級医は，チームの報告をもとに，患者の転院や転床をチームに促すことがある。というのも，上級医はしばしばチームの報告をもとに患者の病態の見通しをたてることができるからである。もし患者が間もなく救命処置を必要としなくなることが予想される場合には，チームのメンバーに転床や転院を考えさせる。こうして限られたベッド数を効率的に管理することによって，真に救命処置が必要な患者だけがこの3次救急のベッドを利用するように心がけるのである。

◆ トレーニングをする

カンファレンスにおける各ケースのモニタリングを通して，医師たちは提供する医療の質の管理，およびベッドの管理という点からチームの実践をモニターし，評価するということを述べてきた。さらに，医師らはカンファレンスを経験の浅い医師に対するトレーニングの場としてもとらえている。そしてチームのリーダーは，しばしば経験が3年に満たないような研修医に個々のケースの報告をさせるのである。チームでは経験が10年以上のリーダークラスの医師らと少なくとも4年以上の医師らが中心となって意思決定をし，処置や治療を行う。したがって彼らが報告を行えば，報告は簡潔になされ，少なくとも必要な情報の提供という点で困難を伴うことはない。

しかしながら，彼らはあえて経験の浅い医師らにケースの報告をさせる。報告では，観察や検査から得られた数々のデータを概観し，またそれらのデータをもとになされたさまざまな意思決定についても言及しなければならない。たいていの場合，経験の浅い医師らは，実際に患者を治療する場面では，上の医師からの指示に従っていろいろな処置や治療を行うのだが，個々の作業の意思決定の背後にある論理づけについて，また，その患者に対する治療の全体においてどのような意味をもっているかについて，実際にそれらの意思決定を行った医師らと情報を必ずしも十分に共有していないことがしばしば起こる。ことに救急医療の現場では，意思決定のための時間を長くとれない場合が多いため，その場で経験の浅い医師たちに対して説明する代わりに指示を与えるという形になることも多いのである。

したがって，チームリーダーが経験の浅い医師らに報告をさせるということは，

処置や治療の場では理解しえなかったかもしれない特定の患者の治療経過および病態の推移を，報告のために再構成する機会を与えるということになるのである。つまり，カンファレンスにおいて経験の浅い医師らは，さまざまな情報の断片を集めて1つの「ケース」として再構成したうえで報告しなければならない。そしてそれは一定の形式に従って情報を組織化していくことであり，形式を学ぶ過程にある者にとってはけっして単純な課題ではない。またケースの報告に対して上級医から受ける質問に対する受け答えをすることも，経験の浅い医師にとってはトレーニングを受ける機会となるのである。

　他方報告を受ける上級医は，個々の患者の詳細な経緯を知るわけではない。それは担当するチームが一番よく知っていることである。しかしながら，上級医は過去の経験や，教科書的な医学の知識に加えて治療や研究の最新情報を手持ちの知識としてもっている。それらに基づいて上級医は当該患者がどのような状態におり，またどのような経過をたどっていくかについて予測をたてることはできる。それに関連してどのような点に注意しなければならないかについても指摘することがたいていの場合できるのである。つまり，上級医は，報告を聞きながらその特定の患者の問題が再構成されたものを「通常のケース」として理解することができれば，評価や助言を与えることができるようになる (Sudnow [1965])。しかしながら医師による報告が，「通常のケース」として最初は理解できないような場合もままある。そのような際，上級医は報告者から詳細を少しずつ得ながら，それらを1つの「ケース」として再構成していく。このようにして，カンファレンスにおけるケース報告はしばしば，上級医と報告者との協働による構成という色合いが濃くなるのである。

5　医療場面の実践を記述すること

　前節で示したものは，わたしたちのフィールドワークで対象とした病院における上級医とチームのメンバーがそれぞれ，カンファレンスを遂行する際に依拠するドキュメンタリー・メソッドを，上級医のものを中心に記述したものである。状況の多様性に呼応した内容も，わたしたちが現時点で把握できたものをほぼ網羅している。そしてこの記述を通して明らかなことは，カンファレンスを行うということが当然のことながら，個々の患者について話しあうということに限定さ

れないということである。カンファレンスは，わたしたちがフィールドワークを行った救急病院という組織に埋め込まれ，諸活動と密接に関係づけられているのである。つまり，カンファレンスは，上級医が分業体制において行われている治療活動を，定式化されたひとまとまりの情報を通じて「質の管理」「ベッドの管理」という観点からモニタリングし，必要に応じてそれらをチームが達成することを促すものである。質・ベッドの管理は共に，病院においては欠かすことのできない要件である。また同時に，経験の浅い医師に報告を任せ，上級医が質問をしたり解説を入れたりすることによってトレーニングをすることも，とくに大学病院という場では重要な活動である。このように，すでに提示した，カンファレンスの場面におけるドキュメンタリー・メソッドは，対象となっている病院という組織に特有のものではあるが，上述のような，医療実践における基本的な要件がカンファレンスの一部として関わっていることを見るとき，実はほかの病院組織における実践と関係づけて考察することも可能であることがわかるだろう。

　こうしたカンファレンスの場面におけるドキュメンタリー・メソッドについては，実際のカンファレンスにおけるビデオ録画などに基づくトランスクリプトを，ここに記述したものに対する例示として提示することもできる (Ikeya et al. [forthcoming])。しかし紙幅の都合もあり，ここでは示すことができなかった。以下では，前節で提示した記述を行ううえで関わってくる，いくつかの方法論的な問題を整理することにしたい。

　まず，この記述をする際に，何をもって（社会学の）研究の対象とすべきか，すなわち何を医療活動の「社会的側面」として焦点を当てるべきかを事前に決定していないという点である。たとえば，カンファレンスにおける上級医と経験の浅い医師間において働く権力作用という現象を分析対象とすることを決定したうえで，そのために知識の非対称性に焦点を当てるという手続きを踏んではいない。この点は2つの重要な意義をもっている。1つは，分析対象をあらかじめ決定しないということは，理論的前提を作らない，もしくは持ち込まないで実践を理解する可能性が開かれるということになるという点である。もう1つは，これに関連して，実践がいかに組織化されるのかを理解することに分析者が専念できる可能性が開かれるという点である。実際のところ，すでに掲げた記述でわたしたちがめざしたのは，毎朝のカンファレンスというものが，研究対象とした病院の中でいかなる仕組みとして組織化され，また実際に医師らはモニタリングやトレー

ニングといったなすべき課題をどのようにカンファレンスの場において達成していくかという点である。

　しかしながら，こうした記述は，理論的な前提を踏まえない，ということだけでは実現できないことを強調する必要があるだろう。第3章2節「ワークの研究」の「方法の固有性」の箇所で述べたように，ある実践がいかに組織化されるのかを理解するには，人々がどのような知識のストックを用いて活動をするのかを理解することが必要である。それはすなわち，その場面に固有の，実践者が用いる方法を理解することが必要とされるということである。そのためには実践の場面に身をおくフィールドワークが有効な方法として考えられる（第4章参照）。

　しかしここでわたしたちは1つの難しい問題にぶつかることになる。医療実践の何を研究対象とすべきか，つまり何を社会的側面として研究すべきかを決定しないことで，医療的な側面（もしくは医学的な側面）をも社会学者が対象とする可能性が開かれることになったことはすでに述べた。しかし他方で，そのことは，社会学者がどこまで医学を理解することができるのか，という挑戦をつきつけられることでもある。これに対する単純な答えはおそらくない（第3章参照）。それでも言えることは，医療実践の社会的組織化を理解するということは，いわゆる医学的側面と，いわゆる社会的側面が互いに織り成す現象であり，その両者が織り成している様子を記述することであるという点である。たとえばカンファレンスにおいて上級医が処理しなければならない課題の1つであるベッドの管理は，「ベッドの確保」という社会的要請と「患者の病態の見通し」というきわめて医学的な事項が絡み合った判断にほかならない。

　そしてこれは，きわめて重要な点であろう。というのも，医療に限らず，いかに高度に専門的な内容であっても，その従事者が互いに理解可能な形で組織化されることを通じてはじめて科学的な成果として認められたり，有効な治療方法として見なされたりするという事実があるからである。医療の実践においてもまた，もっとも医学的とされる検査データの解釈や，それに基づいた診断，治療方法の決定も，たとえチームリーダがそれらを1人で決めたとしても，それはたとえばチームにおけるミーティングやカンファレンスの場面などで，他の人たちも，そのような判断や診断が適切であると理解できるような形でなされなければならない。またそれはあらためてカンファレンスの場面で上級医からのチェックを受け，妥当とされるかもしれないし，別の可能性を探るよう促されるかもしれない。こ

のように，医療の実践におけるさまざまな社会的側面を理解の対象としうる点で，フィールドワークに基づいたエスノメソドロジーの研究は，わたしたちにいままでになく医療の実践そのものに近づき，それを内側から理解する機会を与えてくれる可能性をもっているということができよう。

テーマセッション3

認知科学・情報科学とエスノメソドロジー

水川 喜文

▶携帯電話やインターネットなど人と人のつながりに関わる情報技術（IT）が使われ始めて久しい。このことは，1つの道具が社会生活に入ってくるという意味以上に，人と人のコミュニケーションや人間の認知についての考え方に変化を与えたといわれる。また，日常生活や労働環境における道具使用や遠隔地における共同作業にも大きな変革が起きたとされる。このような情報技術の発達と社会生活の変化については情報社会論としてさまざまに議論されてきた。しかし，情報社会論の多くは社会歴史的な記述研究であれ社会調査を利用した統計的分析であれ，情報機器が実際に使用される現場の実践をその具体的詳細から分析するものではなかった。エスノメソドロジーと会話分析は，このような人間の認知や相互行為が実際に生み出される実践に対して分析を行う手法を与えるものであり，新たな視点を提供するものとなった。

1 エスノメソドロジー研究との接点

　エスノメソドロジーと会話分析は，その当初から認知科学・情報科学の領域と接点をもっていたといってよい。ガーフィンケルのインデックス性（状況依存性）とリフレクシビティに関する議論は，広い意味での状況に埋め込まれた知識や認知に関する研究ともいえるし，サックスやシェグロフの研究は電話の会話というテクノロジーに媒介された相互行為の研究ともいえる（第2章参照）。
　しかし，これらの成果をもとにして，認知科学や情報科学を対象とした具体的な研究を進めていったものは，サッチマンによる状況的行為論やクルターの論理文法分析（による認知科学批判，第3章参照）であったといえるだろう。ここでは

認知科学や情報科学にとってのエスノメソドロジー的なアプローチの意義を，情報科学や情報技術の進展に伴って生まれた新しい労働環境に対するフィールドワークやビデオ分析を使った調査研究を中心に見ていく。

本章ではその中でもとくに，サッチマンによる状況的行為という視点を用いたテクノロジー研究の意義を紹介する。これは，日常生活や労働環境に情報技術が導入されることで生み出された新たなワークプレイス（仕事場）やコンピュータ支援の協同作業（CSCW：Computer-Supported Cooperative Work）に対して，エスノメソドロジーや会話分析による方向性を提起した研究である。その結果，グッドウィンやヘリテイジなどのカリフォルニア大学ロサンゼルス校（UCLA），ヒース，ラフらのケンブリッジ大学，シャロック，ヒューズなどのマンチェスター大学・ランカスター大学などで，さまざまな大学・研究機関における研究が行われるようになった。

そのため，その原点となるサッチマンの『プランと状況的行為』（Suchman [1987＝1999]）を取り上げ，その提起した問題と後の展開を扱う。まず，プラン（計画）が頭の中にあるものではなく状況に埋め込まれているのだというサッチマンの議論を概説した後，CSCWなど近年生まれてきたワークプレイス（仕事場面）研究の課題とエスノメソドロジー・会話分析の貢献について述べる。

2　プランと状況的行為

◆アリーナの誕生

1979年，サッチマンはエスノメソドロジーと相互行為分析を専門とする人類学者としてゼロックス・パロアルト研究所（PARCと略される。「マウス」や「マルチウインドウ」など現在のコンピュータの原型を発明したことで知られる）で研究を始めた。そこで彼女はコピー機などの人工物が人間によってどのように使われるか，言い換えれば，機械と人間がどんなインタラクションをするかについてフィールドワークを行い，ビデオテープに録画して分析を行った。

サッチマンによるプロジェクトの重要性の1つは，専門領域の異なる研究者のアリーナ（闘技場＝討議場）を生み出したことにあるだろう。つまり，サッチマンの研究をきっかけに，コンピュータ科学を中心とした工学者や認知科学・認知心理学者が中心だったテクノロジー開発に関する研究に，人類学者，社会学者など

エスノグラフィーやフィールドワークを手法とする研究者が入るようになったのである。

このことによって，認知を情報処理過程と考えて機械を設計（デザイン）するという認知科学的発想から，実際に機械が人によって使用される場面から研究する発想へと焦点がシフトしていった。このことは，人間を中心とした設計（human-centered design）という方向性や，ヒューマン・インターフェイスの重視といった製品の評価の部分での発想の転換にも影響を与えた。

◆ 情報概念の「再特定化」

サッチマンは，工学分野へのフィールドワークという調査方法の導入と，情報機器（製品）の実際の使用場面を観察するという発想の転換を提起した。これにより，それまでの認知科学が前提としたさまざまな概念をその使用場面から再考察し，再定義する「再特定化（respecification）」（ガーフィンケルの用語）を行ったのである。

たとえば，著書のタイトルになっている「プラン」についてのフィールドワークによる観察もそうである。従来の認知科学や情報科学では，プランというものは「行為の前提条件」であり「あらかじめ想定された目的を達成するためにデザインされた行為の系列」（ibid., 邦訳27頁-28頁）とされる。つまり，プランは行為の生成メカニズムとしてあり，プランによって行為は生み出されるとされる。しかし，実際に起こっている相互行為を見てみるとどうだろうか。たとえプランがあらかじめ設定され，それを実行しようとしても厳密な意味でそのプランどおりに相互行為がなされることはない。むしろ，相互行為はさまざまなその場の実践によってその場その場で実践されていくことがわかる。その中でプランは，行為を予測し，反省的に推論をする際のリソースとして状況に埋め込まれる。

このようにサッチマンは情報科学の成果（製品）を使う際の相互行為に注目することによって，人と機械と言語使用（言葉）の関係を明らかにしようとしたといえる。これは，人間・機械コミュニケーションや人間・コンピュータ相互行為（Human Computer Interaction: HCI）の研究などとして展開されていくことになる。

3 コンピュータ支援による協同作業

◇ 情報科学における視点のシフト

このようなサッチマンのプロジェクトと呼応するように，人と機械の1対1の関係ではなく，人と人の協同作業を支援するためのコンピュータ・システムの開発が行われ，それを対象としたエスノメソドロジー・会話分析的な研究がなされることとなった。これは，CSCW（Computer-Supported Cooperative Work）という研究領域であり，文字どおりコンピュータ支援による協同作業の研究とそのシステムの開発をするものである。

CSCWあるいはグループウェアへ注目が集まった背景には，情報科学において単体で物事を処理する人工知能研究から，人間の協同作業をサポートするシステムの設計へと焦点が移ってきたことがある。これは，1つには1980年代における人工知能研究の行き詰まりがある。いわゆる認知革命以降，フレーム問題や文脈依存性の問題などにより認知情報処理モデルが大きな壁に突き当たった。そのため，認知が1つの脳（つまり，プログラムの内部）で行われる情報処理プロセスであるという考え方は単純に受け入れられなくなってきた。もう1つには情報技術の発達によるテレビ電話など通信ネットワークを使った分散・同期型（遠隔・同時型）のメディア・スペースが生み出されたことによる。このとき，ゼロックス社パロアルト研究所などでは遠隔地の協同作業を支援するさまざまなシステムが生み出されることになる（たとえば，ウィノグラードが試作した「ザ・コーディネータ」という意思決定支援システムである。詳しくは，山崎編［1995］の葛岡・水川・三樹論文参照）。

◇ フィールドワークの革新

ここで問題となることは，工学者は新しいシステムを作り出すことはできるが，そのシステムがどのように使われているか分析する手法をもたないことだった。既存の認知心理学では，新しいシステムの使用感などについて統計的処理をすることはできても，実際にシステムを使用している場面の分析は難しい。古典的な社会学のエスノグラフィーでは，近代的個人が「役割取得」し「組織文化」といった社会学的メタファーによって状況を説明・記述することはできる。しかし，

CSCWで重要なのは，むしろ具体的な相互行為に沿った「リアルタイム」の記述と分析である．エスノメソドロジーや会話分析が注目されたのは，システムの実際の使用場面を，具体的な活動の組合せ（組織化）として分析できるからである．

このような，「リアルタイム」の記述による相互行為の分析が可能となれば，その成果はシステム設計にフィードバックされることによってふたたび新しいシステムが生み出されることになる．サッチマンらが志向したのはこのようなエスノメソドロジーとフィールドワークの結合である．現在では，このような一連の調査研究法は，シカゴ学派のエスノグラフィーと対比する意味で，エスノメソドロジーを志向したエスノグラフィーと呼ばれている．

この調査研究法の基本的な方向性を準備したのは，C. グッドウィンの『会話の組織化——話し手と聞き手の相互行為』(Goodwin, C. [1981]) である．ここではサックスらの会話分析を応用することによって，会話と身体動作，とくに視線と身体の向きが相互行為の中でいかに組み合わされているかということが明らかにされた．その後，グッドウィンは，サッチマンらとの共同研究を経て「専門家の視線」(Goodwin, C. [1994]) で考古学調査の研究や「科学調査船」での科学者や乗組員のディスプレイや声を使った協同作業 (Goodwin, C. [1995]) などエスノグラフィー的分析を行った．これにより会話や認知実践が特定の道具と組み合わされることによってその場の実践をいかに組織しているかということを明らかにした．

これらのCSCW研究は，近年もう少し広い意味でのワークプレイス研究として展開している (Luff et al. eds. [2000])．たとえば，ロンドン大学のヒースらによる，医療場面における道具使用と相互行為の組織化の研究 (Heath [1986] など)，ロンドン地下鉄の管制室研究，シャロックらのマンチェスター・エスノグラフィー・グループによるソフトウェア・デザインの産出手続きの研究 (Sharrock [1995])，ランカスター大学のヒューズらによる航空管制センターの道具使用と相互行為の研究 (Harper & Hughes [1993]) などである．

4 エスノメソドロジーによるテクノロジー研究の意義

これまで見てきたとおり，認知科学・情報科学においてエスノメソドロジーに

よる調査アプローチは2つの意味で貢献をしてきた。1つは，フィールドワークによる調査を基本にしたテクノロジーの実践場面の研究である。もう1つは，会話分析の成果をビデオデータに応用することでテクノロジー使用場面の身体と言語の組織化を詳細に分析するという方向性である。この2つは重なり合うことによってデザイナーやユーザーよる具体的な実践を明らかにしていくのである。

エスノメソドロジーや会話分析は，一見してヴィゴツキーによる活動理論やギブソン派のエコロジカルなアプローチとの親近性も見てとれるだろう。これらの近接する諸理論とエスノメソドロジー・会話分析は共に現代のフィールドを意識した調査研究の一定の潮流を示している。同時に，第3章で述べたエスノメソドロジー的な論理文法分析などを使って，これらの諸理論を批判的に考察することもできる（西阪［2001］参照）。

今後，情報技術の発展によって研究対象となる労働環境におけるワークプレイスの変貌，日常生活における協同作業の変化にも対応する必要があるだろう。そのような対象の変化があったとしても実践的活動の分析という意味でエスノメソドロジー・会話分析は有効であると考えられる。

■ ブックガイド

以下で紹介する文献は，本章を読み，「認知科学・情報科学」におけるエスノメソドロジー研究／会話分析という手法による研究の到達点について，さらに知識を深めていくためのものである。

本章で紹介した**ルーシー・サッチマン[1999]『プランと状況的行為』佐伯胖監訳，上野直樹・水川喜文・鈴木栄幸訳，産業図書**は，状況的行為をキーワードにした研究書である。本書によって，認知は頭の中から社会的状況へと解き放たれたといってよいだろう。そのことにより工学者，人類学者，社会学者，心理学者などが集まる1つのアリーナが形成された。本書が出版されたのは1987年だが，訳書刊行にあたり98年に公刊されたエージェント性（行為者性）とアクター・ネットワーク論に関連した論考を収録している。

西阪仰[2001]『心と行為──エスノメソドロジーの視点』岩波書店の目的の1つは，「ウィトゲンシュタイン派エスノメソドロジーとはどのような立場なのかを明らかにする」ことである。その中で，視覚，想起，認識など個人に内在するといわれてきた現象を相互行為の中からあぶり出している。そして，ウィトゲンシュタインの概念分析とエスノメソドロジー・会話分析の相互行為分析を著者独自の形でブレンドすることによって，社会現象への新たなアプローチを生み出しているのが本書

である。

　関連書に，上野直樹・西阪仰［2000］『インタラクション——人工知能と心』大修館書店がある。これは，従来，心理学では心の存在を前提として「どのように『心』を相互行為の中からとらえ直すか」というテーマに沿って対談形式で述べてある専門領域への招待である。上野直樹編［2001］『状況のインターフェース』金子書房では，「冷蔵倉庫の物流」，「トヨタ生産方式」，「オリエンテーリングと自然の中のナビゲーション」など状況的実践に関するさまざまなフィールドワークが収められている。また，論理文法分析をはじめて主要な議論として展開したジェフ・クルター［1998］『心の社会的構成』西阪仰訳，新曜社も忘れてはならない。

第14章

学校・教育工学・CSCL
—— コンピュータを通した協同の学び

加藤　浩・鈴木栄幸

> ▶昨今，教育システム研究にエスノメソドロジーというキーワードが引用されているのを散見する。エスノメソドロジーの教育システム研究への関わりはどのようなものだろうか。この章では，教育システム研究がエスノメソドロジーと出会うことで何が生み出されたのか，また，何を生み出す可能性があるのかについて概説する。

1　はじめに

エスノメソドロジーが教育システム研究に与えた主な影響は以下の3点である。

(1) **状況的学習理論**　近年，CSCL (Computer-Support for Collaborative Learning) と呼ばれる教育システム研究が注目されている。CSCLと聞くと，従来から学校で行われているグループ活動をコンピュータを使って支援することを想像するかもしれない。実際に，そのような研究をCSCL研究と呼ぶこともある。しかし，本来，CSCLとは，伝統的な個人主義的な学習観を乗り越え，学習の協同性という考え方に立って学習環境を再デザインしていこうとするラディカルな試みである。このようなCSCL研究の理論的基盤の1つが状況的学習論（本章3節参照）であるが，この，学習論の成立に，エスノメソドロジーの指標性，相互反映性（テーマセッション2参照）という考え方が大きな影響を与えている。

(2) **学習の状況内評価**　従来，教育システムを利用した学習の効果はテストや教師による態度評定，時として学習者の感想等を用いて評価されてきた。しかし，このような評価では学習者のリアリティに接近しえないという一般的な不満があった。また，状況的学習論においては，「学習」という出来事の協同的な構

成過程を学習の場に携わる当事者の視点から（状況内から）記述するような評価手法が必然的に求められた。このような背景の中，エスノメソドロジーの相互行為分析（トランスクリプトの作成方法〔第6章参照〕から，成員カテゴリー化装置といった概念〔第2章参照〕も含む）が教育システム研究に取り入れられている。

(3) **協同作業インタフェースのデザイン** CSCLシステムの実現には，複数の作業者が互いの意図や作業状況を把握しながら作業のコントロールを協同的に行うことを可能とするような協同作業インタフェースのデザインが必要である。このようなインタフェースの設計にあたっては，人々が協同作業をどのような方法で達成しているのか，そこでどのような情報がリソースとして利用されているのかを明らかにし，設計や評価に生かしていく必要がある。エスノメソドロジーは，このようなデザイン作業のための分析視点を提供している（本章4節参照）。

以下の節では，学習観の歴史的変遷とそれに随伴する教育システムのあり方の変化について概観したのち，これら伝統的学習観が共有する前提（知識や学習の個人性）を覆す新たな学習論である状況的学習論について解説する。あわせて，エスノメソドロジーと何らかの関連をもつ教育システム研究の実例を示す。

2 従来の学習観と学習支援システム

教育者の学習に対する考え方（学習観）は，自覚的であれ無自覚であれ，その教育方法に大きく影響する。ここでは，教育工学の中心的テーマの1つであるコンピュータを利用した教育システム（Computer Aided Instruction：CAI）を取り上げ，さまざまな学習観が，それぞれどのようなCAI教材として具現化されてきたかを見ていこう。

◇行動主義的学習観──ドリル型CAI

1912年にワトソンが「行動主義者から見た心理学」という講演を行い，その翌年，のちに行動主義宣言と称されるようになった論文（Watson [1913]）を発表したのが行動主義心理学の始まりとされている。行動主義の特徴は，物理学のようなハード・サイエンスを規範とした客観主義と機能主義である。その立場は次のようなものである。

① 「心」でなく，客観的に観察可能な「行動」を研究対象にした。

② それまでの心理学で中心的役割を果たしていた内観（自己観察）を排斥し，意識・意志などの内的なものを行動の説明原理とすることを否定した。
③ （統制された）実験によって客観的・直接的に観察可能な刺激（stimulus）と，それに対する反応（response）との連合で行動を説明できるとした（ここから別名 S-R 理論とも呼ばれる）。

その後，極端な行動主義では矛盾が生じ，刺激 S と反応 R の間に生体 O の内部条件を仮定する新行動主義（S-O-R 理論）へと修正が加えられたが，客観主義・機能主義的性格は受け継がれた。

行動主義の立場から教育工学に多大な影響を与えたのはスキナーである。スキナーは学習を自発的行動の持続的変容と定義し，学習させたい行動が発現したのちに，適切なタイミングで適切な報酬（強化）や罰（負の強化）を与えることでどのような行動も形成できると考えた。そのような原理に基づいて開発したティーチング・マシンやプログラム学習（Skinner [1968]）は，初期の CAI 教材のモデルとなった。

プログラム学習の原理は次のようなものである。
① スモール・ステップの原理　学習内容を細分化し，各段階の進度を小さくすることで，無理なく行動を形成する。
② 積極的反応の原理　各段階で学習者の積極的・自発的反応が喚起されるようにする。
③ 即時フィードバックの原理　1 つのステップが終わると，即座にその結果・評価が学習者に返される。
④ 自己ペースの原理　各学習者の個別の進度で学習が進められる。
⑤ 学習者検証の原理　教材は実際の学習者の反応をもとに修正・改良される。

このような教育の原理はとくに CAI のドリル形式の学習様式に向いている。すなわち，コンピュータから問題が提示されて，それに学習者が解答すると，コンピュータはただちにその正誤と診断情報を学習者に返し，解答結果が良ければ難易度を上げ，悪ければ下げるなど，次に学習すべき内容を動的に決定していくような形式の教材である。その典型としてスーピーズのストランド算数ドリル（Solomon [1986＝1988]）がある。

◇ 表象主義的学習観——チュートリアル型 CAI～知的 CAI

いったんは非科学的であるとして心（意識・意図）を排除した心理学であったが，やがて行動主義では説明のつけにくい実験事実が出始めた。そこで1950年代から台頭してきたのが，表象主義的心理学である。表象主義では，人間を，心的表象の構造を内的にもち，その操作によって知的活動を行っている一種の情報処理システムととらえる。これはコンピュータとの類推で考えると理解しやすい。すなわち，人間の脳や神経器官がハードウェアに，心的表象がプログラムやデータに，知的活動が計算に対応するのである（ここから計算主義とも呼ばれる）。

コンピュータは認知のモデルとしてだけではなく，研究方法論においても重要な役割を果たした。認知科学という分野では，人間の心的過程を数理的なモデルにして，それをコンピュータでシミュレーションし，その結果を人間の行動と比較検討することでモデルを検証するという方法論が主流となった。

表象主義では学習とは知識＝心的表象の量を増やし，その構造をより精緻にすることと考えられる。そして，知識は論理的に等価なデータ構造として表現可能であると見なされており，知識表現とその論理的操作である推論の研究が盛んに行われた。ここからもわかるように，表象主義の根底には，個人に依存しない真なる知識というものが存在し，理性によってそれに限りなく接近できるという考えがある。

学習が知識の蓄積であるとするならば，教育とは完璧な知識を学習者に注入することである。それを効率よく行うためには，完璧な知識をもち，個々の学習者の特性に応じた指導をしてくれる教師の存在が必要である。知識が計算機で表現可能であるならば，可能なかぎり完璧な知識を計算機に搭載することで，安価に個別学習が実現する。それをめざしたのが，チュートリアル型 CAI であり，のちの知的 CAI である。前者は，

① 学習者への知識の提示
② 知識定着の確認のための問題出題
③ その正誤判定に基づいて次に何を行うかを決めるロジック

を学習単位（フレーム）とし，そのフレームを連結していくことで学習コースを形成する。このようなタイプの CAI 教材は Director に代表されるマルチメディア・オーサリング・システムを利用すれば，比較的容易に見栄えのするものが作れる。近年，インターネットを用いて教育を行う e-Learning の発展に伴って，

再度隆盛の兆しをみせている。知的CAIはチュートリアル型をより高度化したもので、学習内容知識と独立した教授方略知識をもち、さらに、学習者の反応から構築した学習者モデルを参照しながら学習過程を制御する。しかし、現実には領域をきわめて限定しなくては教材を作ることができず、実用には至っていない。

◆ 構成主義的学習観——マイクロワールド型CAI

表象主義的学習観において学習者は与えられる知識を受容するもの、いわば何かを書き込まれるべき「白紙」と見なされていた。この点において構成主義的学習観はその対極に位置づく。つまり、学習者は自らの理解の枠組・理論で積極的に世界を探索し、それによって自らその理論に改良を加えていく積極的な知識構築主体、すなわち「小さな科学者」と見なされるのである。

構成主義の源流はピアジェの発生的認識論である（これはのちの社会的構成主義とは別物と考えたほうがよい。そのため個人的構成主義と呼ぶこともある）。それによると、人間はそれぞれ認識の枠組（シェマ）をもっており、それを媒介に外界と相互作用することで認識を行い、さらに、そのシェマをより精緻で利用範囲の広いものに自ら組み替えていくことで知的発達をする。そして、その発達は、時期に多少の個人差はあるものの、一定の段階を経る（発達段階説）。

したがって、教育がなすべきことは、何かを教え込むことではない。かえってそれは、学習を妨げることさえある。ピアジェは次のように述べている。「子どもにその子どもが自分ひとりで発見できるはずだったことを早まって教えるたびに、子どもはそれを作り出すこと、そしてその結果、それを完全に理解することから遠ざけられる」（Piaget［1983］, p. 113）。学習の主体はあくまで学習者なのであり、教育のなすべきことは、学習者が自らのシェマを再構築するのを促すような教育的な学習環境を整えることである。

この思想を教育システム研究の分野で具体的に展開し、普及させたのはパパートの功績である。パパートはLogo（Papert［1980＝1982］）というコンピュータ・プログラミング環境を開発した。Logoは子どもにも理解しやすい文法と、自分自身が床の上を移動するのに相当する直感的な方法で画面上に描画できるタートル・グラフィクスを備えており、論理的・幾何学的マイクロワールドを学習者に提供した。マイクロワールドはチュートリアル型CAIとは異なり、その前に座っただけでは何も教えてはくれない。自らマイクロワールドに働きかけることで、

その環境独自の規則に従った反応を得て，その相互作用によって学習者は自らの理解を構築していくのである。

3　エスノメソドロジーと社会文化的学習論

◆ 知識と学習の関係論

　前節でさまざまな学習観を見てきたが，それらに共通していえることは，学習を個人の内的な変化としてとらえていることである。たとえば，行動主義においては，学習は個人の行動の変化とされているし，表象主義/構成主義では，個人の頭の中にあると仮定されている心的表象（知識）/シェマが精緻化することで学習が成立するとしている。

　これに対して，近年の社会文化的学習論では，学習が本質的に社会的であることを主張する。これには，少なくとも2つのレベルでの社会性が含まれている。

　1つは，「学習」という事態が成立する根本に関わる部分での社会性である。もしも，わたしたちが異なる時空間での2つの行動を「同じ」と認識できないとしたら，わたしたちは何ら行動の変化について語ることができない。なぜなら，同一と見なされるべき行動を比較することではじめて変化について語れるからである。しかし，人はこの現実世界の中でまったく同一の行動を行うことは，厳密にいえば，二度とない。それなのに，わたしたちは現実に行動の変化について語っている。これはわたしたちが世界を一定のやり方で分節して，斉一性 (uniformity) を認識しているからである。この分節のあり方は主として言語によって担われるという意味でその起源は社会文化的である。

　さらにいえば，わたしたちはすべての行動の変化を学習と見なすわけではない。何を「学習」と見なすかは文化的に決まっており，それぞれのコミュニティによって違いがある。「学習」という事態が成立するためには，そのコミュニティの流儀に従って，ある一定の状況である種の行動を社会的に表示することが必要である。たとえば，近代の学校文化においては，さまざまなテストが学習の可視化のために用いられている。

　もう1つは，学習の過程における他者との相互作用の必要性である。ヴィゴツキーは人の高次の精神機能は社会生活にその起源があり，その発達過程において社会的な活動が個人の能力につねに先行すると述べている。すなわち「人が自主

的に解決できる問題によって決まる発達水準と，他者との共同の中で範例や教示などを与えられながらならば解決できる問題によって決まる発達水準とのあいだの相違」（Vygotzky［1986 = 2001］，邦訳 297-304 頁）を発達の最近接領域（ZPD: Zone of Proximal Development）と定義し，ZPD 中にある問題が，しだいに独力で解決できるようになり，同時に，別の課題が新たに ZPD に入ってくることで学習が進むと考えたのである。

　C. グッドウィンは脳卒中によって失語症になった Chil という患者の日常生活を観察して，ほとんど言葉をしゃべれなくてもジェスチャーを用いて，本来の彼の言語能力以上のコミュニケーション能力を発揮している場面を分析し，こう述べている。「Chil の個人としての能力は破滅的に低下しているが，彼が埋め込まれている社会システム〔訳注：彼と生活を共にする妻や看護師が含まれる〕はこの危機に適応し，相互行為の組織化の枠組を創造的に再編成することで進化した。その結果，彼らの生活を構成している協調的行為において，生存可能でまさに中心的なアクターであり続けることができる。（中略）〔訳注：Chil が妻の記憶を想起させて，昔起きた出来事について語ったことを例に出して〕もし，Chil が彼の家族から引き離されて単なる一個人として扱われてしまったら，適切な他者のリソースを用いて行為する能力ばかりではなく，彼の記憶の大半もまた失われてしまっただろう（Goodwin, C.［2003］, p. 107）」。すなわち，Chil のコミュニケーション能力は彼の社会システムという領域固有・関係固有な状況においてローカルに達成されるのであって，彼自身がもつ（一般性のある）能力と見なすことはできない。彼の能力は，彼個人の属性ではなく，彼と彼の近親者との関係として存在しているのである。

◇ ローカルな社会的構築物としての学習

　社会文化的アプローチをとる状況論的学習論では，エスノメソドロジーと同様に，学習を実践的・協同的達成とみる。たとえば，学校教育文化に見られる，知識を可視化する特徴的なやり方の1つに「IRE（Initiation-Response-Evaluation）シークエンス」（Mehan［1985］）がある。これはたとえば「『坊ちゃん』の著者は誰ですか？ (I)」「夏目漱石です。(R)」「よくできました。(E)」のようなやりとりである。これは，教師-生徒という社会的役割を可視化すると同時に，その役割をその状況において再生産する実践でもある。換言すれば，生徒はこのような

会話の一端を担うことによって，自らを「生徒」として可視化して，「生徒である」(doing a student) ことを達成している。このことは教師も同様である。そして何より，これが学校的知識を可視化する場であり，それによって学校的知識のありようを示してもいる（テーマセッション 1 参照）。

　これはけっして教師からの一方的な働きかけによるものではなく，教師と生徒との協同によって達成される。以下にあげる教室での対話記録にはそれが端的に現れている。

　　幾何についての教室での対話記録（／はポーズを示す）
　　スチュワート：　それ（訳注：二等辺三角形）って何？
　　教師　　　　：　試しに／二等辺三角形って何かしら？　教えてあげて，マーク。
　　　　　　　　　二等辺三角形って何？（（教師がマークの頭に手を置き，マークはクスクス笑う））
　　マーク　　　：　それは／全部の辺が同じじゃないやつ。
　　教師　　　　：　全部が同じじゃない／いくつかは同じなの？二等辺三角形よ。／
　　　　　　　　　（（教師は指を 2 本あげる））
　　マーク　　　：　2つ。
　　教師　　　　：　2つの等しい辺／OK。2辺の等しい三角形のことね。／それじゃあ
　　　　　　　　　3辺は／そういうのはなんて言うかな？
　　マーク　　　：　それは，せいさ…／（（教師がうなずき始める））／正三角形。
　　教師　　　　：　正三角形ね。　（Edwards［1990］, p.58）

　これはどこにでもありそうな教室の一場面で，一見，生徒が独力で問いに答えているように見える。しかし，子細に検討してみると，生徒は自由に答えているわけではなくて，教師は指で答えを教えたり，生徒が答え終わる前にうなずいたりして，生徒の反応を教師の意図する方向へ導いていることがわかる。しかも，これは教師が生徒に一方的に働きかけたものではない。生徒のほうは，婉曲な答え方をしたり，故意に言いよどんだりしたりして，教師のヒントを引き出しているのである。つまり，これは教師と生徒との協同による「学校的知性のあり方を作りだし，維持するための過程」（有元［1991］, 163頁）と見なすことができる。

　以上は学校の場に特有な能力の可視化の流儀であるが，同様に別の文化にはそれぞれ別の流儀が存在する。つまり，文化が異なれば有能さも異なるのである。ここで，学校的知性がその他の文化における知性に優先されなければならない内

的な理由はどこにもない。

◇コミュニティの相互的構成としての学習

　状況的学習の理論において近年注目されているのが正統的周辺参加（LPP: Legitimate Peripheral Participation）論（Lave & Wenger.［1991＝1993］）である。これは文化人類学者であるレイヴが，徒弟制のフィールドワークの成果から得た学習理論であり，学習を「人が実践のコミュニティに正統的な地位を与えられて，初めは新参者として文化的実践に周辺的に関わっていくが，次第に十全的に（full）参加していくようになり，やがて自他共に認める一人前の成員になっていく過程」としてとらえる学習観である。人はコミュニティの文化的実践に深く関わるようになるにつれて，コミュニティでの言語の使用，他の成員との接し方，道具の操作に習熟していく。もちろん，それも学習であるが，それだけではない。参加の度合いがより十全的になっていくにつれて，その人のコミュニティ内の社会的地位・役割が変化していくと，その人がやるべきことや，やってはいけないこともまた変化する。その結果，実践の中で可視化される能力が変化する。それもまた，学習としてとらえられる。つまり，学習とは，新参者が古参者から学ぶといった一方通行ではなく，本質的にはコミュニティの文化的実践における「コンテキストやコミュニティの相互的な組織化や過去と現在の相互的構成」（上野［1999］，127頁）の過程であり，従来の意味での学習である「能力の変化」はその過程に随伴して観察される一側面なのである。

◇状況的学習とエスノメソドロジーの関連

　「状況的学習（situated learning）」とは，「状況に埋め込まれた（situated）学習」である。「状況に埋め込まれている」とは，学習の状況依存性（つまり，学習のあり方が学習者らを取り巻く状況によって決定されているということ）以上の含意をもつ。それは，状況が学習に先だって存在するのではなく，その学習に関わる人々によって，まさに学習がなされているその場において，作り続けられているという含意である。そして，学習が成立するような状況を他者との関わりにおいて構成し続けることこそが学習であり，状況の協同的構成と学習はその本質において分離できないという含意である。この意味において，学習は状況に「依存」するのみならず，その中に「埋め込まれ」ている。このような考え方は，エスノ

メソドロジーの指標性（indexicality）と相互反映性（reflexivity）の考え方から影響を受けている。指標性とは，ある行為の意味が文脈依存することを示す用語であり，相互反映性とは，その文脈が行為に先立って存在するのではなく，その行為とそれに続く行為によってその場的に作り続けられることを示す用語である。人の行為や能力の「状況に埋め込まれた」性質を指摘した，状況論宣言ともいえる著書『プランと状況的行為』（Suchman［1987＝1999］）をみれば，著者のサッチマンが，その思想の展開に際してエスノメソドロジーの影響を受けていたことは明らかである（テーマセッション3参照）。

4 コンピュータによる協調学習支援（CSCL）

CSCLとは，文字どおりコンピュータを用いて協調学習を支援しようという研究分野である。協調学習からCSCL研究に入った研究者は社会文化的学習観の影響を強く受けているが，主に知的CAIの流れから入ってきた研究者はそうではない。CSCL研究者内の不一致は，CLの解釈の相違として考えると理解しやすい。前者の研究者にとってCLは，協同作業を通した学習（Learning through Collaboration）であり，とくに意識しなければ，従来の学習観や知識観を前提とした学習支援がなされることになる。これに対して，後者は，CLに協同作業としての学習（Learning as Collaboration）という含意を見出している。言い換えれば，「学習は協同作業である」という新しい学習観の宣言であり，このような前提から出発するCSCL研究は，伝統的学校とは違う学びのあり方を提案し定着させていこうという志向を強く含むことになる。前者にとって協同は学習を促進する手段であるが，後者にとって，それは，学習の本質である。別の言い方をすれば，前者においては，CとLは分離可能だが，後者においては，学習は，すべて「協調学習」であり，CとLは分離不可能である。

以下では，新しい学習観に立ち，CSとCLの両方を統合した研究例を2つあげる。

◆ **身体を用いたインタラクションのデザイン**（アルゴブロック）
(1) **身体という相互行為リソース**　エスノメソドロジーによれば，「ある出来事（学習がなされたということ，でも，挨拶が終わったということでもいいだろう）」

は，人々による局所的な相互行為の積み重ねによって構成されるものであるが，この出来事の構成作業において，わたしたちの身体が非常に重要な役割を果たしている。

たとえば，エスノメソドロジーの研究者は，視線や指さしといった身体の動きが出来事の協同構成のためのリソースとして非常に巧妙に利用されていることを人々の相互行為の詳細な分析を通して示した（西阪［1991］; Goodwin, C.［1981］）。また，相互行為研究者であるケンドンは，

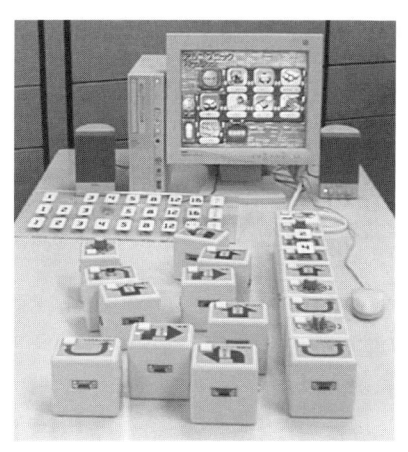

写真 14-1 アルゴブロック全景

人の身体の周りには作業空間（transactional space）と呼ばれる，作業のために利用できる空間が広がっており，複数の人の作業空間が重なり合ったとき，そこに協同作業のための共有された空間が生成されると述べている（Kendon［1990］）。さらにケンドンは，作業空間の重なりを作り出すような身体の配置をFフォーメーション（F-formation）と呼び，この配置が，協同作業の内と外の境界を作り出すと述べている（第12章参照）。身体は，志向のセットと解除，また，その移動を社会的に表示する装置であり，この装置をリソースとして利用してわたしたちは相互的に出来事を構成しているのである。

(2) 実体インタフェースによる身体の相互行為リソース化——アルゴブロック

このような身体の機能に注目し，身体の相互行為リソース化を通して協同作業を支援しようという目論見で設計されたのがアルゴブロック（鈴木・加藤［2001］）である。

アルゴブロック（写真14-1）は，協同プログラミング学習の支援を目的とするブロック型プログラム言語である。このシステムでは，実体をもったブロックの1つひとつにプログラム言語におけるコマンドが割り当てられており，それらのブロックを手で接続することでディスプレイ画面上の潜水艦の動きをコントロールするプログラムを作成することができる。

ブロックには，前進，右進，左進，回転などの潜水艦を動作させる動作ブロックと，繰り返し，条件分岐などの制御ブロックがある。ブロックには，パラメー

タ入力スイッチが取りつけられており，前進や右進，左進の距離，回転の角度，繰り返しの回数，分岐条件などが設定できる。

　アルゴブロックは，本来コンピュータの内部にあったプログラム言語のコマンドに物理的実体を与え，テーブル上に配置可能とする。このことによって，学習者のプログラミング言語に対する操作や，作業への関与のあり方などが否応なく身体運動に変換され，他の参加者から観察可能となる，つまり，相互行為リソースとして利用可能となる。結果として学習者が協同でプログラム言語を操作し，作業の過程を共有し，作業について語りあうことが支援される。このような支援によって，「プログラムの学習」という事態を学習者らが協同的に構成していくための素地が形成されると考えられる。

　実際にアルゴブロックを利用した協同作業で何が起こるのだろうか。以下にあげるデータは，小学6年生3人による利用実験のものである。以下のトランスクリプトにおいて，(( ))内は，身体の動きを示す。［大かっこ］は発話か行為のオーバーラップを示す。開始位置のずれは発話か行為の開始点のずれをおおまかに示す。

例①
101　児童1：　⌈これを
102　　　：　⌊((回転ブロックを前進ブロックと右進ブロックの間に挿入する))
103　児童2：　⌈ちがう，だからあれが4つになってるんだよ。だから3つにすればいい
104　　　：　⌊　　　　((児童1が挿入した回転ブロックをはずす))
105　　　：　だってね，だってね，今，ここが4になってたでしょ。いち，に，さんになる

　例①からわかるように，アルゴブロックを使った作業において「コマンドの追加」という操作は，ブロックを手でつかみ，望みの場所に移動させ，接続する，という一連の身体動作として現れ（102），その結果は，テーブル上のブロックの物理的配置の変化として明らかな形で示される。これらは，他の作業者からも観察可能である。であればこそ，児童2は「ちがう」（103）といいながら，そのブロックをはずす（104）ことができ，そこに「アイデアの表示－反論」という事態が協同的に構成されている。このとき，アルゴブロックという道具を使うことで必然的に生じた身体の動きとブロックの配置の変化は，この達成のためのリソースとして利用されている。さらに，児童2の操作（104）も，同じ理由で社会

的に表示され，協同作業の次の瞬間の達成のために利用されていくと考えられる．

例②
〈プログラム実行中，児童 1，2 は座って見ている〉
〈潜水艦は岩にぶつかり爆発，プログラム実行終了〉
201 児童 2： どこやってん
202 児童 1：⎡これが
203 　　　：⎣((立ち上がる．ブロックを指さす))
204 児童 3：⎡これが反対の 45 度なんじゃないの
205 　　　：⎣((ブロックを指し示す))
206 児童 3：⎡こう 45 度にいってこっちに
207 　　　：⎣((手を動かして方向を示す))
208 児童 1： あっ，そうか．こっちか
209 児童 2： ((立ち上がる))
210 児童 1： ((回転ブロックのパラメータを左 45 度に変える))
211 　　　： じゃあやってみよう
212 児童 2： ((座る))
213 児童 3： それにしても 45 度じゃなかった
214 児童 1： ((座る))
215 児童 3： ((実行ボタンを押す))

例②からは，身体をブロックに向けたり，そらしたりすることによってある作業から別の作業への移行が達成される様子が見てとれる．コントローラーを操作している児童 3 はこの例中立ったままであるが，他の児童は，実行中は座って画面を見ている．しかし，児童らは，実行が終わると立ち上がり，全員でブロックを取り囲んでいる (203)，(209)．立ち上がったとき，児童の身体はアルゴブロックに向けられ，F フォーメーションが形成されている．立ち上がってブロックを取り囲む位置に身を置くということは，アルゴブロックを使った協同作業の空間に入ることを意味する．逆に，そこから身体をそらすことは，その協同作業からの撤退を表示する．(210) から (215) のシーケンスからは，ブロック組立て作業から，実行をみんなで見るという作業への移行が，身体の動きを利用して巧妙に成し遂げられる様子が見てとれる．児童 1 はブロックのパラメータを変更した後〔210〕，「じゃあやってみよう」(211) と発言する．この発言はブロック組立て作業の終了を宣言するものである．この直後に児童 2 が座る (212)．先に述べた

ように，ここで座ることは協同作業の空間から出ることを意味しており，このことから，児童2の行動は児童1の作業終了の宣言に承認を与えるものと解釈できる。このあと，児童1も座っているが (214)，これは児童2が座ったのを見て，そこに新たな議論の発生する余地のないことを確認した結果であろう。2人が同時に座ることは，2人が「実行を見る」作業へ移行しようとしていることを外に向かって示すことになる。よって児童3は何も言わずに実行ボタンを押せたのである (215)。この作業から作業への移行は，アルゴブロックという道具を使うことで必然的に生じる身体の動きと変遷をリソースとして協同的に達成されている。

ここでは，相互行為リソースとしての身体に注目し，それを協同作業の支援に利用した実例としてアルゴブロックを紹介した。これは，CSCLシステムの構想と設計にエスノメソドロジー的な考え方が影響を与えた一例である。アルゴブロックは協同作業の支援インタフェースとしては特異であり，多くの場合，同期型協同作業はマウスを使ってスクリーン上で行われる。しかしながら，このような場合でも，相互行為リソースとしての身体というエスノメソドロジーが与える示唆は有効である。このとき，マウスは学習者の指や身体の拡張としてとらえられる。それは，物理的な本物さの点ではもはや身体とはほど遠いものであるが，志向のセットや解除，その変遷をお互いに表示しあう装置として学習者らによって位置づけられることが可能である。このように考えれば，たとえば，従来一方的にある場所をポイントするツールとして利用されてきたマウスという道具を，作業の協同構成のための身体リソースとして設計し，また利用していくという新しい視点が生まれるだろう。

◆ 対戦ゲームによる社会的セッティングのデザイン（アルゴアリーナ）

(1) アイデンティティの発達と学習評価　　正統的周辺参加論（LPP）（本章3節参照）の立場をとるとき，どうやって学習が起きていることを確認すればよいだろうか。通常よく行われるペーパーテストはコミュニティの文化的実践とは切り離された別の文脈を形成するため不適切である。能力は実践の中で協同的に可視化される社会的構築物であるという立場を貫けば，学習の評価は，まさに実践が行われている状況の中で，コミュニティの成員たちによって行われているはずであるので，それをエスノメソドロジー的に記述するという方法が考えられる。

学習，すなわち新参者が実践コミュニティの十全的参加者になる過程において

観察される出来事のうち，作業に熟達化したり，理解を深めたり，活動の幅が広がるというのは，学習の一部にすぎない。レイヴらは「アイデンティティの発達は実践共同体における新参者の経歴の中心にあり，したがってLPPの概念の基礎 (fundamental) である。……両者〔訳注：学習とアイデンティティ感覚〕は同一の現象の異なる側面である」(Lave & Wenger [1991=1993], p. 115) と述べている。つまり，学習の本質は，参加する実践のコミュニティにおいて自他ともに認める一人前の成員になっていくこと，すなわちアイデンティティの発達である。

　それではアイデンティティはどのようにしてとらえることができるのだろうか。アイデンティティは，通常は「自我（自己）同一性」と訳されるが，時として「帰属意識」と訳されることもある。しかし「意識」のような個人の内的な機能として特徴づけることは誤解を生みやすい。ミードによれば，自我は，他者との相互作用を通して他者の役割が自分の内側に取り込まれることによって形成される (Mead [1934=1995])。つまり，社会的関係が自我に先立つのである。それならば，コミュニティの成員たちの相互行為をエスノメソドロジー的につぶさに観察していけば，彼らが「自ら/他者が何者であるか」（アイデンティティ）を社会的に表示したり，それを裁可したり (sanction) することで，アイデンティティの確認・構築を実践している場面に出くわすはずである。そして，それを継時的に見ていけばアイデンティティの発達の軌跡がとらえられる。

◆ アイデンティティ発達の分析事例──「アルゴアリーナ」

　ここでは，筆者らが開発した「アルゴアリーナ」(「あるごありーな」NECソフト㈱) というコンピュータ・ゲームで教育実践を行った事例 (加藤・鈴木 [2001]) を紹介する。

　アルゴアリーナは中学生以上を対象としたアルゴリズム教育のための相撲対戦シミュレーション・ゲーム（写真 14-2）である。その目的は力士の挙動や戦略をプログラム言語で記述し，他者のプログラムした力士と対戦させるという活動を通して，アルゴリズムの基本を学習させることである。アルゴアリーナでは，対戦ゲームという社会的状況設定を利用して，プログラミングを主要な実践とする学習のコミュニティを構築し，それへの参加による学習を実現している。

　学習者のアイデンティティが確認できる実践には，分業，役割期待などさまざまあるであろうが，このとき筆者らが着目したのが成員カテゴリー化装置

写真14-2 相撲対戦シミュレーションゲーム「アルゴアリーナ」

(Sacks［1972a＝1995］，本書第2章参照)である。すなわち，学習者が発言の中で，自分自身や実践に関連する他者に対してどのような成員カテゴリーを適用し，それが時間とともにどう変容したかを分析した。

教育実践は某公立中学校3年の技術・家庭科の授業を使って12回行われ，観察対象者は大村と今川（両方とも仮名）であった。データはビデオテープに行動を録画すると同時に，2人にワイヤレス・マイクを装着して会話を録音した。

授業が始まってから数回は，共に楽しんでいた大村と今川であるが，しだいに大村がプログラミングに熱中してコンピュータを占有するようになり，対照的に今川はプログラミングに手を出さなくなった。そんなある日，大村は，自宅でプログラムを考え，それをメモして授業に持ってきた。それを今川に見せたときの会話である。

　　　会話1　1月31日（第6日目）
101　大村：　{メモ用紙を今川に見せる}「あほ，昨日考えてきたったぞ」
102　今川：　「完全にコンピュータ・オタクやな」
103　大村：　「昨日な，夜，暇やってんか」
104　今川：　「わかってる」
105　大村：　「ちゃうって」
106　今川：　「はまってきたぞ，大村。ちゃうって，自分でも気づかへんねんって」

107　大村：「おお，そうやんけ。やばいやんけ俺」

　今川は大村を「オタク」(102)と呼んだ。オタクというカテゴリーは，そのカテゴリーに属さない人々が当該集団に適用する支配的カテゴリー（Sacks［1979＝1987］）である。つまり，今川は大村に「オタク」というカテゴリーを付与することで，同時に自分は「オタク」ではないことも表明している。それに対して，大村は「おお，そうやんけ」(107)と大筋で認めている。この一連の会話を通して，プログラミングをめぐって，両者の間に境界が引かれているのが観察できる。
　このあと，第9〜10日目に大村が欠席したことをきっかけとして，今川もふたたび自分でプログラムを書き始める。そんな10日目に次の会話は観察された。

　　会話2　2月6日（第10日目）
　201　今川：「どういうこと，これ。俺も技いっぱい入れたろ（聞き取り不能）それ何ページ？」
　　　　　　｛マニュアルを手に取ってページめくる｝
　202　井原：「(聞き取り不能)」
　203　今川：「もー，俺もマニアになってしまいそうやわ」
　204　井原：「そやった？」
　205　今川：「おお。こんなんにはまってるよお」

　ここでは，今川が「はまって」(205)しまって「マニアになってしまいそう」(203)であることが表明されている。「マニア」は肯定的にも使われるので支配的カテゴリーではないが，意味的には「オタク」とほぼ同じである。つまり，ここに至って，今川も「プログラミング側」の人間になりつつあることが表明されている。
　最後は，最終日に交わされた会話である。この日は全員参加の相撲団体戦を行った。大村と今川は同じグループにいて，大村の力士はすべて引き分けに終わるのに対して，今川の力士は勝ち続ける。今川のそのプログラムは，以前の単純なものではなく条件文を多用した複雑なものであった。

　　会話3　2月13日（第12日目）
　301　今川：「でも俺のよお，よるつくの時代はよお（笑）」
　302　大村：「(笑)よるつく」
　303　今川：「だいぶん強よおなったやろ」
　304　大村：「あれよりはな」

今川は以前の自分を「よるつくの時代」(301)，すなわち条件文を使わずに「よる，つく」などのアクションを連ねた単純なプログラムを作っていた時代と呼んで振り返っている。同時に，現在はその「時代」とは対照的に，条件文を駆使することができるまでに技能が上達したことを示唆している。その過去を大村と一緒に笑い合う (302) ことで，2人は，現在同じ位置にいることを確認し合っている。つまり，今川は自分の歴史を語ることで，自分のアイデンティティの変容を大村と確認しあっているのである。さらに，ここでの大村と今川の間には，会話1のころの境界はなく，プログラミング実践者としての対等な関係を獲得しているように見える。

　ここで起きたことは以下のようにまとめられる。比較的順調に「プログラム側の人」というアイデンティティを発達させてきた大村に対して，はじめ今川はそれと対照的であったが，大村の欠席をきっかけに自らもプログラミングに取り組むようになり劇的なアイデンティティの変化を見せた。最後には大村と対等な「プログラム側の人」の視点で過去の自分を振り返るようになった。

　以上のようにエスメソドロジー的手法によって，学習者がコミュニティの実践の中で相互行為的に達成しているアイデンティティをとらえることで，学習者の発達の軌跡を描き出すことができた。これは従来の能力測定法とはまったく異なる学習の評価方法ということができる。

5　おわりに

　この章では，教育システム研究にエスノメソドロジーがどのように取り入れられ，どのような成果を生んでいるのか示した。教育システム研究とエスノメソドロジーとが出会ったとき，教育システム研究者が当たり前のものとして取り扱っている「学力」「理解」「学習」といった概念はすべて相互行為という視点から再検討されることになる。また学習支援システムがもたらした「成果」も，学習者，教師，教育システムという道具，そして研究者らによる相互行為の結果生み出されたものとしてとらえ直されることになる。このような検討を通して，わたしたちの学習観や教育システム観は揺るがされ，変容するに違いない。このことは，新しい教育システム研究の萌芽となるだろう。

第15章

コンピュータ支援の協同作業研究

葛岡 英明・山崎 晶子・山崎 敬一

▶本章では,CSCW (Computer Supported Cooperative Work) 研究,とくに遠隔コミュニケーションを支援するシステムの研究を紹介することによって,エスノメソドロジーによる相互行為分析や理論的な視点が,技術開発にどのように影響を与えるのかということを具体的に示す。

I はじめに

CSCW とは,文字どおりコンピュータを利用した協同作業支援という概念,あるいはそうしたシステムを実現しようとする研究分野を意味する。CSCW の特徴は,単にシステム開発という技術的な側面の研究を目的とするだけではなく,むしろ人々はどのように協同作業を行うのか,テクノロジーが人々の協同作業をどのように変化させるのかということを理解することを目的としている点にある。このため,CSCW という分野のもとに工学,認知科学,心理学,社会学,経営学などの研究者が集まって議論をしあったり,実際に協同研究を行ったりしているのである。しかし,集団としての人間の特性を理解し,それを支援するシステムを開発することは容易ではない。そこで CSCW 研究は,システム開発,システムの評価,システムの改良というプロセスを繰り返すことによって,徐々に協同作業の理解とシステムの改善を進めていくべきであるといわれている(Tang [1991])。

一般に工学的な研究では,システムを数値的に評価することが求められる。しかし CSCW においては,数値的に評価するのみでは不十分である。人々がいか

に巧みにその場その場の状況に対処しながら協同作業を実践しているのかということを明らかにすること，さらには協同作業を支援するためのテクノロジーが与えられたことによって，人々の作業の仕方がどのように変化したのかということを理解することが非常に重要なのである (Hughes et al. [1994])。こうした点から，エスノメソドロジーはCSCWにおける相互行為分析において，非常に有力な方法であると考えられている。

ただし，CSCWにおけるエスノメソドロジーが，システム開発者のための評価手法として存在していると言おうとしているのではない。むしろ，テクノロジーに媒介された協同作業に関心をもつ社会学者が，これを積極的に分析し，そこで得られた知見がCSCW研究に生かされることも多いのである。たとえば，グッドウィンらがサッチマンらとともに実施した，飛行場におけるエスノメソドロジー的なフィールドワーク (Goodwin, C. & Goodwin, M. [1996]) や，グッドウィンのアマゾンの調査船の研究 (Goodwin, C. [1995]) などが有名である。

CSCWという学問領域のこうした特性から，エスノメソドロジーに関心をもちつつシステム開発をする工学研究者と，技術に媒介された人々の協同作業に関心をもつ社会学者が，協同してCSCW研究を行うことが理想的であるといえる。欧米ではこうした協同研究が多く実施されているが，日本国内ではこうした例はほとんど見られず，長期的に協同研究を実施しているのは，おそらく筆者らの研究グループが唯一の例であろう。そこで次節以降では，筆者ら自身の研究を紹介することによって，エスノメソドロジー的な相互行為分析がどのようにシステム開発に生かされているのかということを示すことにしよう。

2 遠隔からの作業指示を支援するシステムの開発

遠隔地にいる指示者が，作業者に対して機器の使い方を説明する場面を考えてみよう。もしこれを電話で行う場合，言葉だけで説明するのは簡単ではないということは容易に想像できる。ここですぐに思いつくのが，テレビ会議システムのような実画像通信装置を利用することである。しかし，実際には問題はそう簡単ではない。たとえば，こうしたシステムでは，ユーザがいるべき場所はカメラの撮影範囲やディスプレイが見られる位置に制限されてしまうため，機器をその範囲内に持ち込まなければならない。あるいは，指示者がディスプレイに表示され

た物体に指さしをしても，作業者にはその動作が見えないか，見えたとしてもどこをさしているかわからない．対面的なコミュニケーションでは，人々は自由に動き回ったり，身振り手振りを使ったりと，その身体的な能力を自在に使って相互行為を実践することができる．しかし，メディアを介することによってこうした身体性は欠落してしまうのである（Heath & Luff［1991］）．

こうした問題意識から，筆者らの研究グループでは，身体的なコミュニケーションを可能とするメディア空間を開発することをめざして研究を行ってきた．そして，コミュニケーションにおける身体性の支援を，以下の観点から考察することを提案した．

① 身体配置　　相互の身体配置や配置の移動が適切に行えること．適切な配置とは，相互観察や，対象物を見たり操作したりすることが可能な配置のことである．
② 志向　　対話者や対象物の方向に顔や身体を向けられるとともに，その向きを対話者が観察できること．
③ 対象物への働きかけ（手振り）　　説明の対象となる実物体に対する直接的な手振りや操作が実時間で行えて，相互に観察されること．ただし，本研究では主に手振りを支援している．
④ 相互観察　　身体配置，志向，手振りが相互に観察できること．
⑤ 継起性　　身体配置の移動，志向の変化，手振り，相互観察が，時間遅れなく行えて，かつ観察できること．

3　身体メタファ

これらの観点を支援する遠隔コミュニケーション・システムを設計するための指針として，筆者らは「身体メタファ」を提案している（Kato et al.［1997］）．これは，コミュニケーションをしているときの人間の身体の配置をメタファとして，テレビモニタとカメラの位置，そしてテレビモニタに表示される映像を決定するという考え方である．たとえば指示者が作業者に対して，何かしらの作業を指示するために物体を指さしてみせる場面を考えてみる（図15-1左）．この作業指示を遠隔地から行う場合には，作業者の後方に指示者の顔を表示するモニタを置き，その指示者の目の位置にテレビカメラを置き，手振りが示される位置に，指示対

図15-1 対面時における指示場面(左)と身体メタファによる遠隔指示システム(右)

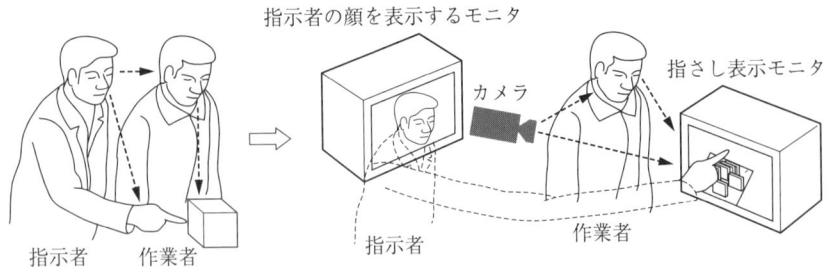

象と指示者の指さしが表示されるモニタを置くことになる（図15-1右）。カメラをこの位置に設置すると，作業者の様子と指さし表示モニタの両方を見ることができるため，指示が作業者の環境に示され，それを作業者が見ていることを確認できる。また，あえて2つのモニタを離して設置することによって，作業者が指さしを見ているのか，理解を示すために指示者のほうを見ているのかを容易に判断することができるのである。

4 コミュニケーション・メディアとしてのロボット

さて，遠隔コミュニケーションにおける身体性を支援する手段の1つとして，筆者らはロボットをコミュニケーション・メディアとして利用することを提案している。ロボットを用いることの利点は，身体メタファに基づいたシステムがある程度自然に達成されるという点である。とくに，ロボットが車輪などの移動機構をもっていれば，状況に応じて，コミュニケーションに適切な身体配置，すなわち身体メタファが成立する配置となるように移動することができるのである。

そこで，以下に筆者らがこれまで開発してきた一連のロボット・システムを紹介する。

◇ GestureCam

GestureCamは小型カメラとレーザ・ポインタを搭載した小型ロボットである（写真15-1）(Kuzuoka et al. [1994])。このロボットは作業者側に設置し，指示者はこのロボットを遠隔から操作することによって，作業者側の環境を見回すことができる。また，レーザ・ポインタを利用して，作業者側にある機器を遠隔

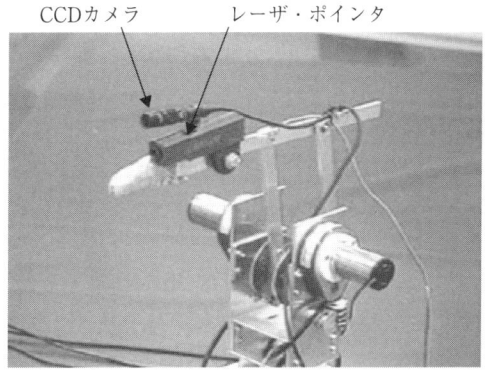

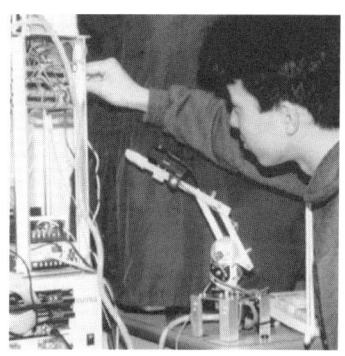

写真15-1　GestureCam 本体（左）と作業指示風景（右）

からポインティングすることもできる。

　身体性という観点から考察した GestureCam の利点は以下のとおりである。
① GestureCam の姿勢が指示者の志向を表している。しかも小型であるため，作業者から観察しやすい位置に配置できる（写真15-1 右）。
② 対象物に直接レーザを照射することができるため，指示者，作業者ともに，位置表現を明瞭に観察できる。
③ 指示者はカメラの向きを遠隔操作できるため，作業者の環境を観察しやすい。

しかし，こうした利点が観察されただけではなく，以下に示すいくつかの問題点も明らかになったのである。
① カメラの視野角が狭いため，作業者の様子が撮影されないことが多く，作業者の志向が指示者から確認しづらい。
② GestureCam はその場での見回しはできるが，自律的に移動することはできない。したがって指示対象がいろいろな場所に置かれている場合には，適切な身体配置を保つことができない場合がある。
③ GestureCam の操作方法や制御の問題から，レーザを用いて表現できる手振りはポインティングだけであり，しかも正確に対象物の上に照射することが簡単ではなかった。

　さて，これらの分析は，次に述べる GestureLaser の設計に生かされることとなった。

第15章　コンピュータ支援の協同作業研究

◆ **GestureLaser**

(1) **装置の設計**　前述したとおり，GestureCam の問題点の 1 つは「手振り」表現の能力が，単純なポインティングに限定されているという点である．一方，わたしたちがレーザ・ポインタを手に持って使う場合，素早く動かして線や丸を描き，ものの動作を示す場合がある．すなわち，レーザ光の操作性を向上させることができれば，単なるポインティング以上の表現をすることができるのである．

そこで，レーザ光をモータ駆動された 2 枚の鏡で反射させることによって，レーザの照射位置を自由にコントロールできる装置を開発した（Yamazaki et al. [1999]）．

図 15-2 にシステムの概念図と，実際に製作した装置を示す．GestureLaser と名づけられたこの装置では，相互観察を支援するためにレーザ光を駆動する機構のすぐ横にカメラを配置した．指示者はこのカメラが撮影した映像をモニタで見ながら，マウスを使って，あたかもマウスカーソルを動かすかのようにしてレーザ光の位置を操作できた．

(2) **評価実験**　GestureLaser で遠隔指示をすることによって，身体性がどのように支援されたかを確認する実験を行った．GestureLaser は作業者の後方に設置し，作業者と指示対象物の両方が撮影できるようにした．写真 15-2～4 はまさに指示者がモニタ画面で見ている映像である．このように作業者がレーザ・ポインタや指示対象物を見ることができるだけでなく，作業者の状況を指示者が認識することができるので指示が成立するのである．このような配置を基本的配置と呼ぶこととする．基本的配置がくずれた場合にはこれを修復する指示が行われた．たとえば，指示者がこれからさし示そうとする部分を見ることができない場所に作業者がいる場合には，「ここに移動して」「こっちに持ってきて」などと発話しながら，レーザで作業者がいるべき場所を指示した．一見当たり前に見えるが，指示者が作業者と指示対象物の双方を観察できて，しかも手振り表現を利用できるようにシステムを設計したからこそ，こうしたコミュニケーションが可能になったのである．

さて，GestureLaser のレーザ光の動きによって，単に位置を示す以上の表現をすることができる．写真 15-2 は対象物を水平に回転するように指示している場面である．指示者は，「こっちのほうに回して」と発話するとともに，矢印の

図15-2 GestureLaserの概念図（左）と製作した装置（右）

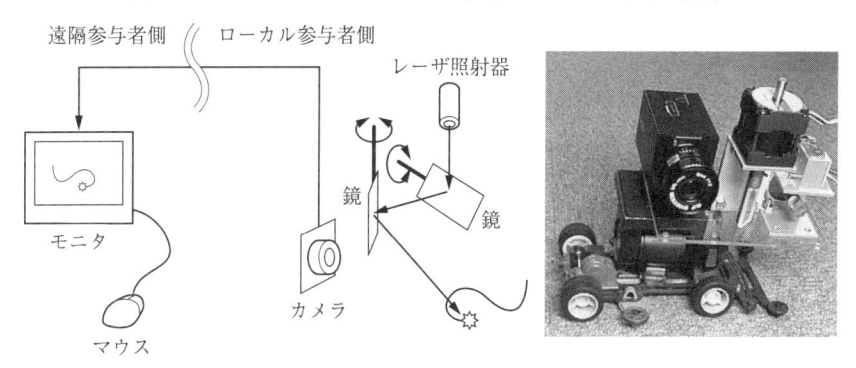

ように床に弧を描くようにレーザを動かした。また，写真15-3では，指示者が「板のこちら側を……」と発話しながら，レーザ光を面上で何度も回転させることで，面を表現した。これらの例は，単なるレーザの赤い点であっても，それが対象物の上で適切に動き，適切な発話を伴うことによって，ポインティング以外のさまざまな例示的表現をすることが可能になることを示している。

写真15-4は作業者O1（左側の人物）とO2（右側の人物）が持っている小さな三角形の部品を取り付ける位置（カップボードの左右上側の角）を，指示者I1が作業者に指示しようとしている場面である（付録CD-ROM参照）。図15-3はそのときのトランスクリプトである。

トランスクリプトの(1)の時点では，I1は「ここ」と言いながら，レーザでカップボードの左上の角をなぞっている。しかしO2だけがレーザ光を見ており，体を曲げてカップボードの反対側を見ているO1はレーザ光を見る状態ではなかった。すると，(2)の時点でI1は「ここ」という言葉を伴って，同じ角をふたたびなぞっている。指示が再実行されたあとすぐ，O1は自分の体をレーザ光の照射方向に向けた。この身体動作によって，O1は指示を聞くことができる体勢になり，身体配置の要件が満たされ，指示を行うことが可能になっている。しかし(3)の時点でI1は左から右にレーザ光を動かし，「ここ」という発言とともに右の角をなぞり始めた。この動作はO1が身体の向きを変え，O1の頭によってレーザ光が遮られたことによるものとみられる。

すると(4)の時点でO1とO2がほぼ同時に「ああ」と指示を理解したことを

写真15-2　回転の指示表現　　　　写真15-3　板の表面の表現

写真15-4　左側の角をなぞり（左），次に右側をなぞった（右）

示す発話をした。O1とO2が同時に発話をしたことは，レーザ光の直接照射による指示が複数の作業者に同時に情報を伝達していることを表している。そしてすかさず（5）の時点でI1は「こことここに入れるようなかたちですね」と答えながら右の角をもう一度なぞるが，この発言は指示に対する作業者の理解をI1が理解していることの表示であると考えられる。互いが理解していることを他の参与者に表示することで，指示が完了したことを全員が理解し，次の指示への移行が実現するのだが，GestureLaserシステムが，そうした理解の表示や，それに対する他者の認識を表示するための資源になるということがこの例で示されたのである。

◆ GestureMan

(1) 設計　　GestureLaserは，例示的表現の手段や，対話を媒介する資源として有効であることがわかった。しかし，身体性におけるその他の観点から考え

図15-3 写真15-4, 写真15-5の場面のトランスクリプト

```
I1   ここにすきまありますよね  ここ      ここ         ここ      こことここに入れるようなかたちですね
     TR------------M(RtoL)    TL      TL  M(LtoR)   TR       TR.........
O1                                                  ああ
     B-----------------------------L--------I----------------P-----------------------
O2                                                  ああ
     L------------------------------------------------------T-------------------------
                              ↑        ↑        ↑  ↑        ↑
                             (1)      (2)      (3)(4)      (5)
```

TL： 左の角をなぞる, TR： 右の角をなぞる, M(LtoR)： 左(L)から右(R)にレーザ光を動かす,
B： 体勢の移動（レーザ光は見ていない）, L： レーザ光を見る, I： 作業者がレーザ光の照射場所を遮る,
P： 部品を角に取り付ける, T： 角を指で触る, ---： 動作の連続

ると，このシステム単体では以下の問題点がある．

① レーザ・ポインタだけでは，指示者がどこを見ているのか（志向しているのか）ということがわかりづらい．

② 装置が固定的に設置されているため，自由な身体配置をとることができない．

そこで，これらの問題と，GestureCamの未解決の問題に対応するために設計したのがGestureManである（写真15-5）(Kuzuoka et al. [2000])．このロボットは以下の特徴をもつ．

① 二輪駆動の台車を利用することで，ロボットを移動可能にし，コミュニケーションの状況に応じて適切な身体配置をとりやすくした．

② 頭部にあるカメラユニットには視野角60度のカメラ3台が放射状に並べられており，合わせて180度の視野角が得られるようになっている（写真15-6）．これによって，指示者は作業者側の環境を観察しやすくなった．たとえば作業者がロボットの横に立っていても，このカメラで観察することができるのである．

③ 頭部は上下左右に回転するため，指示者は作業者の環境を観察しやすくなった．また，作業者は指示者がどの方向を見ているのかということを推測できるようになった．

④ GestureLaserを搭載することによって，手振り表現を支援した．また，

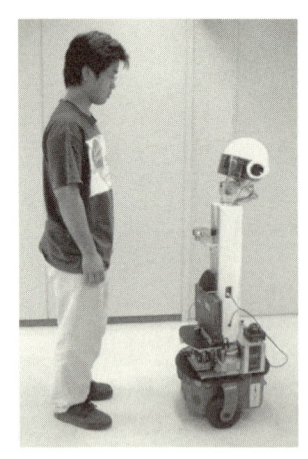

写真15-5　GestureManと人の対話風景（左）と各種機能（右）

これを補助するために，レーザ光の照射方向と同期して動作するさし棒を取りつけた。

　指示者のためのインタフェースの例を写真15-7に示す。指示者の前にはディスプレイを3台設置し，3台のカメラからの映像を観察できるようにしてある。ロボットの前後左右の移動，頭部の回転はすべてジョイスティックで行う。

　現在，GestureManを利用してさまざまな実験を実施し，エスノメソドロジー的な手法によって，その利点や問題点を分析している。システムの概要や実験風景は付録CD-ROMにも収められているので参照されたい。こうした実験の分析結果に関する議論は別稿にゆずるが，このように，システム開発とエスノメソドロジー的な分析を繰り返すことによって，着実にシステムの改良を進めているのである。

5　おわりに

　本章では，CSCW研究における工学研究者とエスノメソドロジー研究者による協同研究の具体例として，筆者らの研究を示した。とくに，エスノメソドロジー研究から得られた知見として，コミュニケーション・システムを設計する際に，身体性を考慮することを提案するとともに，ロボットを介したコミュニケーショ

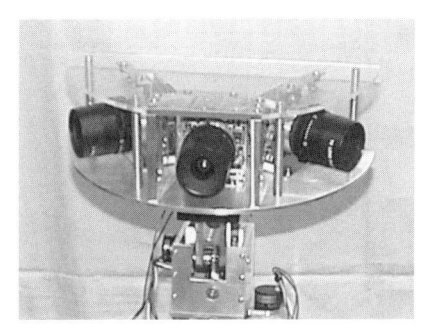

写真 15-6　三眼カメラユニット

写真 15-7　指示者用の GestureMan 操作インタフェース（科学技術館〔東京〕の協力による実験風景）

ン・システムに関する研究を紹介した。

　筆者らの研究の目的は，システムを開発し，それを分析することによって，テクノロジーを介した人間の相互行為を解明し，それを次のシステム設計に役立てることである。本章で紹介したシステムは，利点とともに多くの問題点が明らかになっている。しかし，そうした問題点の発見とそれを解決するためのシステム開発を繰り返していくことによって，人間の相互行為をより深く理解できるようになると期待している。

　本章に関連するデータが付録 CD-ROM に収録されています。巻末の「付録 CD-ROM について」を参照してください。

エスノメソドロジーの日本語基本文献

◆ H. ガーフィンケルや H. サックスの基本的文献のいくつかは，次の 2 つの日本で編まれた論文集に収録されている。また，ガーフィンケルの「カラートラブル」は，山田富秋・好井裕明編『エスノメソドロジーの想像力』1998 年，せりか書房，に収録されている。
　ハロルド・ガーフィンケルほか『エスノメソドロジー――社会学的思考の解体』山田富秋・好井裕明・山崎敬一編訳，せりか書房，1987 年。
　ジョージ・サーサスほか『日常性の解剖学』北澤裕・西阪仰編訳，マルジュ社，1995 年。

◆ エスノメソドロジーの全体像やエスノメソドロジーと社会学との関係については次の 2 冊がある。
　好井裕明編『エスノメソドロジーの現実』世界思想社，1992 年。
　山崎敬一『社会理論としてのエスノメソドロジー』ハーベスト社，2004 年。

◆ 成員カテゴリー分析および会話分析については，次の 3 冊がある。またテーマセッション 1 のブックガイドも参照すること。
　山崎敬一『美貌の陥穽――セクシュアリティーのエスノメソドロジー』ハーベスト社，1994 年。
　ジョージ・サーサス『会話分析の手法』北澤裕・小松栄一訳，マルジュ社，1998 年。
　好井裕明・山田富秋・西阪仰編『会話分析への招待』世界思想社，1999 年。

◆ 身体的相互行為や相互行為分析に関しては次の 2 冊がある。
　山崎敬一・西阪仰編『語る身体・見る身体』ハーベスト社，1997 年。
　西阪仰『相互行為分析という視点』金子書房，1997 年。

◆ 論理文法分析やワークの研究に関しては次の3冊がある。またテーマセッション2, およびテーマセッション3のブックガイドも参照すること。

ジェフ・クルター『心の社会的構成——ヴィトゲンシュタイン派エスノメソドロジーの視点』西阪仰訳, 新曜社, 1998年。

西阪仰『心と行為——エスノメソドロジーの視点』岩波書店, 2001年。

ルーシー・サッチマン『プランと状況的行為——人間-機械コミュニケーションの可能性』佐伯胖監訳, 産業図書, 1999年。

引用参考文献

Ackroyd, S., R. Harper, J. Hughes, D. Shapiro & K. Soothill [1992], *New Technology and Practical Police Work*, Open University Press.

Anderson, R. J., J. A. Hughes & W. W. Sharrock [1988], "The Methodology of Cartesian Economics: Some Thoughts on the Nature of Economic Theorizing," *Journal of Interdisciplinary Economics*, 2: pp. 307–320.

Anderson, R. J., J. A. Hughes, & W. W. Sharrock [1989], *Working for Profit: The Social Organisation of Calculation in an Entrepreneurial Firm*, Avebury.

Aries, P. [1960], *L'enfant et la vie familiale sous l'Ancien Régime*, Seuil.（杉山光信・杉山恵美子訳 [1980]，『〈子供〉の誕生——アンシャン・レジーム期の子供と家庭生活』みすず書房）

有元典文 [1991]，「教室のチューリングテスト」『現代思想』19 巻 6 号：157-165 頁。

Barthes, R. [1964], "Rhétorique de l'image," *Communications*, 4.（沢崎浩平訳 [1984]，「映像の修辞学」『第三の意味』みすず書房）

Button, G. ed. [1991], *Ethnomethodology and the Human Sciences*, Cambridge University Press.

Button, G. [1992], "Answers as Interactional Products," in Drew & Heritage eds. [1992].

Button, G. ed. [1993], *Technology in Working Order: Studies of Work, Interaction, and Technology*, Routledge.

Button, G., J. Coulter, J. R. E. Lee & W. Sharrock [1995], *Computers, Minds and Conduct*, Polity Press.

Clayman, S. & J. Heritage [2002], *The News Interview*, Cambridge University Press.

Corsaro, W. [1997], *The Sociology of Childhood*, Sage Publications.

Coulon, A. [1987], *L'ethnométhodologie*, Presses Universitaires de France.（山田富秋・水川喜文訳 [1996]，『入門エスノメソドロジー——私たちはみな実践的社会学者である』せりか書房）

Coulter, J. [1975], "The Operation of Mental Health Personnel in an Urban Area," Ph. D. dissertation, University of Manchester, UK.

Coulter, J. [1979a], "Beliefs and Practical Understanding," in G. Psathas ed., *Everyday Language: Studies in Ethnomethodology*, Irvington Press.

Coulter, J. [1979b], *The Social Construction of Mind: Studies in Ethnomethodology and Linguistic Philosophy*, Macmillan. (西阪仰訳 [1998],『心の社会的構成――ヴィトゲンシュタイン派エスノメソドロジーの視点』新曜社)

Coulter, J. [1983], "Contingent and *A Priori* Structures in Sequential Analysis," *Human Studies*, 6-4: pp. 361-376.

Coulter, J. & E. D. Parsons [1991], "The Praxeology of Perception," *Inquiry*, 33: pp. 251-272.

Couper-Kuhlen, E. & C. E. Ford eds. [forthcoming], *Sound Production in Interaction*, John Benjamins.

Couper-Kuhlen, E. & M. Selting eds. [1996], *Prosody in Conversation: Interactional Studies*, Cambridge University Press.

Donzelot, J. [1977], *La Police des Familles*, Editions de Minuit. (宇波彰訳 [1991],『家族に介入する社会』新曜社)

Drew, P. & J. Heritage eds. [1992], *Talk at Work*, Cambridge University Press.

Edwards, D. [1990], "Classroom Discourse and Classroom Knowledge," in C. Rogers & P. Kutnick eds., *The Social Psychology of the Primary School*, Routledge.

Erhlich, E. [1913], *Grundlegung der Soziologie des Rechts*, Duncker & Humbolt. (河上倫逸・M. フーブリヒト訳 [1984],『法社会学の基礎理論』みすず書房)

Erhlich, E. [1925], *Die juristische Logik*, J. C. B. Mohr. (河上倫逸・M. フーブリヒト訳 [1987],『法律的論理』みすず書房)

Foucault, M. [1975], *Surveiller et Punir*, Gallimard. (田村俶訳 [1977],『監獄の誕生』新潮社:邦訳 194-95 頁)

Foucault, M. [1976], *La volonté de Savoir*, Gallimard. (渡辺守章訳 [1986],『知への意志 性の歴史I』新潮社)

Francis, D. & C. Hart [1997], "Narrative Intelligibility and Membership Categorization in a Television Commercial," in S. Hester & P. Eglin eds., *Culture in Action: Studies in Membership Categorization Analysis*, University Press of America.

Frank, J. [1963], *Law and the Modern Mind*, Anchor Books. (棚瀬孝雄・棚瀬一代訳 [1974],『法と現代精神』弘文堂)

Frankel, R. M. [1990], "Talking in Interviews: A Dispreference for Patient-Initiated Questions in Physician-Patient Encounters," in G. Psathas ed., *Interac-

tion Competence, University Press of America.

藤田真文［1997］,「広告のコミュニケーション」橋元良明編『コミュニケーション学への招待』大修館書店．

Fuller, L. L. [1969], *The Morality of Law*, Revised edition, Yale University Press.（稲垣良典訳［1968］,『法と道徳』有斐閣）

Galani, A. & M. Chalmers [2002], "Can You See Me?: Exploring Co-visiting between Physical and Virtual Visitors," *Proceedings of Museum and the Web 2002*, pp. 31-40.

Garfinkel, H. [1940], "Color Trouble," *Opportunity*, 18.（秋吉美都訳［1998］,「カラートラブル」山田富秋・好井裕明編『エスノメソドロジーの想像力』せりか書房）

Garfinkel, H. [1942], "Inter-and Intra-Racial Homicides in Ten Counties in North Carolina, 1930-1940," Master's Thesis, University of North Carolina.

Garfinkel, H. [1949], "Research Note on Inter-and Intra-Racial Homicides," *Social Forces*, 27-4, pp. 369-381.

Garfinkel, H. [1952], "The Perception of the Other: A Study in Social Order," Ph. D. dissertation, Harvard University.

Garfinkel, H. [1967a], *Studies in Ethnomethodology*, Prentice-Hall.（山田富秋・好井裕明・山崎敬一訳［1987］,「アグネス，彼女はいかにして女になり続けたか」山田富秋・好井裕明・山崎敬一編『エスノメソドロジー』せりか書房〔5章の約3分の2を訳出〕,北澤裕・西阪仰訳［1989］,「日常活動の基盤」『日常性の解剖学』マルジュ社〔第2章を訳出〕）

Garfinkel, H. [1967b], "What is Ethnomethodology?," in Garfinkel [1967a].

Garfinkel, H. [1967c], "Studies of the Routine Grounds of Everyday Activities," in Garfinkel [1967a]（北澤裕・西阪仰訳［1989］,「日常活動の基盤」『日常性の解剖学』マルジュ社）

Garfinkel, H. [1967d], "'Good' Organizational Reasons for 'Bad' Clinic Records," in Garfinkel [1967a].

Garfinkel, H. [1974], "The Origins of the Term 'Ethnomethodology'," in R. Turner ed., *Ethnomethodology*, Penguin.（山田富秋・好井裕明・山崎敬一訳［1987］,「エスノメソドロジー命名の由来」『エスノメソドロジー』せりか書房）

Garfinkel, H. ed. [1986], *Ethnomethodological Studies of Work*, Routledge & Kegan Paul.

Garfinkel, H. [2002], *Ethnomethodology's Program: Working Out Durkheim's Apho-*

rism, A. W. Rawls ed. & introduction, Rowman & Littlefield.

Garfinkel, H., M. Lynch & E. Livingston [1981], "The Work of a Discovering Science Optically Discovered Pulsar," *Philosophy of Social Sciences*, 11: pp. 131-158.

Garfinkel, H. & H. Sacks [1970], "On Formal Structures of Practical Actions," in J. C. McKinney & E. A. Tiryakian eds., *Theoretical Sociology*, Appleton Century Crofts. (H. Garfinkel ed. [1986], *Ethnomethodological Studies of Work*, Routledge & Kegan Paul.)

Garfinkel, H. & D. L. Wieder [1992], "Two Incommensurable, Asymmetrically Alternate Technologies of Social Analysis," in G. Watson & R. M. Seiler eds., *Text in Context*, Newbury Park, Sage.

Geiger, T. [1964], *Vorstudien zu einer Soziologie des Rechts*, Luchterhand.

Goffman, E. [1971], *Relations in Public*, Basic Books.

Goffman, E. [1976], *Gender Advertisement*, Harper & Row.

Goffman, E. [1981], *Forms of Talk*, University of Pennsylvania Press.

Goodwin, C. [1981], *Conversational Organization: Interaction between Speakers and Hearers*, Academic Press.

Goodwin, C. [1994], "Professional Vision," *American Anthropologist*, 96-3: pp. 606-633.

Goodwin, C. [1995], "Seeing in Depth," *Social Studies of Science*, 25: pp. 237-274.

Goodwin, C. [1996], "Transparent Vision, Interaction and Grammar," in E. Ochs, E. A. Schegloff & S. A. Thompson eds., *Interaction and Grammar*, Cambridge University Press.

Goodwin, C. [2003], "Conversational Frameworks for the Accomplishment of Meaning in Aphasia," in C. Goodwin ed., *Conversation and Brain Damage*, Oxford University Press.

Goodwin, C. & M. Goodwin [1996a], "Seeing as Situated Activity: Formulating Planes," in Y. Engeström & D. Middleton eds., *Cognition and Communication at Work*, Cambridge University Press.

Goodwin, C. & M. Goodwin [1996b], "Formulating Planes: Seeing as a Situated Activity," in D. Middleton & Y. Engerstrom eds., *Cognition and Communication at Work*, Cambridge University Press.

Goodwin, M. [1990], *He-Said-She-Said: Talk as Social Organization among Black Children*, Indiana University Press.

Goodwin, M. [1993], "Tactical Uses of Stories: Participation Frameworks within Boys' and Girls' Disputes," in D. Tannen ed., *Gender and Conversational Interaction*, Oxford University Press.

Hacking, I. [1983], *Representing and Intervening*, Cambridge University Press. (渡辺博訳 [1986], 『表現と介入』産業図書)

浜日出夫 [1992],「現象学的社会学からエスノメソドロジーへ」好井裕明編『エスノメソドロジーの現実』世界思想社.

浜日出夫 [1998],「エスノメソドロジーの原風景」山田富秋・好井裕明編『エスノメソドロジーの想像力』せりか書房.

塙狼星 [2002],「半栽培と共創」寺嶋秀明・篠原徹編『エスノ・サイエンス』京都大学学術出版会.

Harper, R. [1998], *Inside IMF: An Ethnography of Documents, Technology and Organisational Action*, Academic Press.

Harper, R. H. R. & J. A. Hughes [1993], "'What a F-ing System: Send 'Em All to the Same Place and Then Expect Us to Stop 'Em Hitting': Making Technology Work in Air Traffic Control," in G. Button ed., *Technology in Working Order: Studies of Work, Interaction and Technology*, Routledge.

Harper, R., D. Randall & M. Rouncefield [2000], *Organisational Change and Retail Finance: an Ethnographic Perspective* Routledge.

Hart, H. L. A. [1961], *The Concept of Law*, Clarendon Press. (矢崎光圀訳 [1976], 『法の概念』みすず書房)

Have, P. ten [1995], "Medical Ethnomethodology: An Overview," *Human Studies*, 18: pp. 245–261.

Heath, C. [1986], *Body Movement and Speech in Medical Interaction*, Cambridge University Press.

Heath, C. [1988], "Embarrassment and Interactional Organization," in P. Drew & A. Wootton eds., *Erving Goffman*, Polity Press.

Heath, C. & P. Luff [1991], "Disembodied Conduct: Communication through Video in a Multi-media Office Environment," *Proceedings of CHI'91*, pp. 99–103.

Hein, G. E. [1995], "Evaluating Teaching and Learning in Museums," in E. Hooper-Greenhill ed., *Museums, Media, Message*, Routledge.

Heritage, J. [1984a], *Garfinkel and Ethnomethodology*, Polity Press.

Heritage, J. [1984b], "A Change-of-state Token and Aspects of Its Sequential Placement," in J. M. Atkinson & J. Heritage eds., *Structures of Social Action*, Cambridge University Press.

Hill, R. J. & K. S. Crittenden eds. [1968], *Proceedings of the Purdue Symposium on Ethnomethodology*, Institute for the Study of Social Change, Department of Sociology, Purdue University.

Huchby, I. & J. Moran-Ellis eds. [1998], *Children and Social Competence: Arenas of Action*, Falmer Press.

Hughes, J., V. King, T. Rodden, & H. Andersen [1994], "Moving Out from the Control Room: Ethnography in System Design," *Proceedings of CSCW'94*: pp. 429–439.

池谷のぞみ [2001], 「生活世界と情報」田村俊作編『情報探索と情報利用』勁草書房。

池谷のぞみ [2002], 「情報システムに対する社会学的アプローチ――フィールドワークから得られるもの」『情報システムと社会環境シンポジウム論文集――情報システムを巡る社会的環境の分析アプローチ』(情報処理学会シンポジウムシリーズ) 1号: 67–74頁。

Ikeya, N. [2003], "Practical Management of Mobility: the Case of the Emergency Medical System," *Environment and Planning A*, 35: pp. 1547–1564.

Ikeya, N., Y. Fujimori & M. Okada [forthcoming], "Doctors' Practical Management of Knowledge in the Daily Case Conference," in D. Francis & S. Hester eds., *Orders of Ordinary Action: Respecifying Sociological Knowledge*, Dartmouth and Ashgate.

Jayyusi, L. [1991], "The Reflexive Nexus: Photo-practice and Natural History," *Continuum: The Australian Journal of Media & Culture*, 6-2. (インターネットにて以下より入手可能。http://wwwmcc.murdoch.edu.au/ReadingRoom/6.2/Jayyusi.html)

Jefferson, G. & J. R. E. Jee [1992], "The Rejection of Advice," in Drew & Helitage eds. [1992]: pp. 521–548.

樫田美雄編 [1998], 『ラジオスタジオの相互行為分析――平成9年度徳島大学総合科学部社会調査実習報告書 (第2版)』。

樫田美雄編 [2001], 『現代社会の探究――平成12年度徳島大学総合科学部樫田ゼミナールゼミ論集』。

樫田美雄 [2001], 「エスノメソドロジー的アプローチ」野々山久也・清水浩昭編『家族社会学の分析視角』ミネルヴァ書房。

樫田美雄 [2002], 「社会学教育の困難と社会調査実習の可能性――社会学入門科目とし

てのエスノメソドロジー的社会調査実習のすすめ」（日本社会学会大会テーマ部会口頭報告）発表資料（mimeo）。

樫村志郎［1989］，『「もめごと」の法社会学』弘文堂。

樫村志郎［1990］，「法律現象のエスノメソドロジーに向けて」『神戸法学年報』6号，73-99頁。

樫村志郎［1998］，「法社会学とエスノメソドロジー」山田富秋・好井裕明編『エスノメソドロジーの想像力』せりか書房。

樫村志郎［近刊a］，「会話分析による研究——裁判過程の分析」宝月誠・森田洋司編『逸脱研究入門』文化書房博文社。

樫村志郎［近刊b］，「エスノメソドロジーと法」和田仁孝・太田勝造・阿部昌樹編『Series Law in Action』第1巻，日本評論社。

加藤浩・鈴木栄幸［2001］，「協同学習環境のための社会的デザイン」加藤浩・有元典文編『認知的道具のデザイン』（シリーズ状況的認知）金子書房。

Kato, H., K. Yamazaki, H. Suzuki, H. Kuzuoka, H. Miki & A. Yamazaki [1997], "Designing a Video-mediated Collaboration System Based on a Body Metaphor," *Proceeding of CSCL'97*: pp. 142-149.

Kelsen, H. [1934], *Reine Rechtslehre*. (横田喜三郎訳［1935］,『純粋法学』岩波書店)

Kendon, A. [1990], *Conducting Interaction: Patterns of Behavior in Focused Encounters*, Cambridge University Press.

小濱智子［2001］，「美容院における相互行為分析」樫田美雄編［2001］，63-74頁。

是永論［2004］，「映像広告に関する理解の実践過程——『象徴』の相互行為的な達成」『マス・コミュニケーション研究』64号：104-120頁。

Kuzuoka, H., T. Kosuge, & M. Tanaka [1994], "Gesture Cam: A Video Communication System for Sympathetic Remote Collaboration," *Proceedings of CSCW'94*: pp. 35-43.

Kuzuoka, H., S. Oyama, K. Yamazaki, K. Suzuki & M. Mitsuishi [2000], "Gesture Man: A Mobile Robot that Embodies a Remote Instructor's Actions," *Proceedings of CSCW2000*: pp. 155-162.

Lave, J. & E. Wenger [1991], *Situated Learning: Legitimate Peripheral Participation*, Cambridge University Press. (佐伯胖訳［1993］,『状況に埋め込まれた学習』産業図書)

Leiter, K. [1980], *A Primer of Ethnomethodology*, Oxford University Press. (高山真知子訳［1987］,『エスノメソドロジーとは何か』新曜社)

Livingston, E. [1986], *Ethnomethodological Foundations of Mathematics*, Routledge & Kegan Paul.

Luff, P., J. Hindmarsh & C. Heath eds. [2000 a], *Workplace Studies : Recovering Work Practice and Informing System Design*, Cambridge University Press.

Luff, P., J. Hindmarsh & C. Heath [2000b], "Introduction," in Luff et al. eds. [2000 a].

Lynch, M. [1985a], "Discipline and the Material form of Images," *Social Studies of Science*, 15 : pp. 37-66.

Lynch, M. [1985b], *Art and Artifact in Laboratory Science : A Study of Shop Work and Shop Talk in a Research Laboratory*, Routledge & Kegan Paul.

Lynch, M. [1993], *Scientific Practice and Ordinary Action : Ethnomethodology and Social Studies of Science*, Cambridge University Press.

Lynch, M. & W. Sharrock [2003], "Editor's Introduction," in M. Lynch and W. Sharrock eds., *Harold Garfinkel*, vol. 1 : Sage.

Mackay, W. [1995], "Ethics, Lies, and Videotape…," *Proceedings of CHI'95* : pp. 138-145.

松井健 [1987], 「エスノ・サイエンス」石川栄吉ほか編『文化人類学事典』弘文堂。

Maynard, D. W. [2003], *Bad News, Good News : Conversational Order in Everyday Talk and Clinical Settings*, University of Chicago Press.（樫田美雄・岡田光弘抄訳 [2004], 『医療現場の会話分析——悪いニュースをどう伝えるか』勁草書房）

Mead, G. H. [1934], *Mind, Self, and Society from the Standpoint of a Social Behaviorist*, The University of Chicago Press.（河村望訳 [1995], 『精神・自我・社会』人間の科学社）

Mehan, H. [1985], "The Structure of Classroom Discourse," in T. A. Van Dijk ed., *Handbook of Discourse Analysis*, vol. 3, Academic Press : pp. 120-147.

Merleau-Ponty, M. [1964], *L'Œil et L'esprit*, Gallimard.（滝浦静雄・木田元訳 [1966], 『眼と精神』みすず書房 : 251-301 頁）

Moerman, M. [1996], "The Field of Analysing Foreign Language Conversation," *Journal of Pragmatics*, 26 : pp. 147-158.

Morris, G. H. & R. J. Chenail eds. [1995], *The Talk of the Clinic : Explorations in the Analysis of Medical and Therapeutic Discourse*, Lawrence Erlbaum Associations.

牟田和恵 [1996], 『戦略としての家族』新曜社。

難波功士 [2000], 『「広告」への社会学』世界思想社。

西阪仰［1991］,「独り言と『ながら言』——心理療法の社会秩序 II」『明治学院論叢』474: 1-25 頁.

西阪仰［1997］,『相互行為分析という視点——文化と心の社会学的記述』金子書房.

西阪仰［1998］,「訳者解説」in Coulter［1979b＝1998］.

西阪仰［1999］,「会話分析の練習——相互行為の資源としての言いよどみ」好井ほか［1999］.

西阪仰［2000］,「ガーフィンケルのエスノメソドロジー・プログラム」『情況』109 号, 情況出版: 38-50 頁.

西阪仰［2001］,『心と行為——エスノメソドロジーの視点』岩波書店（とくに, 序章「概念分析としての相互行為分析」）.

岡田光弘［1999］,「119 番通報の会話分析」好井ほか編［1999］.

岡田光弘［2001］,「構築主義とエスノメソドロジー研究のロジック」中河伸俊ほか編『社会構築主義のスペクトラム』ナカニシヤ出版.

岡田光弘［2002］,「スポーツ実況中継の会話分析」橋本純一編『現代メディアスポーツ論』世界思想社.

岡田光弘・山崎敬一・行岡哲男［1997］,「救急医療の社会的な組織化」山崎・西阪編［1997］.

尾嶋史章［1993］,「コーディング」森岡清美ほか編『新社会学辞典』有斐閣.

Papert, S.［1980］, *Mindstorms : Children, Computers, and Powerful Ideas*, Basic Books（奥村貴世子訳［1982］,『マインドストーム』未来社）

Park, Y.-Y.［2002］, "Recognition and Identification in Japanese and Korean Telephone Conversation Openings," in K. L. Dang & T.-S. Pavlidou eds., *Telephone Calls : Unity and Diversity in Conversational Structure across Languages and Cultures*, John Benjamins.

Piaget, J.［1983］, "Piaget's Theory," in P. H. Mussen ed., *Handbook of Child Psychology*, vol. 1, John Wiley & Sons.

Pomerantz, A. M.［1978］, "Compliment Responses : Notes on the Co-operation of Multiple Constraints," in J. Schenkein ed., *Studies in the Organization of Conversational Interaction*, Academic Press.

Pomerantz, A. M.［1984］, "Agreeing and Disagreeing with Assessments : Some Features of Preferred and Dispreferred Turn Shapes," in J. M. Atkinson & J. Heritage eds., *Structures of Social Action*, Cambridge University Press.

Pound, R.［1960］, *Law Finding Through Experience and Reason*, University of Georgia Press.（海原裕昭訳［1969］,『経験と理性による法の発見』ミネルヴァ書房）

Rawls, A. W. [2002], "Editor's Introduction," in Garfinkel [2002].

Sacks, H. [1966], *The Search for Help: No One to Turn to*, Ph. D. dissertation, University of California, Berkeley.

Sacks, H. [1967], "The Search for Help: No One to Turn to," in E. Schneidman ed., *Essays in Self-destruction*. Science House（大原健士郎ほか訳［1971-72］『自殺の病理』上・下，岩崎学術出版）

Sacks, H. [1972a], "An Initial Investigation of the Usability of Conversational Data for Doing Sociology," in D. Sudnow ed., *Studies in Social Interaction*, Free Press.（「会話データの利用法」北澤裕・西阪仰訳［1995］,『日常性の解剖学』マルジュ社）

Sacks, H. [1972b], "Notes on Police Assessment of Moral Character," D. Sudnow, ed., *Studies in Social Interaction*, Free Press.

Sacks, H. [1972c], "On the Analyzability of Stories by Children," in J. J. Gumperz & D. Hymes eds., *Directions in Sociolinguistics: The Ethnography of Communication*, Rinehart & Winston.

Sacks, H. [1978], "Some Technical Considerations of a Dirty Joke," in J. Shchenkein ed., *Studies in Organization of Conversational Interaction*, Academic Press.

Sacks, H. [1979], "Hotrodder: a Revolutionary Category," in G. Psathas, ed., *Everyday Language*, Irvington Publisher.（山田富秋・好井裕明・山崎敬一訳［1987］,「ホットロッダー」『エスノメソドロジー』せりか書房）

Sacks, H. [1992], *Lectures on Conversation*, 2 vols., G. Jefferson ed., Basil Blackwell.

Sacks, H. [1997], "The Lawyer's Work," in M. Travers & J. F. Manzo eds., *Law in Action: Ethnomethodological and Conversation Analytic Approaches to Law*, Ashgate/Dartmouth.

Sacks, H., E. A. Schegloff & G. Jefferson [1974], "A Simplest Systematics for the Organization of Turn-taking for Conversation," *Language*, 50-4: pp. 696-735.

斉藤純男［2001］,「音調の分析」城生佰太郎編『コンピュータ音声学』おうふう．

Schegloff, E. A. [1968], "Sequencing in Conversational Openings," *American Anthropologist*, 70: pp. 1075-1095（J. J. Gumperz & D. Hymes eds. [1972], *Directions in Sociolinguistics*, Holt, Rinehart & Winston.）

Schegloff, E. A. [1970], "Answering the Phone," unpublished manuscript.

Schegloff, E. A. [1979], "Identification and Recognition in Telephone Conversation Openings," in G. Psathas ed., *Everyday Language: Studies in Ethnomethodology*, Irvington.

Schegloff, E. A. [1986]. "The Routine as Achievement," *Human Studies*, 9: pp. 111–151.

Schegloff E. A. [1992], "Introductions," in Sacks [1992].

Schegloff, E. A. [1995], "Sequence Organization," unpublished manuscript.

Schegloff, E. A. [1996], "Confirming Allusions: Toward an Empirical Account of Action," *American Journal of Sociology*, 102–1: pp. 161–216.

Schegloff, E. A. [1997], "Practices and Actions: Boundary Cases of Other-initiated Repair," *Discourse Processes*, 23: pp. 499–545.

Schegloff, E. A. [1998], "Body Torque," *Social Research*, 65–3: pp. 535–596.

Schegloff, E. A. [2002a], "Beginning in the Telephone," in J. E. Katz & M. A. Aakhus eds., *Perpetual Contact: Mobile Communication, Private Talk, Public Performance*, Cambridge University Press. (平英美訳 [2003], 「電話の開始部」富田英典監訳『絶え間なき交信の時代』NTT 出版)

Schegloff, E. A. [2002b], "Opening Sequencing," in J. E. Katz & M. A. Aakhus eds., *Perpetual Contact: Mobile Communication, Private Talk, Public Performance*, Cambridge University Press. (平英美訳 [2003], 「開始連鎖」富田英典監訳『絶え間なき交信の時代』NTT 出版)

Schegloff, E. A., G. Jefferson & H. Sacks [1977], "The Preference for Self-correction in the Organization of Repair in Conversation," *Language*, 53: pp. 361–382.

Schegloff, E. A. & H. Sacks [1973], "Opening up Closings," Semiotica, 8: pp. 289–327. (北澤裕・西阪仰訳 [1995], 「会話はどのように終了されるか」『日常性の解剖学』マルジュ社)

Schutz, A. [1962], "Concept and Theory Formation in the Social Sciences," in M. Natanson ed., *Collected Papers I*, Martinus Nijhoff. (渡部光・那須壽・西原和久訳 [1983], 「社会科学における概念構成と理論構成」『アルフレッド・シュッツ著作集第 1 巻 社会的現実の問題 I 』マルジュ社)

清矢良崇 [2001], 「研究者が AV 機器を用いるのはなぜか」石黒広昭編『AV 機器をもってフィールドへ――保育・教育・社会的実践の理解と研究のために』新曜社。

Selting, M. & E. Couper-Kuhlen eds. [2001], *Studies in Interactional Linguistics*, Benjamins.

Sennet, R. [1977], *The Fall of Public Man*, Knoph. (北山克彦・高階悟訳 [1991],

『公共性の喪失』晶文社)
Sharrock, W. [1974], "On Owing Knowledge," in R. Turner ed., *Ethnomethodology*, Penguin. (岡田光弘訳 [1995],「知識を所有するということについて」『年報筑波社会学』7号: 102-108頁)
Sharrock, W. W. [1995], "Ethnographic Work," *DARG Newsletters*, 11-1: pp. 3-9.
Sharrock, W. [2002], "Thomas Kuhn: Rationality of Scientist," 池谷のぞみ訳「トーマス・クーン――科学者の合理性」『現代社会理論研究』12号: 294-312頁。
Sharrock, W. W. & D. C. Anderson [1979], "Directional Hospital Signs as Sociological Data," *Information Design Journal*, 1-2.
Sharrock, W. & R. J. Anderson [1986], *The Ethnomethodologists*, Tavistock Publications.
Sharrock, W. W. & R. J. Anderson [1987], "Work Flow in a Pediatric Clinic," in G. Button & J. R. E. Lee eds., *Talk and Social Organisation*, Multilingual Matters.
Sharrock, W. & N. Ikeya [1998], "Practical Management of Visual Orientation," *Communication and Cognition*, 31-2/3, pp. 229-241.
Sharrock, W. & L. Read [2002], *Kuhn: Philosopher of Scientific Revolution*, Polity Press.
椎野信雄編 [1996],「〈小特集〉119番通話の会話分析的研究――制度・組織のエスノメソドロジー」『現代社会理論研究』6号: 109-180頁。
Skinner, B. F. [1968], *The Technology of Teaching*, Appleton Century Crofts.
Solomon, C. [1986], *Computer Environments for Children*, MIT Press. (岡本敏雄・赤堀侃司・横山節雄監訳 [1988],「スーピーズ――ドリル・演習と機械学習」『子どもの学習とコンピュータ』パーソナルメディア)
Suchman, L. [1987], *Plans and Situated Actions*, Cambridge University Press. (佐伯胖監訳, 上野直樹・水川喜文・鈴木栄幸訳 [1999],『プランと状況的行為』産業図書)
Sudnow, D. [1965], "Normal Crimes: Sociological Features of the Penal Code in a Public Defender Office," *Social Problems*, 12: pp. 255-276.
Sudnow, D. [1967], *Passing on: The Social Organization of Dying*, Prentice-Hall. (岩田啓靖・志村哲郎・山田富秋訳 [1992],『病院でつくられる死――「死」と「死につつあること」の社会学』せりか書房)
Sudnow, D. [1972], "Temporal Parameters of Interpersonal Observation," in D. Sudnow ed., *Studies in Social Interaction*, Free Press.

Sudnow, D. [1978], *Ways of the Hand: The Organization of Improvised Conduct*, Harvard University Press（徳丸吉彦・村田公一・卜田隆嗣訳 [1993]，『鍵盤を駆ける手——社会学者による現象学的ジャズ・ピアノ入門』新曜社）

菅靖子・山崎晶子・山崎敬一 [2003]，「インタラクティブな展示装置を中心とする鑑賞者の相互行為」『デザイン学研究』49巻5号：1-10頁。

鈴木栄幸・加藤浩 [2001]，「協同学習環境のためのインターフェースデザイン——『アルゴブロック』の設計思想と評価」加藤浩・有元典文編『認知的道具のデザイン』（シリーズ状況的認知）金子書房。

高山啓子・行岡哲男 [1997]，「道具と身体の空間的秩序——救急医療における身体的参与」山崎・西阪編 [1997]: 147-167頁。

Tanaka, H. [2002], "Sequential and Prosodic Analysis of Response Particles in Japanese Conversation: A Comparison with 'Oh' in English." (2002年5月19日，コペンハーゲン開催，International Conference on Conversation Analysis, 口頭報告)

Tanaka, H. [2001], "Adverbials for Turn Projection in Japanese: Toward a Demystification of the 'Telepathic' Mode of Communication," *Language in Society*, 30: pp. 559-587.

Tang, J. & S. Minneman [1991], "Video Whiteboard: Video Shadows to Support Remote Collaboration," *Proceedings of CHI'91*: pp. 315-322.

寺嶋秀明 [2002]，「フィールドの科学としてのエスノ・サイエンス」寺嶋秀明・篠原徹編『エスノ・サイエンス』京都大学学術出版会。

Todd, A. D. & S. Fisher eds. [1993], *The Social Organization of Doctor-Patient Communication*, 2nd ed., Ablex.

Travers, M. [1997], *The Reality of Law: Work and Talk in a Firm of Criminal Lawyers*, Dartmouth & Ashgate.

辻大介 [1998]，「言語行為としての広告——その逆説的性格」『マス・コミュニケーション研究』52号：104-117頁。

上野直樹 [1999]，『仕事の中での学習——状況論的アプローチ』東京大学出版会。

上野直樹・西阪仰 [2000]，『インタラクション——人工知能と心』大修館書店。

上谷香陽 [1996]，「社会的実践としてのテレビ番組視聴——ある『事件報道』の視聴活動を事例として」『マス・コミュニケーション研究』49号：69-109頁。

Vergo, P. ed. [1989], *New Museology*, Reaktion Books.

vom Lehn, D., C. Heath & H. Knoblauch [2001a], "Configuring Exhibits: The Interactional Production of Experience in Museums and Galleries," in H. Knoblauch

& H. Kothoff eds., *Verbal Art across Cultures : The Aesthetics and Proto-Aesthetics of Communication*, Gunter Narr Verlag.

vom Lehn, D., C. Heath & J. Hindmarsh [2001b], "Exhibiting Interaction : Conduct and Collaboration in Museums and Galleries," *Symbolic Interaction*, 2-2 : pp. 189-216.

Vygotzky, L. S. [1986], *Thought and Language*, revised edition, MIT Press. (柴田義松訳 [2001],『思考と言語』新読書社)

Watson, D. R. [1983], "The Presentation of 'Victim' and 'Motive' in Discourse : The Case of Police Interrogations and Interviews," *Victimology : An International Journal*, 8 (1/2) : pp. 31-52. In M. Travers and J. Manzo eds. *Law in Action : Ethnomethodological and Conversation Analytic Approaches to Law*, Ashgate, pp. 135-155. (岡田光弘訳 [1996]「談話における被害者と動機についての提示——警察による尋問と事情聴取の事例」『Sociology Today』7 号：106-123 頁)

Watson, J. B. [1913], "Psychology as the Behaviorist Views it," *Psychological Review*, 20 : pp. 158-177.

Weber, M. [1920], 'Die protestantische Ethik und der Geist des Kapitalismus,' in *Gesammelte Aufsätze zur Religionssoziologie*, Bd. 1 (大塚久雄訳 [1989],『プロテスタンティズムの倫理と資本主義の精神』岩波文庫)

Weber, M. [1922=1976], *Wirtschaft und Gesellschaft*, Mohr. (世良晃志郎ほか訳『経済と社会』創文社)

West, C. [1983], "Ask Me No Questions : An Analysis of Queries and Replies in Physician-Patient Dialogues," in S. Fisher & A. Todd eds., *The Social Organization of Doctor-Patient Communication*, Center for Applied Linguistics.

West, C. & R. M. Frankel [1991], "Miscommunication in Medicine," in N. Coupland, H. Giles & M. Wiemann eds., *Miscommunication and Problematic Talk*, Sage.

Wieder, D. L. [1974], *Language and Social Reality : The Case of Telling the Convict Code*, Mouton. (その内容の一部が以下で翻訳されている。H. ガーフィンケル・H. サックス・M. ポルナー・D. スミス・L. ウィーダー著, 山田富秋・好井裕明・山崎敬一編訳 [1987]「受刑者コード——逸脱行動を説明するもの」『エスノメソドロジー——社会学的思考の解体』せりか書房)

Wittgenstein, L. [1953], *Philosophical Investigation*, Basil Blackwell. (藤本隆志訳 [1976],『哲学探究』大修館書店)

山田富秋 [2000],「サックスの『社会化論』」亀山佳明・麻生武・矢野智司編『野性の教

育をめざして』新曜社。

山田富秋［2001］,「成員カテゴリー化装置分析の新たな展開」船津衛編『アメリカ社会学の潮流』恒星社厚生閣。

山崎敬一編［1995］,「小特集　エスノメソドロジーの現在——CSCW 研究の現状と課題」現代社会理論研究会『現代社会理論研究』5 号：76-91 頁。

山崎敬一・西阪仰編［1997］,『語る身体・見る身体』ハーベスト社。

山崎敬一・山崎晶子・鈴木英幸・三樹弘之・葛岡英明［1997］,「ビデオデータの分析法」山崎・西阪編［1997］。

Yamazaki, K., A. Yamazaki, H. Kuzuoka, S. Oyama, H. Kato, H. Suzuki & H. Miki [1999], "Gesture Laser and Gesture Laser Car : Development of an Embodied Space to Support Remote Instruction," *Proceedings of ECSCW'99*, pp. 239-258.

安田三郎［1969］,『社会調査ハンドブック〔新版〕』有斐閣。

好井裕明・山田富秋・西阪仰編［1999］,『会話分析への招待』世界思想社。

索　引

―― 事項索引 ――

■ アルファベット

CAI　212-214
　知的――　214, 220
　チュートリアル型――　214
CL　220
CM　172, 173
CSCL　211, 220
CSCL システム　224
CSCW　42, 56, 205, 207, 208, 229, 230, 238
Director　214
e-learning　214
F フォーメーション　35, 189, 185, 190, 221, 223
GestureCam　232, 233
GestureLaser　233, 234, 236
GestureMan　236, 237
IRE シークエンス　217
Logo　215
LPP　→正統的周辺参加
O スペース　185, 189, 190
R（関係対）　18-22
Ri（不適切な R）　19
Rp（適切な R）　19-22

■ あ　行

挨拶表現　128
アイデンティティ　225, 228
　――の発達　225
アカウンタビリティ　43
アグネス　192
アド・ホッキング　10
アプリオリな構造　37, 38

アルゴアリーナ　225
アルゴブロック　221, 223, 224
アルゴリズム教育　225
医師－患者間の相互行為（DPI）研究　194
一貫性規則　23-25
違背実験（期待破棄実験）　4, 6
医療社会学　194
インデックス性　→状況依存性
イントネーション　75
ヴァーチャル・ミュージアム　182
映像データ　60
エスノグラフィー　194, 207, 208
エスノサイエンス　7, 8
エスノメソドロジー　1, 15, 36, 52, 91, 203
　――的無関心　48, 54, 58
エレキテル　187
遠隔コミュニケーション・システム　231
応答　115
大人への依存　130, 142
音の強弱　76
音の長短　77
音声データ　60
音声分析ソフト　81
音声編集ソフト　80
音調　75

■ か　行

概念　172, 173
会話分析　13, 15, 16, 26, 28, 31-33, 37, 43, 44, 71, 72, 193
学習の状況内的評価　211
画像データ　68
家族的類似性　166
活動理論　209
過程動詞　40

カテゴリー　132, 163
　　——に結びついた行動　25
　　支配的——　227
　　政治的な——　130
カテゴリー化　159, 162, 177
　　——の問題　160
カラートラブル　2, 3
カリフォルニア大学ロサンゼルス校
　（UCLA）　6, 9, 15
カルチュラル・スタディーズ　181
還元　58
鑑賞行為　183
鑑賞シークエンス　186
鑑賞の終結　189
カンファレンス　196-202
記号論　174
　　——的アプローチ　170
規範　143, 144, 146, 148, 154, 156
基本的配置　233
吸気音　95, 96
救命救急　110
教育システム　→CAI
教育システム研究　211, 228
共示　170, 171, 174
教室　107-109
協同作業インターフェース　212
協同作業としての学習　220
協同作業を通した学習　220
共有空間　181, 185, 188, 189
規律　145
　　——あるやり方　143, 144
　　——されないやり方　156
偶発性　37, 38
グラスゴー大学　183
継起性　231
経済性規則　23
ケース報告　197, 200
権威　144
けんか　135, 136
言語的形式　73, 74
広告　169-174, 179

構成主義的学習観　215
構築主義（コンストラクティビズム）　182
構築的分析　12
行動主義心理学　212
公立はこだて未来大学　184
声標本　123
告知　110
子ども
　　——と社会的コンピタンス学派　131
　　——の権利　130
　　——のコンピタンス　131, 133, 134
　　——の所有権　134
子どもカテゴリー　133
固有の方法　46
コレクション　73, 81
コンピュータ支援の協同作業　→CSCW

さ 行

埼玉大学　184
作業空間　221
3次救急病院　196
参与の枠組　34, 135, 136, 139-141, 181, 186
ジェスチャー　33
ジェンダー　135, 138, 141
シークエンス　26-28, 30, 38, 71, 72, 110, 181
　　——の順序　78
志向　231
自己名乗り　121, 122, 127
自殺予防センター　192
事実　146, 150
視線　34, 67, 86, 88
質的研究　183
シティプロジェクト　183
指標性　→状況依存性
社会　89, 90
社会化　148
社会秩序　147
社会的構築物　132, 133
社会的事実　90, 96
社会文化的学習論　216, 220

索引　259

写　真　161-163,
受　容　182
順番が適切に移行する場　29
順番構成的成分　29
順番 3　124-127
順番取得　193
順番取り　184
順番取りシステム　28-30, 73
順番 2　122, 123, 127
順番配分的成分　29
状況依存性（インデックス性，指標性）
　　204, 211, 219, 220
状況的学習　219
状況的学習理論　211
状況的行為　204, 205
状況に埋め込まれた学習　219
状況に埋め込まれた知識や認知　204
状況に埋め込まれた適切な同定　102
状況に埋め込まれている（こと）　47, 205
条件つき適切性　116
証　拠
　　――に基づく事実発見の方法　157
　　――に基づく理解　149
　　――に基づく理解の方法　145
　　――によって発見すること　152
　　――による事実認識方法　152
承諾書　63
象徴的相互作用論　13
所有権　136, 138-141
人格中立的な関連性枠組　148, 149
身　体　158, 159
身体性　233
　　遠隔コミュニケーションにおける――
　　232
身体配置　185, 231, 235
身体メタファ　231
ストランド算数ドリル　213
斉一性　216
成員カテゴリー化装置　17, 18, 22-24, 26,
　　175, 225
成員カテゴリー分析　13, 15, 16

精神科外来　192
正統的周辺参加（LPP）　219, 224, 225
先行連鎖　116
相互観察　231
相互行為分析　13
相互認識　115, 122-126, 128
相互認識連鎖　121
相互反映性（リフレキシビティ）　10-13,
　　101, 159, 211, 220
速　度　76
素材の優先組織　121

た 行

他者認識　121, 122, 127
正しい（正しさ）　144, 156
達成動詞　40
知覚の衝突　3, 5
知識状態の変化　108, 109
秩　序　147
　　局所的な――　96
　　場面に埋め込まれた――　88
　　ローカルに達成されている――　91
通常のケース　200
ティーチング・マシン　213
デジタルデータ　67
手振り　231, 233
展　示　181, 182
適切な同定　101
ドキュメンタリー・メソッド　52
特殊な音　77
トピック　101, 106
トランスクリプト（転写文）　61, 72-75,
　　80, 81, 94
トランスクリプト作成　67
トレーニング　199, 201

な 行

二重の組織化　24, 25
偽カウンセリング実験　145
日本語データを英語で発表する仕方　83
ニュー・ミュゼオロジー　181

人間・コンピュータ相互行為　206
認識の枠組（シェマ）　215
認知科学　204-206
認知主義　39-41

■ は 行

ハイブリッド・サイエンス　185
博物館　60, 181
博物館研究　181
発生的認識論　215
発達段階説　215
発達の最近接領域（ZPD）　217
発話の準備　96
発話の潜在的完結点　81
話しや語りによる相互行為　100
比　較　107, 109, 111
非終結性　116
筆記者の記述　80
ビデオデータ　67
ビデオテープ　34, 35
ビデオ分析　85, 86, 88, 98
ビデオ録画　53
人々の (ethno) 方法学 (methodology)　91
非反復性　116
119番通報　110
美容院　85, 86
『病院でつくられる死』　192
病院の診療記録　192
評　価　181, 185
表　示　170, 171
表　象　164, 165
表象主義　214
　　──的心理学　214
フィールドへの還元　56
フィールドワーク　52, 53, 55-59, 193, 194, 203, 207, 208
不　在　116, 118
　　システマチックな──　105, 107, 109, 110
普通の実践に役立つ　152

フッティング　178
プラン　206
『プランと状況的行為』　220
プログラム学習　213
プロソディー　80, 81
文脈依存性　10-13, 207
法の社会的機能　148
法の人格中立性　147, 149
方法の固有性　45
法律家の仕事　146, 149
ボディ・トルク　185, 189
翻訳定理　12

■ ま 行

マイクロワールド　215
ま　ね　130
マルチメディア・オーサリングシステム　214
ミュージアム　181
「ミュージアムとウェブ」国際会議　182
無関心　86, 87
メディア　163
メディア技術　159, 166
メディア効果論的アプローチ　169
目にすることのできる不在　103
目に入ってはいるが気づかれることのないという特性　103
モニタリング　201

■ や・ら・わ 行

予　期　181
呼びかけ　115
呼びかけ・応答の連鎖　116, 118, 119, 121
リソース　101, 106, 107
リフレキシビティ　→相互反映性
量的研究　182
隣接対　31, 32, 37, 38
ルール　149-152, 156
録画データ　194
ロボット　232
ロンドン大学キングス・カレッジ　183

論理文法　39, 41, 174, 175
論理文法分析　13, 36-39, 41, 42
ワークの研究　13, 42, 44, 45, 48

――――― 人名索引 ―――――

■ あ 行

ヴァーゴ（Vergo, P.）　181
ヴィゴツキー（Vygotzky, L. S.）　209, 216
ウィーダー（Wieder, D. L.）　112
ウィトゲンシュタイン（Wittgenstein, L.）　36, 37
ウィノグラード（Winograd, T.）　207
ウェーバー（Weber, M.）　13
エールリヒ（Erhlich, E.）　150

■ か 行

ガーフィンケル（Garfinkel, H.）　3-13, 15, 16, 36, 37, 42-45, 49, 52, 103, 106, 145-148, 152, 192-194, 204, 209
グッドウィン（Goodwin, C.）　33, 34, 186, 205, 208, 217, 230
グッドウィン（Goodwin, M.）　34, 136, 230
グールヴィッチ（Gurwitsch, A.）　5
クルター（Coulter, J.）　36, 167, 195, 204
ケルゼン（Kelsen, H.）　150
ケンドン（Kendon, A.）　35, 185, 221
ゴッフマン（Goffman, E.）　135, 160, 186

■ さ 行

サックス（Sacks, H.）　15-20, 22-28, 33, 36, 37, 43, 45, 107, 113, 130, 146-150, 192, 193, 204
サッチマン（Suchman, L.）　204-208, 220, 230
サドナウ（Sudnow, D.）　101, 106, 111,

167, 192-195
シェグロフ（Schegloff, E. A.）　28, 33, 113-117, 121, 122, 147, 150, 185, 193, 204
ジェファーソン（Jefferson, G.）　16, 28, 33, 36, 74, 104
ジェユッシ（Jayyusi, L.）　161, 167
ジャルバート，P（Jalbert,）．　167
シャロック（Sharrock, W.）　36, 41, 195, 205, 208
シュッツ（Schutz, A.）　5, 8, 52
スキナー（Skinner, B. F.）　213

■ な・は 行

西阪仰　167
ハイン（Hein, G. E.）　182
パーソンズ（Parsons, T.）　4, 12, 13, 15
バトン（Button, G.）　41
パパート（Papert, S.）　215
ピアジェ（Piaget, J.）　215
ヒース（Heath, C.）　34, 205, 208
ビットナー（Bittner, E.）　194
ヒューズ（Hughes, J.）　205, 208
フランク（Frank, J.）　150
ヘリテイジ（Heritage, J.）　205
ホマンズ（Homans, G. C.）　13
ポメランツ（Pomerantz, A. M.）　33, 185

■ ま・ら・わ 行

マッケー（Mackay, W.）　70
ミアン（Mehan, H.）　106
ミード（Mead, G. H.）　225
メイナード（Maynard, D. W.）　112
メルロ－ポンティ（Merleau-Ponty, M.）　158
ライル（Ryle, G.）　36, 37, 40
ラフ（Luff, P.）　205
リー（Jee, J. R. E.）　36, 104
レイブ（Lave, J.）　219, 225
ワトソン（Watson, J. B.）　212

索引の作成にあたり，麦倉泰子氏，藤巻祐規氏，小宮友根氏のご協力をいただいた。

262

付録 CD-ROM について

◆ 動 作 環 境

・OS　Windows 2000, Windows Me, Windows XP 日本語版，Mac OS X（ただし映像分析ソフト CIAO は Mac OS では動作しません）
・CPU Pentium3 800MHz またはそれ以上の完全互換プロセッサ
・RAM 64MB 以上（OS によってはこれ以上必要です）
・HD 1.5GB 以上の空き容量
・モニタ 32000 色以上，解像度 1024×768pixel 以上
・サウンドボード　サウンドブラスター互換ボード
・QuickTime 6.0 以降（CIAO 利用時に必要）
・Windows Media Player 9.0 以降
・Microsoft Internet Explorer 6.0（日本語版）以降
・Adobe Reader 6.0（日本語版）以降

◆ 視聴のしかた

(1)　Microsoft Windows の場合

　本 CD-ROM は自動スタートになっております。CD-ROM をコンピュータの CD-ROM ドライブに装着すると，画面上にメニューが現れます。もし，メニューが表示されない場合は，Windows のデスクトップの画面上の「マイコンピュータ」をダブルクリックし，

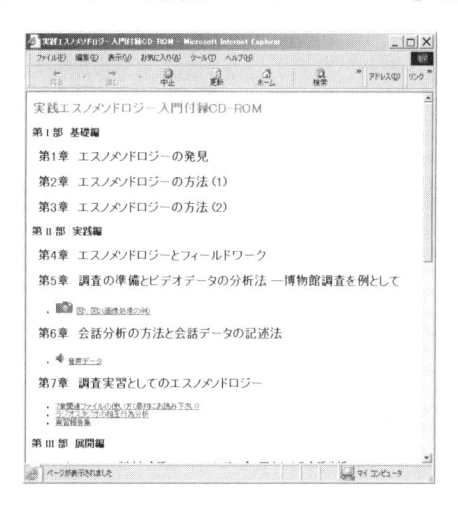

開いたウィンドウの中からさらに本CD-ROM「ETHNODATA」をダブルクリックします。すると，CD-ROMの内容が表示されますので，その中から「index.html」というファイル（単に「index」と表示されていることもあります）を探してダブルクリックしてください。画面上にメニューが現れます。

(2) Mac OS X の場合

デスクトップ画面上のCD-ROMのアイコンをダブルクリックします。すると，CD-ROMの内容が表示されますので，その中から「index.html」というファイル（単に「index」と表示されていることもあります）を探してダブルクリックしてください。画面上にメニューが現れます。

メニューは各章ごとになっていますので，見たい章のデータをクリックしてください。その章の動画データや文書類が表示されます。それをクリックすると，そのデータを視聴したり，閲覧することができます。

◆ **CD-ROM の収録内容**

(1) 各章の関連データ

第5章に収録されているデータは，画像処理の例の2つの図です（データ提供・山崎晶子・菅靖子・葛岡英明）。

第6章に収録されているデータは，10個の音声データです（データ提供・田中博子）。

第7章に収録されているデータは，「ラジオスタジオの相互行為分析」と「実習報告集」の2つの部分からなっています。「ラジオスタジオの相互行為分析」には，本章3節で参照されているビデオデータと3つの静止画が収められています。「実習報告集」は，徳島大学総合科学部社会学研究室報告（8種類10冊）から抜粋された論文および資料が収められています。収録されているのは，1997年度の実習報告（『ラジオスタジオの相互行為分析（第2版）』）から目次と2つの論文，1999年度の実習報告（『障害者スポーツにおける相互行為分析』）から目次と1つの論文，2002年度の実習報告（『インタビューと対話の相互行為分析——気配りと配慮の社会学（第2版)』）の目次およびすべての論文，およびその他のゼミ論集から6つの論文です。それぞれの資料および論文の書誌データについては，「7章関連ファイルの使い方——最初にお読み下さい」を参照してください（データ提供・樫田美雄）。

第11章に収録されているデータは，CMの事例（QuickTime）と，CMのトランスクリプトです（データ提供・是永論）。

第15章に収録されているデータは，GesturLaserによる実験ビデオと，Gestere Manのビデオ（MPEG-1）です（データ提供・葛岡英明）。

(2) ビデオ観察・分析支援ツールCIAOについて（Microsoft Windowsのみ）

このCD-ROM中のプログラムCIAO (Collaborative Implement for Active Observation) は，ビデオ記録の観察や分析を支援するツールとして開発された教育・研究用ソフトウェアです。このソフトウェアは，動画ファイルを最大3つまで読み込み，それらをリアルタイムで切り替えて提示したり，ビデオ場面にトランスクリプト・データを同期表示させたり，トランスクリプト・データから当該ビデオ場面にジャンプするなど，従来のビデオテープにはない多彩なプレゼンテーションや記録内容の分析を実行することができます。

CIAOは，メディア教育開発センターの研究開発プロジェクト『国際的通用性の高い先進リソースとその流通方略の研究開発』（平成13〜17年度，主査・山田恒夫）において，宮本友弘・加藤浩が開発したものです。同センターの許可のもと，無償配布しております。

CIAOに関する責任はすべて開発者である宮本友弘・加藤浩が負っています。本書の他の執筆者や制作担当会社㈱フラグシップ，およびメディア教育開発センターへの直接の問い合わせはご遠慮ください。

CIAOに関するお問い合わせ先は，下記のウェブページをご参照ください。同ウェブページでは，CIAOの最新バージョンのダウンロードやサポート電子掲示板の運営なども実施しておりますので，利用者登録のうえ，ご利用ください。

［CIAOに関するお問い合わせ先］
ウェブページ：http://www.nime.ac.jp/ciao/
電子メール：ciao@nime.ac.jp

◆ **CIAOの使用方法**

(1) QuickTime Playerのインストール

CIAOを利用する際にはあらかじめQuickTime Playerをインストールしておいて下さい。QuickTimeはWindows標準ではインストールされていませんので，利用者ご自身でインストールする必要があります。Apple社のWebサイト (http://www.apple.co.jp/quicktime) から無償でダウンロードできますので，その指示に従ってインストールしてください。

(2) CIAOのインストール

前記「視聴のしかた」で表示されたメニューの中から，「付録：ビデオ観察・分析支援ツールCIAO」の「プログラム」をクリックすると，CIAOのフォルダーが開きます。その中にある「CIAOprogram」フォルダーをハードディスクの任意のフォルダーにドラッグ・アンド・ドロップしてください。そのフォルダーのコピーが始まり，数分かかります。

(3) CIAOの起動

ハードディスクにコピーした「CIAOprogram」フォルダーをダブルクリックすると，そのフォルダーが開きます。その中にある「CIAO.exe」ファイルをダブルクリックする

とCIAOが起動します。使用法につきましてはユーザーズ・ガイドをご参照下さい。ユーザーズ・ガイドを読むにはCD-ROMの「CIAO」フォルダーにある「CIAOマニュアルver1.0.pdf」というファイルをダブルクリックしてください。

◆ 商標について

QuickTime™ は米国 Apple Computer Inc., Windows は米国 Microsoft Corporation, Made with Macromedia は, 米国 Macromedia Inc. の米国およびその他の国における登録商標です。Director の著作権は Macromedia Inc. が所有しています (DIRECTOR® COPYRIGHT© 1984–2000 Macromedia. Inc.)。その他, 製品名, 会社名等は一般に各社の商標または登録商標です。

◆ 複製等の禁止

株式会社有斐閣との文書による許諾契約を得ることなく, 方法の如何を問わず本製品の全部または一部を複製し, 配布あるいはレンタルすることを禁じます。CIAOについては, 一切の再配布を禁じます (前記ウェブページから利用者登録のうえ, ダウンロードしてください)。また, 個人的な使用以外の目的で本製品中の画面の全部あるいは一部を印刷・コピーすることを禁じます。

◆ ネットワークでの使用の禁止

LAN などのネットワーク環境でサーバーに置いて複数のクライアントに利用させる場合には, 別途株式会社有斐閣との文書による契約が必要です。下記の問い合わせ先までご連絡ください。

◆ **CD-ROM (CIAO を除く) に関するお問い合わせ先**

CIAO 以外の CD-ROM に関するお問い合わせは, 手紙かメール, FAX で次の宛先までお送りください。
〒101-0051 東京都千代田区神田神保町 2-17　有斐閣書籍編集第 2 部
Fax：03-3264-4630　電子メール：yuhikaku@mx2.mesh.ne.jp
『実践エスノメソドロジー入門』係

編者紹介

山崎敬一（やまざき　けいいち）

1956年生まれ。早稲田大学大学院文学研究科博士後期課程単位取得退学。現在，埼玉大学教養学部教授。

主　著

『美貌の陥穽──セクシュアリティーのエスノメソドロジー』ハーベスト社，1994年。『語る身体・見る身体』（共著）ハーベスト社，1997年。『社会理論としてのエスノメソドロジー』ハーベスト社，2004年。『エスノメソドロジー──社会学的思考の解体』（共訳）せりか書房，1987年。

実践エスノメソドロジー入門（CD-ROM付）
An Introduction to the Practice of Ethnomethodology

2004年5月20日　初版第1刷発行

編　者	山　崎　敬　一	
発行者	江　草　忠　敬	
発行所	株式会社　有　斐　閣	

東京都千代田区神田神保町 2-17
電話 (03) 3264-1315〔編集〕
　　　3265-6811〔営業〕
郵便番号 101-0051
http://www.yuhikaku.co.jp/

印刷　株式会社理想社・製本　株式会社明泉堂
©2004, Keiichi Yamazaki, Printed in Japan
落丁・乱丁本はお取替えいたします。
★定価はカバーに表示してあります。

ISBN4-641-07682-0

R 本書の全部または一部を無断で複写複製（コピー）することは、著作権法上での例外を除き、禁じられています。本書からの複写を希望される場合は、日本複写権センター（03-3401-2382）にご連絡ください。

【館外貸出可能】
※本書に付属のCD-ROMは、図書館およびそれに準ずる施設において、館外へ貸し出しを行うことができます。